JN279020

リベラル・ユートピアという希望

R I C H A R D R O R T Y

リチャード・ローティ

リベラル・ユートピアという希望

須藤訓任／渡辺啓真 訳

岩波書店

This collection copyright © 2002 by Richard Rorty

"Relativism: Finding and Making":
DEBATING THE STATE OF PHILOSOPHY: Habermas, Rorty and Kolokowski edited by Jozef Niznik and John T. Sanders (Praeger, 1996)
Permissions by Institute of Philosophy and Sociology of the Polish Academy of Science and by Greenwood Publishing Group, Inc.

"Trotsky and the Wild Orchids":
WILD ORCHIDS AND TROTSKY: Messages from American Universities edited by Mark Edmundson (Viking, 1993)

"Truth Without Correspondence to Reality":
"A World Without Substances or Essences":
"Ethics without Principles":
PHILOSOPHY AND SOCIAL HOPE by Richard Rorty (Penguin Books, 1999)

"Religious Faith, Intellectual Responsibility and Romance":
THE CAMBRIDGE COMPANION TO WILLIAM JAMES edited by Ruth Anna Putnam (Cambridge University Press, 1997)
Copyright © 1997 by Cambridge University Press
Reproduced with permission of the Licensor through PLSclear.

"Thomas Kuhn, Rocks and the Laws of Physics":
Common Knowledge, Spring 1997, vol. VI, no.1
Permission by Duke University Press

"On Heidegger's Nazism":
Originally published as "Another Possible World"
London Review of Books, 8 February 1990
Permission by London Review of Books

"Failed Prophecies, Glorious Hopes":
Originally published as "Endlich sieht man Freudenthal"
Frankfurter Allgemeine Zeitung, 20 February 1998
Permission by Frankfurter Allgemeine Zeitung GmbH

"Love and Money":
Common Knowledge, Spring 1992, vol. I, no.1
Permission by Duke University Press

"Globalization, the Politics of Identity and Social Hope":
Originally published as "Global Utopias, History and Philosophy"
CULTURAL PLURALISM, IDENTITY AND GLOBALIZATION edited by Luiz Soares (UNESCO/ISSC/EDUCAM, 1996)
Permission by Conjunto Universitario Candido Mendes

"Pragmatism, Pluralism and Postmodernism"
PHILOSOPHY AND SOCIAL HOPE by Richard Rorty (Penguin Books, 1999)

日本の読者に

わたしはこの序文を二〇〇一年の最後の日に書いている。二〇〇一年とは、ニューヨークの世界貿易センタービルがイスラムのテロリストによって破壊された年である。新世紀がそのような事件や事件からの帰結によって支配されるのではないかと思いをめぐらすことは、アメリカ人にしても日本人にしても自然なことであろう。この問いは、本論集で議論されているトピックとも関連する。というのも、グローバル社会のユートピアへのわれわれの希望はそうでなくとも見込み薄と思われていたのに、実際はそれ以上に現実味のないものだということが、テロリストの襲撃によって示されたからである。おなじような襲撃がより広範にまた頻繁になるだろう、つまり、エッフェル塔や皇居やタージマハルもペンタゴンとおなじように絶好の標的とみなされるかもしれないと予想することには、かなりの理由が存する。現代のテクノロジーによって、比較的小人数の犯罪者一味――とくに、死を厭わない者たちをメンバーとする犯罪者一味――にとって、諸国の運命を左右し、それゆえ文明そのものの運命を左右することが可能となったからである。

国家間、世界の諸地域間、さらには国家や地域内の社会階層間に、富と力の巨大な不均衡が存在しないならば、テロリストの襲撃は発生しなかったであろう。何もテロリズムに限らず、一般に犯罪は大部分、そうした不均衡の産物である。しかし、そうだからといって、犯罪がいつでも、不平等や不公正に対する正当な異議申し立てとして弁明可能だということにはならない。「テロリスト」と呼ばれる人びとが、歴史家によって「自由の闘士」として引き合いに出されることもあれば、そうでないこともある。また、そのような人びとの犯罪が弁明不可能とみなされることもある。

世界貿易センタービルへのテロリストの襲撃が弁明可能かどうかという問題は、自国の文民の虐殺が適法視されるほど、アメリカ合衆国は自国以外の世界の地域に対し専制的にふるまってきたのかどうかという問題である。九月十一日の襲撃に対してヨーロッパの多くの知識人が示した反応は、その襲撃はアメリカの傲慢に対する弁明可能な異議申し立てであって、わたしの国が帝国然とした思い上がった要求を出したり、かねがね他国を脅して意のままに従えてきたことからするなら無理もないことだとの言明であった。

わたしの国が傲慢であり他国を脅しているという非難は、わたしも残念ながら認めざるをえない。しかし、あのような虐殺が正当化されうるとしたら、それは批判にさらされている専制を何かより良いものに換えることをめざす運動の一部としてその虐殺をみなすことができる場合だけだと、わたしは考える。貿易センタービルを破壊したテロリストたちがそうした運動の一員であるとはわたしには思えない。彼らの目的はだいたいのところ、サウジアラビアの王家を打倒し、イスラエル国家を壊滅することに限られているように見うけられる。サウジの盗人政治家たちを民主的政府に換えることには、わたしも何ら異論ないが、しかし、アルカイダの念頭にある政権交替はそのようなものではない。アラブ世界がどんなに憎もうと、イスラエルを存続させておくことに、国際社会は責任を負っているとわたしは思う。理想主義的目的によって殺人が手段として正当化されることがないわけではないにしろ、貿易センタービルへの襲撃がその一例だとは考えられない。しかし、この襲撃が歴史にとって正当化されるように思われるかどうかは、合衆国が二十世紀の歴史において正義の味方というよりは悪玉とみなされるのかどうかにかかっている。

とはいうものの、この一個のテロ行為が正当化可能かどうかという問題は、そうした襲撃がより頻繁にしかもより大規模になされることを防ぐために、あるいは、そうした襲撃によって合衆国や日本のような産業化された民主大国の政府が不安定にされることを防ぐために、何かできることはないのかという問題に比べるならば、重要度ははるかに落ちる。その点について、わたしの考えは悲観的である。国際テロリズムを支援する国家政府は存在するが、国際警察権力は依然として存在しないし、産業化した民主主義国の市民が国家主権を廃棄して世界連邦を形成し、それに国際警察権力を委ねることに意欲を示すということがないために、テロリストの活動はいっそう活発になる見込みが高い。世界を不安定化する自分たちの潜在能力が明白になるにつれて、アルカイダのような集団は、テロ行為を犯すことにますますやっきになるだろう。文明の将来を左右する犯罪者一味の力は増大する見込みが高いように思われる。

核兵器の拡散の場合に見られるように、現代のテクノロジーが提供する可能性のために、政治的調整力によって災厄からわが身を守ることは、われわれにはもはやできなくなった。もしも、世界の諸国が第二次世界大戦の終了時に、現在ヨーロッパで行なわれているように、連邦化の過程を開始し、それに伴い、国家主権を放棄していたのなら、強力で効果的な国際連合が今日しかるべく存在していただろう。百万の国連武装警官が存在したなら、国際テロリズムがそう簡単に計画し実行されることはありえなかったろうし、テロリズムに訴えること自体がそれほど気をそそるものではなくなっていただろう。というのも、その場合にはテロはスケープゴートにされる一国に向けられることはできず、世界共同体全体を敵に回さざるをえなくなるからである。もしも、五十年前、富める国の市民が、貧しい国の住民を絶望から救うことを自分の義務と心得て、第三世界に盗人政治が勃興することを防ぎ、第一世界の政府の腐敗(特に、諸団体による立法者と行政者の買収)を一掃するように心がけていたのなら、二十一世紀は、いまや差し迫っていると感じられる恐怖から逃れることができたかもしれない。しかし、われわれはチャンスを逸した。時すでに遅しかもしれない。

これほどの世界規模の危機が出没しだすと、知識人たちはきまって、大々的な知的改心、あるいはひょっとして「霊的」改心をなす以外に、つまり、異なった世界観や自己像を採用する以外に、助けとなるものはない、と申し立てる。そうした申し立ては馬鹿げているとわたしは思う。哲学であれ宗教であれ現状に対する助けとなるようなものを提示できるとは、わたしは考えない。むろん、現状の根っこは強欲と利己にあると述べることはできるが、それは真実であるにしても、あたりまえのことにすぎないし、人類の歴史上の他の悲惨な出来事もたいていその根っこはおなじなのだ。しかし、強欲と利己は突然の知的ないし宗教的改心によって除去されるものではない。仏教とキリスト教が存在するようになって久しいが、それでも、それらが社会的条件の改善に――人間の平等と品格の促進に――寄与できたのは、例外的に幸運な経済条件(たとえば、産業化によって可能となった、一人あたりの収入の増加)と結びついてでなければ、ほんのわずかに留まる。社会的条件の改善という目的のためには、プラトンやカントの哲学は、宗教的預言以上に無効である。本書は反プラトン的・反カント的な考え方が提唱されているけれど、たとえそうした考え方が世界の人びとのすべてに広く受け入れられたとしても、そのこと自体が社会的善に寄与することはほとんどないだろう。第三世界の盗人政治家や第一世界の腐敗した政治階層の権力を阻むことに何ごとかがなされるわけではないからである。

他方、本書で提示されているプラグマティズム的見解は、西洋の知識人にとってその知的生活の支配形態となった世俗主義的ヒューマニズムの典型的産物である。もし災厄が何らかの形で延期されることができるなら、その形態の知的生活が引き続き広がってゆくことはかなりの善に寄与するだろう。というのも、世俗主義的ヒューマニズムとは、人間と宇宙との関係について、あるいは人間本性について、積極的な哲学的見解を寄せ集めたものではないからである。むしろ、それの趣旨はほぼ全面的に消極的なものであって、人間が適切に組み込まれる宇宙的秩序が存在するとか、人間を救いにやってくる神的な力が存在するという考えを断念することである。世俗主義的ヒューマニズムは人類を独立自存の存在とみなす。人間が自分の生活に意味を与えるのは、何か人間ならざる力と結びつこうと希望することによってではなく、人間的想像力の資源を活用することによってであるべきだと、そのヒューマニズムは力説する。想像力の資源によってグローバルなユートピアのヴィジョンはもたらされるのである。世俗主義的ヒューマニストであるとは、人間文明が、それ自身よりも高等な何ものかを表現するとも、また、そうしたものを目指すともみなさないことを当然視する。人間文明とはたんに、人びとが互いに平和裏に相和して暮らし、芸術と科学の成果を享受できるようにする試みにすぎない。

十八世紀のヨーロッパに生じた、いわゆる「啓蒙主義」以前には可能な社会生活の形態ではなかったという廉で、世俗主義的ヒューマニズムはしばしば「ヨーロッパ中心主義的」であると指弾される。そのように指弾する人びとは、その指弾を「多元文化主義」の名のもとに行なうことも多い。しかし、世俗主義的ヒューマニズムは、「文化」の問題としてよりも、政治的便宜の問題として考えられたほうがよい。啓蒙主義の要点とは、誰もが無神論者でプラグマティストになるべきだというところにあったのではない。それはたんに、誰もが自分のことを、何よりもまず民主主義社会の市民であって、同胞の市民と一緒になって共通の善を実現しようと努めているのだ、と考えるべきであるというようにすぎない。

グローバルなユートピアでは地球上の誰もが自分のことをそのように考えるようになるだろうが、それは、文学的、芸術的伝統のみならず、宗教的伝統もがきわめて多数存在することと完全に両立的であるだろう。そのユートピアが一様で退屈な「一元文化的」であると考えなければならない理由は存在しない。つまり、アメリカや日本の過去が、また、仏教やキリスト教が、現在のわれわれにとってもっている意味が、われわれの子孫にとっては薄れてしまうだろう、と考えなければならない理由は存在しない。とはいえ、グローバルなユートピアでは、宗教集団の指導者がジハードを組織したり、また、たとえば、インドは「ヒンズー教の国」であるとか合衆国は「キリスト教の国」であると布告することは許されないであろう。グローバルなユートピアの共和国の市民はいつでも、国際協力と民主主義政府の価値を、特定の宗教的・文化的制度への忠誠心よりも上位に置くであろう。

そうしたユートピア共和国とは政治的便宜であるだろう。なぜなら、そこでは、社会的・経済的正義――親の収入や階級・人種・性の違いにかかわりなく、すべての子供たちに平等な機会が与えられるということ――が、若者たちの理想主義的衝動が向かう主要な、そしてもしかしたら唯一の焦点となるだろうからである。世俗主義的ヒューマニズムの世界では、若者たちがジェリー・フォールウェル(Jerry Fallwell. キリスト教のテレビ伝道師、しばしば「アメリカ版タリバンの指導者」と呼び慣らわされる)、オサマ・ビンラディン、三島由紀夫、アドルフ・ヒトラーといった冒険主義者によって、この目標から目をそらされることはないだろう。盗人政治家や腐敗政治家が、言われるところの反アメリカ的、反日本的、また反イスラム的思想に対して十字軍をけしかけることによって、引き続く不正義から公衆の注意をそらすことはできないだろう。このようにして、偉大な世界宗教の目的の多くは達成されるだろう――ただしそれは、霊的新生によってではなく、単純に、宗教と哲学の両方から実践的政治へと方向転換することによってなされるであろう。

そのように方向転換するからといって、宗教や哲学の違いが一掃されることにはならないであろう。宗教や哲学の違いはたんにプライベート化されるだけであるだろう。宗教の信者が、自分の同胞市民に対する社会的責任は神的なものに触れるいかなる試みにも優先すると一方で認めたとしても、仏陀やキリストに対する信者の個人的かかわりは、変わらずに強烈で大切なままであってよいのだ。多大の富を用いて寺院が建造され聖職者が支援される世界よりも、このようなしかたで宗教がプライベート化される世界のほうが――他の目的のためには互いにまったく異なったありかたをしていようとも、政治的熟慮の目的のためには人びとが一致して世俗主義的ヒューマニストとなるような世界のほうが――自分の教えにより合致しているのだということでは、思うに、仏陀やキリストも同意しあうであろう。そして、プラトンやカントも、そのような世界を創造するためには、前者の言うイデアもしくは後者の言う叡智的自由の領域のいずれも信仰される必要がないのだということを、受け入れるようになるかもしれない。

要約するなら、本書に展開される社会的希望や哲学的見解は、両方とも西洋の民主主義の政治経験をその背景とするという意味で、明らかにヨーロッパ中心主義的である。しかし、その希望にしろ見解にしろ、いずれも西洋流の唯物論や消費中心主義や帝国主義なるものとは何らかかわりがない。ここ二世紀の西洋は、遺憾なことに、記録の残されている他のいかなる文化に劣らず腐敗し盗人政治的であった。しかし、そこに繰り広げられた光景はまた、驚くほど成功した政治的実験の光景でもあった。それは、あらゆる時代のあらゆる文化において述べ立てられてきた善意と共感の理想の実現を目指した実験である。本書に表明される哲学的見解はもっぱら、その見解を採用すればそうした理想の達成をすこしでも加速できる可能性があるのかどうかに照らし合わせて、評価されるべきである。

二〇〇一年十二月三十一日

リチャード・ローティ

目次

日本の読者に

はじめに

最近十年間にわたしが書いたものはたいていの場合、わたしの社会的希望――グローバルでコスモポリタン的な、民主主義的・平等主義的な、階級も身分もない社会への希望――と、プラトン主義に対するわたしの対決姿勢とを結び合わせようとする試みからなっている。こうした試みが鼓舞されたのは、哲学におけるわたしの第一のヒーローであるジョン・デューイが書いた多くの著作の背後にもおなじ希望、おなじ対決姿勢が潜んでいると考えたことによっている。

わたしが使う意味での「プラトン主義」とは、対話篇の作者である天才の(大変込み入っていて、絶えず変動して整合的であるかどうか疑わしい)思想を表示しているのではない。それは一連の哲学的区別(現象‐実在、物質‐精神、作り出す‐見出す、感覚的‐知性的、等々)を、つまり、デューイが「二元論の申し子にして巣窟」と呼んだものを、指示している。これらの二元論が西洋哲学の歴史を支配してきたのであり、それらはまたプラトンの著作のいずれかの箇所にまで遡ることができる。デューイは、これらの伝統的区別を中心とする語彙はわれわれの社会的希望に対する障害になってしまったと考えたのだが、わたしも同意見なのである。

本書の諸章の多くは、ケンブリッジ大学出版局から上梓された三巻の『哲学論文集(1)』においてすでに提示されているテーゼや議論を述べなおしたものである。『哲学論文集』を構成している論文は、哲学の専門誌のために、あるいは、出席者のほとんどが哲学教授である会議のために書かれたものである。本書には、それ以外の二種類の著述が再録されている。第一に、いわゆる「一般聴衆」(つまり、哲学の専門家以外の、大学生や教師たち)向けの講義であり、第二に、たいていは政治的ないし半政治的話題について、新聞や雑誌に折に触れて寄稿したものである。これらの試論のほとんどは、『哲学論文集』に収録された試論に比べて、ほんのわずかの脚注を含んでいるだけである。この新しい論集が、『論文集』の想定しているよりも幅広い読者の関心を惹いてくれるなら、とわたしは希望している。

本書第I部「トロツキーと野生の蘭」は自伝的文章であり、プラトンから出発したわたしが、にもかかわらず早くからどのようにしてプラトンから離反してデューイの方向に移行するようになったのか、その経緯を説明する。第II部を構成するのは、一九九三年にウィーンとパリで「知識の代わりに希望を」という題でなされた三回の講義であり、もともとドイツ語とフランス語で出版されたものである。(2) 拡張し改訂することも考えたが、最終的に、ほとんど内容を変えずに英語で出版することに決めた。それらの講義は、わたしの考える形態のプラグマティズムの概略を、おおざっぱではあるが、かなりシンプルにわかりやすく提供しているからである。この形態のプラグマティズムが、ジェイムズないしデューイの(いわんや、わたしがほとんど言及することのない、パースの)思想に忠実であると主張したりはしない。むしろ、それは、ジェイムズやデューイのテーマをわたしなりに、ときには自分に引きつけて述べなおしたものである。

第Ⅱ部でおこなったテーマの選択と著述方法は、ジェイムズやデューイの主たる功績が古き伝統を否定したところにあるという確信に由来している。つまり、彼らは、プラトン的伝統によって受け継がれてきている大量の知的負担をどのようにして振り払えばよいのかを示してくれている。第Ⅱ部の三つの章がそれぞれ「……なき(without)……」というかたちの題名になっているのはそれゆえである。その場合「……なき……」における後のほうの「……」にはめ込まれているものは今後とも保持されることが望ましく、前のほうの「……」は、ジェイムズとデューイによって、正確には放棄されるのでないにしろ、少なくともラディカルに非プラトン的に理解することが可能となった事柄を指す。

第Ⅱ部全体の「知識の代わりに希望を」という題名が示唆しているのは、人類の最も際立った賞賛すべき能力とは、事物をそれが本当にあるとおりに知る能力、つまり、現象を貫いてその背後の実在にまでいたる能力であると考えた点で、プラトンとアリストテレスは間違っていたということである。プラトンやアリストテレスの考え方をすることによって、われわれは現象と実在という不幸な区別や形而上学という学科を背負い込むことになるのだが、プラグマティズムはどうしたらそれらがなくとも、やってゆけるのかを示している。知識の追求をわたしは、目的そのものとしての地位から、人間のより大きな幸福を実現するためのいま一つの手段という地位に引きずり下ろしたいのである。

人間の最も際立った賞賛すべき能力は、他の人びとを信頼し共同作業をする能力、とくに、未来をより良いものにするために協働するという能力に求められるべきである、とわたしは思う。条件さえ整えば、この能力は、プラトンの理想国家や、地上における神の国の実現というキリスト教の試みや、プロレタリアートの勝利というマルクスのヴィジョンといった、ユートピア実現の政治的プロジェクトのために使用することができる。このプロジェクトが目指すのは、社会制度を改良して、われわれの子孫が、現在のわれわれ以上に、お互い信頼感をもって共同作業にいそしみ、より品格のある人間になることができるようにすることである。二十世紀において、この種のプロジェクトのうち最も有力であったのは、デューイがその政治的努力を注ぎ込んだプロジェクトであった。つまり、階級も身分もない平等社会という、社会民主主義創設のプロジェクトであった。わたしの解釈によれば、どのようにすればわれわれは、古き二元論を克服して、社会民主主義のそのプロジェクトを、自分たちの政治的生活の中心とするばかりか、知的生活にとっても中心的なものとすることができるのかについてアドヴァイスを与えてくれているのが、ジェイムズとデューイなのである。

第Ⅲ部でわたしは哲学から離れ、隣接するさまざまな文化領域へと、すなわち、法学、文芸批評、宗教、科学、そして興味にまかせて書いた小論においては、ハイデガーへと、ちょっとした遠出に乗り出す〔本訳書ではこのうち、宗教、科学、ハイデガーを論じた章が訳出されている〕。ハイデガーというのは正確には文化領域ではないが、しかし今では、オーデンがフロイトについて述べたように、ある思潮の全体に与えられた名称となっている。これらの著述は、現在進行中の何らかの論争に着想を得ているのだが、わたしとしては、それらの文化領域がプラグマティストの目をとおしてみるなら、どのようにみえることになるのかを、示そうと努めている。

第Ⅳ部もほとんど、いくつかの現在進行中の論議にかんして態度表明する著述からなっているが、その論議はこの場合にははっきり政治をめぐっている。この部の四つの著述〔本訳書ではそのうちの二つが選択されている〕は、民主主義的ユートピアを完成させるチャンスについて、議論を展開する。そこにおいて詳述されているさまざまな理由からして、ユートピア実現のチャンスはきわめて低いと思う。しかしだからといって、それがわれわれの政治目標を変える理由になるとは思われない。これ以上に価値のあるプロジェクトはいまのところ手許にないからである。われわれには、これ以上にわれわれの生活をより良くする手立てはないからである。

最終第Ⅴ部〔本訳書では省略〕には、『アメリカ　未完のプロジェクト』〔原題 *Achieving Our Country* (Harvard University Press, 1998)〕に先立って、合衆国の現在の社会的政治的状況をめぐって出版したほぼすべてを収めた。これらの著述は同書への助走である。これらを収めることによって、第Ⅳ部を構成している、現代政治にかんするより一般的な反省について、具体的問題の議論を通して補いができたなら、と希望している。

わたしは常々「ポストモダン的相対主義者」だといわれてきたので、本書を「相対主義——見出すことと作り出すこと」という題の試論から始め、「プラグマティズム、多元主義、ポストモダニズム」という題の「あとがき」(本書における唯一の未発表の著述)で閉じることにした。「ポストモダニズム」も「相対主義」もけっして明確な意味をもったことのない言葉なので、それらは哲学の語彙から捨て去られるべきであるとわたしは思う。〔ジェイムズやデューイのプラグマティズムのように〕第一次世界大戦以前にくわしく展開された哲学的見解は、〔ポストモダンといわれる〕デリダやハイデガーといった、ニーチェの流れを汲むヨーロッパの思想家の見解と共通するところが多いにもかかわらず、幸せなことにポストモダンと形容されることはない。「相対主義」とは、ジェイムズやデューイの見解の形容として不適切であるのと同様に、ハイデガーやデリダといった人物たちの見解の形容としても不適切である。現象と実在の区別をなくしたからといって、行為や信念はどれもこれもおなじようなものだという帰結が出てくるわけではない。そういう帰結を仮定することがなくなってはじめて、それら四人の哲学者のいずれかについてもまともに議論することが可能となるのである。

願わくは、本書の諸論文が手助けとなって、「相対主義」がこけおどしにすぎず、古きプラトン的二元論にかんする本当の問題とは、その二元論を採用するなら人間の連帯の感覚が弱化されるということにあるのだと確信できるようであってほしい。わたしの読むところ、デューイが述べているのは、こうした二元論を放棄することによってこそ、相互信頼と社会的共同作業と社会的希望とが人間性のアルファにしてオメガであると認識できるようになり、そのことによって、人間は一つにまとまることができるようになるということである。

近々にものされた非専門的な著述を集めて一書をなすように勧めてくれたことについて、ステファン・マクグレイス（Stefan McGrath）に、そして入念に原稿を仕上げ多くの有益な助言を与えてくれたことについて、サリー・ハロウェイ（Sally Holloway）に感謝する。

わたしはこの論集を構成する諸章をヴァージニア大学在職中に執筆した。本書を同大学に捧げる。わたしはつい最近まで同大学の人文学の名誉教授であった。学科に属さない大学教授職──一種のフリーランサー契約であるが、たぶん、アメリカの大学にしかないもの──を提供することによって、ジェファーソンの大学は、わたしの好きなことについて、わたしの好きなときに、わたしの好きなように、教えまた書くことを可能にしてくれたのであった。大学それ自体、および、シャーロッテスヴィルにおけるわたしの十五年間をかくも楽しく生産的なものにしてくれた同僚と学生たち、この両者に深甚の感謝の念を申し上げたい。

（1）『客観性、相対主義、真理──哲学論文集』（*Objectivity, Relativism and Truth: Philosophical Papers*）と『ハイデガーおよびその他に関する試論──哲学論文集二』（*Essays on Heidegger and Others: Philosophical Papers 2*）は両方とも、一九九一年にケンブリッジ大学出版局（Cambridge University Press）から、『真理と進歩──哲学論文集三』（*Truth and Progress: Philosophical Papers 3*）は一九九八年に出版された。

（2）*Hoffnung statt Erkenntnis*（Vienna: Passagen Verlag, 1994）; *L'espoir au lieu de savoir*（Paris: Albin Michel, 1995）.

序

相対主義——見出すことと作り出すこと——（一九九六年）

「相対主義者」というレッテルが貼りつけられる哲学者とは、「「真理」とは感覚の多様性を思いのままにしようとする意志である」というニーチェのテーゼに同意する者たちである。あるいはまた、「「真なるもの」とはたんに、信じるほうがより便利なものというにすぎない」と述べるジェイムズや、科学は、世界がそれ自体においてあるあり方のより正確な表象へ向かって進むと考えられるべきではない、と述べるクーンに同意する人びとも、「相対主義者」と呼ばれる。もっと一般的に言うなら、哲学者が「相対主義者」と呼ばれるのは、物事がそれ自体においてあるあり方と、物事が他の物事、特に人間の必要性や関心、に対してもつ関係とのあいだに設定されるギリシャ的区別を受け入れないときである。

わたし自身もそうなのだが、この区別を差し控えようとする哲学者なら、確固とした何ものかを見出して、それを人間のその場限りの必要性や関心が生み出す移ろいやすきものを評価するための基準として用いる、という伝統的哲学の目論見を放棄しなければならない。このことが意味するのは、たとえば、われわれはもはや、道徳と分別とのカントによる区別を採用できない、ということである。すなわち、無条件的で文化横断的な道徳的責務、不変で歴史に左右されない人間本性のうちに根ざしているような責務、があるという考えと手を切らなければならないのである。プラトンとカントをともに棚上げにしようというこの試みが、ヨーロッパの哲学においてニーチェの流れを汲む伝統とアメリカ哲学におけるプラグマティックな伝統とを結びつけている絆である。

わたしが誰よりも敬服し、自分をその弟子だと思いたい哲学者は、ジョン・デューイである。デューイは、アメリカのプラグマティズムの創始者の一人である。彼は、われわれをプラトンとカントの束縛から解放しようとして六十年間を過ごした思想家であった。デューイは相対主義者として非難されることが多く、わたしもまたそうである。しかし、もちろん、われわれプラグマティストは、けっして自分たちのことを相対主義者と呼んだりはしない。たいていの場合、われわれプラグマティストは、否定形で自分たちを定義する。「反プラトン主義者」とか「反形而上学者」とか「反基礎づけ主義者」といったように自称する。おなじように、われわれの敵対者たちのほとんどは、自分を「プラトン主義者」とか「形而上学者」とか「基礎づけ主義者」などと呼んだりはけっしてしない。ふつうは、自分たちを常識の、あるいは理性の擁護者と呼ぶ。

案の定、このように対立するどちら側も、自分たちに都合のよいやり方で対立にかかわる用語を定義しようとする。誰も「相対主義者」とか「非合理主義者」と呼ばれたくないのとおなじく、プラトン主義者と呼ばれたい者もいない。いわゆる「相対主義者」のわれわれも、言うまでもなく、自分が理性や常識の敵であると認めるようなことはけっしてしない。ただ、古くさくなった、哲学特有のドグマを批判しているだけなのだというのが、われわれの言い分である。しかし、言うまでもなくわれわれがドグマと呼んでいるものは、敵対者に言わせれば常識にほかならない。敵対者たちの言う合理的であるとは、われわれからすればドグマに固執することである。こうして、われわれと敵対者との議論は、たとえば、「真理とは実在の内在的本性への一致である」というスローガンが常識を表現しているのかどうか、それとも時代遅れになったプラトン主義者のジャーゴンにすぎないのかといった問題に囚われて身動きできなくなってしまうことになりやすい。

言い換えれば、双方の対立点の一つは、「真理とは実在の内在的本性への一致である」というこのスローガンが、哲学が尊重し護持すべき明白な真理を体現しているのか、それともあまたの哲学的見解のうちの一つにすぎないのか、という点なのである。敵対者に言わせれば、真理の対応説は、あまりに明白、自明なことで、それに疑問を差し挟むなどというのは、たんなる天邪鬼にすぎない。われわれに言わせれば、真理対応説は、かろうじて理解可能という程度の説であり、特別な重要性をもたない。それは理論というよりはむしろ、これまで何世紀ものあいだ、よく吟味もせずに唱えつづけられてきたスローガンなのである。われわれプラグマティストは、そうしたスローガンを唱えることをやめても、何ら有害な影響は生じないであろうと考える。

こうした行き詰まりの状況を描写するためには、見出される、すなわち発見されると常識がみなしている事柄の多くは、実際には作り出される、すなわち発明されるのだと、われわれ、いわゆる「相対主義者」は主張している、と述べてみてもよいかもしれない。たとえば、科学的真理や道徳的真理は、何らかの意味で外部にあって、人間によって認識されるのを待っているという意味において「客観的」である、と敵対者は言う。だから、敵対者のプラトン主義者やカント主義者がわれわれを「相対主義者」と呼ぶことに倦むと、今度はわれわれを「主観主義者」あるいは「社会構築主義者」と呼ぶようになる。敵対者の状況描写によれば、人間の外側に由来すると思われているものが、実際には人間の内側に由来するのだということを発見したとわれわれは主張していることになる。敵対者の考えでは、以前は客観的であると考えられていたことが、実はたんに主観的なものであったことが判明したとわれわれは言っている。

しかし、われわれ反プラトン主義者は、問題のこのような定式化を受け入れてはならない。もし受け入れたなら、深刻な窮地に立たされることになろう。もし、作り出すことと見出すことという区別を額面どおり受け取るなら、敵対者たちはわれわれに対して次のようなやっかいな問いを発することができるであろう。すなわち、「客観的であると考えられていた物事が、現実には主観的である、すなわち、われわれがそれを発明したのだ、という驚くべき事実を、われわれは発見したのか、それとも発明したのか?」と。もし、そうした事実を発見したのだと言い、真理は主観的であるというのは客観的事実である、と主張するなら、自己矛盾に陥る危険にさらされる。もし、そうした事実を発明したのだと言うなら、たんに勝手な思いつきを言っているにすぎないとみなされる。もし、というのも、われわれの発明を真剣に受け止めるべき理由が誰にあるだろうか。もし、真理がたんに都合のよい作りごとにすぎないなら、真理とはそういうものなのだ、という主張の真理性はどうなるのか。それもまた、都合のよい虚構ということになるのだろうか。ならば、何にとって、誰にとって、都合がよいのか。

わたしが重要だと考えるのは、相対主義の廉で責められるわれわれのほうは、見出すことと作り出すこと、発見と発明、客観的と主観的、という区別の使用をやめるべきだ、ということである。われわれは、自分たちが主観主義者だと言われるのを認めるべきではないし、「社会構築主義者」を自称するのも、おそらく誤解を招く可能性が高いであろう。なぜなら、われわれの主張のポイントは、人間の外側にあるものと内側にあるものとの区別によっては定式化できないからである。われわれは、敵対者たちが使う語彙を拒否しなければならず、そうした語彙を押しつけられるのを認めてはならない。敵対者の語彙を拒否しなければならないと言うのは、繰り返しになるが、プラトン主義と形而上学を回避しなければならないと言うことであり、その場合形而上学とは、ハイデガーが形而上学とはプラトン主義としてあると言った広い意味のそれを指す。（ホワイトヘッドが、すべての西洋哲学はプラトンに対する一連の脚注であると言ったときに、彼はハイデガーとおなじことを主張していたのである。ホワイトヘッドの主旨は、プラトンの立てた区別のいずれかをめぐって行なわれるのでなければ、どのような探求も「哲学」とは呼ばれない、というものであった。）

見出されたものと作り出されたものとの区別は、絶対的なものと相対的なものとの区別、すなわち、他の事物との関係と離れて、それがそうであるようなものと、そもそもその本性が他の事物との関係に依拠しているようなものとの区別、の一形態なのである。何世紀もの年月の経過の中で、この区別は、デリダが「現前の形而上学」――それは「戯れの領域を越えたまったき現前」、関係性の領域を越えた絶対的なもの、を探索する――と呼ぶものの中核をなす区別となった。だから、この形而上学を放棄したいのなら、絶対的なものと相対的なものとの区別をやめなければならない。われわれ反プラトン主義者が「相対主義者」と呼ばれるのを認めることができないのは、こういう呼び方をすれば、中心の問題について論点先取をすることになるからである。そしてその中心問題とは、プラトンとアリストテレスからわれわれが受け継いできた語彙の有用性にかかわる問題である。

われわれの敵対者としては、そうした語彙を捨て去ることは、合理性を放棄することであると示唆したい。つまり、合理的であるとはまさに、絶対的なものと相対的なもの、見出されたものと作り出されたもの、客体と主体、自然と人為、実在と現象、といった区別を尊重するということにあると示唆したい。われわれプラグマティストはそれに対して、合理性というものがそういうものであるなら、たしかに自分たちは非合理主義者だということになると答える。しかしもちろん、さらに付け加えて、この意味で非合理主義者であるということは、筋のとおった議論ができないということではない、と主張する。われわれ非合理主義者は、口角泡をとばして怒ったり、動物たちのようにふるまうわけではない。ただ、ある特定の語り方、プラトン的な語り方を拒否するだけなのである。われわれが人びとを説得して受け入れさせたいと思っている考え方を、プラトン的な言葉遣いで述べることはできない。だから、説得の努力は、従来の古い話し方の内部で直截な論証をするのではなく、新しい語り方を徐々に浸透させていくというかたちを取らざるをえない。

以上に述べたことを要約しよう。「相対主義者」「非合理主義者」であるという非難は、われわれが拒否する区別をまさに前提しているのだ、と述べることによって、われわれプラグマティストはこの非難を受け流す。強いて自称しなければならないなら、反二元論者と呼ぶくらいが最善かもしれない。もちろんこれは、デリダが「二項対立」と呼んでいるものに反対しているという意味ではない。世界をよいXと悪い非Xに分割することはいつでも、探求に必要不可欠な道具であろう。そうではなくて、ある特定の区別、すなわちプラトン的な区別に反対しているのである。これらの区別が、西洋の常識の一部となってしまっていることは認めざるをえないが、それだけでは、こうした区別を保持すべきだということの十分な論拠にはなっていないとわれわれは考える。

これまでは、「われわれ、いわゆる相対主義者」「われわれ反プラトン主義者」について語ってきた。しかし、ここからはもっとはっきりと、個別の名前を挙げて語る必要がある。最初に言ったように、わたしの念頭にある哲学者たちのグループには、ヨーロッパ哲学におけるニーチェの流れを汲む伝統と、アメリカ哲学におけるダーウィンの流れを汲む伝統すなわちプラグマティズムの伝統とが含まれる。前者の伝統に属する著名な哲学者としては、ハイデガー、サルトル、ガーダマー、デリダ、フーコーがいる。後者の伝統には、ジェイムズ、デューイ、クーン、クワイン、パトナム、デイヴィドソンがいる。これらの哲学者たちはすべて、相対主義者として、激しい攻撃にさらされてきた。

二つの伝統が共通して疑問に付そうとしているのは、カントやヘーゲルによる主観と客観の区別であり、カントやヘーゲルが自分たちの問題を述べるのに用いたデカルト的な区別、そして、デカルト自身の思考に枠組みを提供したギリシャ的区別であった。二つの伝統それぞれに属する重要な哲学者たちを互いに結びつけ、それによって二つの伝統を結合する最も重要な点とは、ギリシャ的伝統に由来するおなじ一連の区別に対する疑念、すなわち、「見出されたのか、作り出されたのか?」「絶対的なのか、相対的なのか?」「実在的なのか、現われなのか?」と問うことを可能にし、当たり前にし、ほとんど不可避にしているような区別に対する疑念、である。

しかし、これら二つの伝統を結びつけているものについてさらに詳しく述べる前に、両者を切り離しているものについて少し述べておいたほうがよいであろう。ヨーロッパの伝統も、ニーチェやマルクスを介して、ダーウィンに多くを負っているのは確かだが、ヨーロッパの哲学者たちは概して、経験科学者の仕事と哲学者の仕事をきわめてはっきりと区別してきた。この伝統に属する哲学者たちは、「自然主義」「経験主義」「還元主義」に対して冷淡であることが多い。それらの哲学者の中には、最近の英語圏の哲学はこうした「自然主義」などの病気に感染していると思いこみ、そのために、英語圏の哲学だというだけで頭ごなしに断罪する者もいる。

それとは対照的に、アメリカのプラグマティズムの伝統は、哲学、科学、政治という区別を解体しようとしてきた。その代表者たちは、「自然主義者」を自称することが多いが、自分たちが還元主義者や経験主義者であることは否定する。伝統的なイギリス経験主義と、ウィーン学団に特徴的である科学的還元主義の両者に対するプラグマティストの異議とは、両者ともにいまだ十分に自然主義的でない、という点である。身びいきの過ぎる見方かもしれないが、われわれアメリカ人のほうが、ヨーロッパ人よりもこれまでのところ一貫している。というのも、アメリカの哲学者たちは、「哲学」と呼ばれる、他と区別され自立的で文化的な活動という観念は、その活動を支配してきた語彙が疑問に付されたとき、同時に疑わしいものとなるのだ、ということにはっきり気づいているからである。プラトン的な二元論が消え去れば、哲学とそれ以外の文化領域との区別は危ういものとなる。

二つの伝統の違いをもう一点はっきり示すなら、ヨーロッパ人は概して、ニーチェの流れを汲む哲学者が採用すべきものとして、独特の新たな「方法」を提唱する、と言えるだろう。たとえば、初期ハイデガーや初期サルトルにおいては、「現象学的存在論」なるものが語られるし、後期ハイデガーにおいては、「思惟」と呼ばれる何か神秘的で不可思議なるものが、ガーダマーにおいては「解釈学」が、フーコーにおいては「知の考古学」や「系譜学」が語られる。ただ一人デリダだけが、こうした誘惑から自由であるように思われる。というのも、彼の「グラマトロジー」という言葉は、それによって新たな哲学的方法ないし戦略を発見したとまじめに宣言しようとしているのではなく、その場限りの気まぐれな思いつきで言ってみたといったものだからである。

対照的に、アメリカ人はそうした宣言をあまり好まない。たしかにデューイは、「科学的方法」を哲学の中にもち込むことについて多く語ってはいるが、科学的方法とは何であるのかについて説明できなかったし、それが、好奇心や開かれたメンタリティ、対話能力といった美徳に何を付け加えることになるのかについても明らかにできなかった。ジェイムズも「プラグマティックな方法」について語ることはあったが、それは、「理論上の違いと言われているものが実践に何らかの違いをもたらすか」という反プラトン主義的論点の強調以上のことは意味していなかった。ジェイムズのこの主張は、一つの方法の採用というよりは、伝統的な哲学の問題や語彙に対して懐疑的な態度を取るということだったのである。クワイン、パトナム、デイヴィドソンらはすべて「分析哲学者」として分類されるが、誰一人として、自分が「概念的分析」と呼ばれる方法や他の何らかの方法を実践しているとは考えていない。これら三人の哲学者の力に与って生まれた「ポスト実証主義的」と呼ばれる分析哲学の潮流も、こうした方法崇拝にはまったく囚われていない。

プラグマティズムの伝統にさまざまに貢献してきた現代の人びとには、哲学がもつ他と区別される本性とか、文化全体の中での哲学の抜きんでた地位といったことを強調しようとする傾向はたいしてない。哲学者は物理学者や政治家と目に見えてはっきりと異なった考え方をしているし、またすべきであるとはそれらの人びとのうちの誰も考えていない。科学は、政治とおなじく、問題解決の営みであるというトーマス・クーンの考えに全員が同意するであろう。したがって、その人びとは自分たちのことを哲学の問題を解いている者として言い表わすことで満足するであろう。しかし、その人びとが解きたいと思っている主要な問題とは、哲学の問題として現代のわれわれにまでもち越されてきた諸問題の起源にかんする問いなのである。すなわち、なぜ、哲学の標準的で教科書的な問題は、とても気をそそるが、それと同時に不毛なのかという問い、あるいは、なぜ哲学者は、キケロの時代とおなじように現代でも、いまだに結論に達することなく議論しつづけて、変わりばえのしない論争点のまわりを行ったり来たりしながら、論争相手を説き伏せることはけっしてないのに、なおも学生たちの興味を惹きつけることができるのか、という問いである。

この問いによって、すなわち、ギリシャの哲学者たち、デカルト、カント、そしてヘーゲルによってわれわれのところにまでもち越されてきた諸問題がどういう性質のものであるのかという問いによって、われわれは見出すことと作り出すことの区別へと引き戻される。哲学の伝統においては、反省的に思考すれば必ず直面することになるという意味で、こうした問題は見出されるのだと主張されてきた。プラグマティズムの伝統では、それらの問題は作り出された——自然のではなく人為的な——ものであり、哲学の伝統において用いられてきた語彙とは異なる語彙を用いるならば、作り出されなかったことにできるものだと主張される。しかし、見出されたものと作り出されたもの、自然なものと人為的なもの、という区別は、すでに述べたように、プラグマティストにとって満足できるものではない。したがって、プラグマティストの言い方としては、西洋哲学の伝統的な問題を定式化した語彙は、ある時代には役に立ったが、現在においてはもはや役に立たない、と言うにとどめるほうがよいであろう。そのような言い方にとどめれば、伝統的な哲学は実際には存在しない問題を扱っていたのに対し、プラグマティストは実際に存在する問題に取り組んでいるのだと言っているかのように思われることを未然に回避できるだろう。

もちろん、プラグマティストが、そんなことを言うはずはない。そもそも、実在‐現象の区別は、見出されたものと作り出されたものとの区別とおなじく、プラグマティストにとって無用だからである。われわれが希望するのは、実在‐現象の区別をより有用なものとより有用でないものとの区別に置き換えることである。だからわれわれに言わせれば、ギリシャの形而上学やキリスト教神学の語彙――ハイデガー呼ぶところの「存在‐神学的伝統」において使われた語彙――は、祖先たちの目的にとっては有用な語彙であったが、いまやわれわれは祖先とは異なった目的をもっており、その目的には別の語彙を用いるほうがより有効なのである。祖先の人たちは、いまやわれわれが投げ捨てようとしている梯子を登っていた。その梯子を投げ捨てることができるのは、最終的な休息地に達してしまったからではなく、われわれが、祖先を悩ませた問題とは異なる問題を解かねばならないからである。

ここまでは、プラグマティストがその対抗者たちに対して取る姿勢について、そして、両者間の論争において論点先取を避けようとすると遭遇することになる用語使用上の困難について、その概略を述べてきた。ここからは、人間の探求活動がプラグマティストの視点からはどのように見えるのかについていくぶん詳しく述べたいと思う。つまり、探求活動を実在の内在的本性への一致を目指すものとみなすことをやめ、そのつどの目的にとって役に立ち、そのつどの問題を解決しようとする努力とみなしはじめたなら、探求活動はどのような姿を示すかということである。

プラグマティストが望むのは、ウィトゲンシュタインの言葉で言えば「われわれを閉じこめている」描像——自分の外部にある実在に触れようとする心という、デカルト－ロック的な心の描像——と決別することである。それゆえ、プラグマティストの出発点は、人間を環境に対処しようと最善をつくす——より多くの快を享受し苦痛を減らすことを可能にしてくれるような道具を開発しようと最善をつくす——動物だと説明する、ダーウィン的な人間理解である。言葉は、こうした利発な動物が開発した道具の一つである。

道具によって実在との接触が断ち切られるということはありえない。道具使用というのは、ハンマーであれ、銃であれ、何らかの信念や言明であれ、有機体と環境との相互作用の一部である。言葉の利用を、環境の内在的本性を表象しようとする営みではなく、環境に対処するための道具使用とみなすということは、人間の心が実在に触れているかどうかという問題——認識論的懐疑主義者によって問われる問題——と縁を切るということである。人間であれ、人間以外のであれ、どの有機体をとっても、実在との接触という点では他の有機体以上でも以下でもない。「実在に触れていない」という観念そのものが、ダーウィン主義ならざるデカルト主義的な心の描像、つまり、身体に及ぼされる因果的な力から何らかのかたちで自由に活動する心という、心の描像を前提している。デカルト主義者の言う心とは、外の世界に対して、因果的ではなく表象的な関係に立っているような存在者である。そこで、われわれの思考から、デカルト主義の痕跡を取り除き、完全にダーウィン主義的な考え方をするためには、言葉を何かの表象とみなすことをやめ、有機体と環境とを結びつけている因果的ネットワークの結び目とみなさなければならない。

　言語や探求活動を、このような生物学主義的なやり方で、すなわち近年H・R・マトゥラーナらの著作によって知られるようになったやり方で見ていくことによって、人間の心を人格が鎮座する内的空間とみなす描像を捨て去ることが可能となる。アメリカの心の哲学者であるダニエル・デネットが論じているように、こうしたデカルト的劇場という心の描像があるからこそ、意識の起源の本性について哲学的ないし科学的な大問題が存在すると考えられることになるのである。そうした描像に換えて、成熟した有機体としての人間を、非常に複雑であるため、それに志向的状態——信念や欲求——を帰属させることではじめて、その行動を予測できるようになる有機体であるとしなければならない。この説明において、信念と欲求とは、言語的に表現可能であったりなかったりする前言語的な意識様態なのではない。さらに、それは非物質的な出来事の名前でもない。むしろそれは、哲学の専門用語では「命題的態度」と呼ばれるもの、つまり、有機体あるいはコンピュータの側にあって、ある文を肯定したり否定したりする性向のことである。言語を使用しないもの(たとえば犬や乳児やサーモスタット)に信念や欲求を帰属させるのは、われわれプラグマティストにすれば、隠喩的な語り方にすぎない。

　プラグマティストは、こうした生物学主義的なアプローチを補うために、さらに、信念を行為の習慣とするチャールズ・サンダース・パースの定義を採用する。この定義によれば、誰かにある信念を帰属させるということは、端的に、ある文を真として断定した場合にわたしがなす行動と同様の行動をその人もする傾向にある、と認めることである。われわれは、文を用いている、ないし文を用いると想像しうる事物に対して信念を帰属させるのであって、岩石や植物に帰属させることはない。それは、前者には特別な器官あるいは能力——意識——が備わっていて後者にそれが欠けているからではなく、岩石や植物の行為の習慣は十分よく知られていて、かつ単純なので、命題的態度をそれらに帰属させなくとも、その行動が予測可能だからである。

こうした考え方によるなら、「わたしは空腹である」といった文を発言するとき、われわれはそれまでは内的であったものを外化しているのではなく、まわりの人たちがわれわれの未来の行動を予測する手助けをしているにすぎない。そうした文は、ある人物の意識であるデカルト的劇場の内部で進行する出来事を報告するために用いられるのではない。それは自分の行動と他人の行動とを調整する道具にほかならない。だからといって、信念や欲求などの心的状態を生理学的状態や行動状態へと還元できると言っているわけではない。ある信念が、心的実在であれ物理的実在であれ、実在を正確に表象しているかどうかと問うても無駄である、と言っているにすぎない。プラグマティストにとっては、そうした問いは不適切な問いであるばかりか、多大な哲学的エネルギーを浪費させる元凶となるものである。

問うべき正しい問いとは、「その信念を保持することは、どのような目的に役立つであろうか?」という問いである。それは、「このプログラムをわたしのコンピュータにインストールするとどんな目的に役立つだろうか?」という問いに似ている。わたしはここでパトナムの見解を念頭に置いているのだが、それによれば、ある人物の身体はコンピュータのハードウェアに相当し、その人の信念や欲求は、ソフトウェアに相当する。あるコンピュータ・ソフトウェアが実在を正確に表現しているかどうかなど、誰もわからないし気にもかけない。われわれが気にかけるのは、それがある仕事を最も効果的に遂行するソフトウェアであるかどうかである。同様に、プラグマティストの考えでは、われわれの信念について問うべき問いは、それが実在にかんするものなのかそれともたんに現象にかんするものなのかという問いではなく、端的に、その信念がわれわれの欲求を満足させるのに最も適した行為習慣であるかどうかという問いである。

この見解では、ある信念が、われわれの知る限り真である、と言うことは、これ以外の他のどんな信念も、われわれの知る限り、それより良い行為習慣ではない、と言うことである。祖先は太陽が地球のまわりを回っていると誤って信じていたが、われわれは地球が太陽のまわりを回っているという正しい信念をもっている、と言うとき、その意味は、自分たちのほうが祖先よりも、より良い道具をもっているということである。祖先の人びとは、自分たちの道具によって、キリスト教の聖書の内容を文字どおりの真実として信じることができたのに、われわれの道具ではそうできない、と切り返すかもしれない。それに対しては、現代の天文学や宇宙旅行がもたらす便益は、キリスト教原理主義がもたらす利点を凌駕しているというのが、われわれの側からの返答となるべきである。われわれと中世に生きた祖先との論争点は、どちらがより正しく宇宙を捉えているかということであってはならない。そうではなく、天体の運動にかんして見解をもつということにどういう意味があるのかということ、すなわち、ある道具を使用することによってどういう目的が達成されるのかということ、にかかわるものでなくてはならない。聖書の真理性を確証することも、そうした目的の一つであり、宇宙旅行もまたそうである。

いま指摘した論点を別の言い方でいえば、プラグマティストには、真理はそれ自体のために追求されるべきだという考えが理解できないのである。われわれは真理を探求の目標とみなすことができない。探求の目的は、何をなすべきかについて人びとのあいだで合意を獲得すること、達成されるべき目的とその目的の達成に用いられる手段にかんして合意をもたらすことである。行動の調整をもたらさないような探求は探求ではなく、たんなる言葉の遊びにすぎない。物体のミクロな構造にかんするある理論を論証することも、政府の各部門間の適正な権力バランスにかんするある理論を論証することも、何をなすべきか、すなわち、技術的ないし政治的に進歩するには手許にある道具をいかに用いるべきか、について論ずることである。したがって、プラグマティストにとっては、自然科学と社会科学のあいだに明確な裂け目はないし、社会科学と政治とのあいだ、さらに、政治、哲学、文学のあいだにも、はっきりした断層はない。すべての文化領域が、生活をより良くしようとするおなじ努力の一部をなしている。理論と実践のあいだには深い裂け目などまったくない。プラグマティストによれば、いわゆる理論はすべて、それがたんなる言葉遊びでなければ、つねにすでに実践でもあるのだからである。

信念を表象ではなく行為の習慣とみなし、言葉を表象ではなく道具とみなすなら、「わたしは発見したのか発明したのか？　作り出したのか見出したのか？」と問うのは的はずれとなる。有機体と環境との相互作用をこのように区別することに何の意味もない。具体例で考えてみよう。われわれはふつう、銀行口座は自然界のなかの客体ではなく社会的構築物であるのに対し、キリンは社会的構築物ではなくて自然界に存在する客体であると言う。銀行口座は作り出されたものであるが、キリンは見出されたものである。さて、この見解が真であるのは、たんに、たとえ人間が存在しなくてもキリンは存在したであろうが、銀行口座は存在しなかっただろう、という点にすぎない。しかし、キリンが人間から因果的に独立しているということは、人間の必要性や利害を離れてあるものとしてキリンが現にあるということを意味するものではない。

　それどころか、われわれがやっているやり方で、キリンをキリンとして記述するのは、われわれの必要性や利害のゆえなのである。われわれが「キリン」という語を含む言語を話すのは、そうすることが自分たちの目的にかなっているからである。おなじことは、「器官」「細胞」「原子」などの語――いわばキリンを作っている部分の名称――にも言える。われわれが事物に与える記述はすべて、われわれの目的にかなった記述なのである。こうした記述のうちのあるものは「自然種」を取り出している――自然をその繋ぎ目に沿って切り取っている――ものであるという主張にはいかなる意味もありえない、とわれわれプラグマティストは論じる。狩りをして肉を得ることに関心をもつ人間にとっては、キリンとそれを取りまく大気との境界線は十分明確であろう。それに対し、言語を使用するアリとかアメーバ、あるいは、はるか天空からわれわれを見下ろす宇宙飛行士であるなら、その境界線はそれほど明確ではないし、そもそもその言語にキリンを表わす語が必要だとか存在するということさえ断言できないであろう。より一般的に言うなら、キリンと呼ばれるものが占有する時空の断片を記述する何百万というやり方のうちの一つが、他の記述よりも、物事それ自体のあり方により近いということは、明白なことではないのである。キリンが本当に原子の集合体であるのか、それとも、実は人間の感覚器官における現実的ないし可能的な感覚作用の集合体であるのか、あるいはさらにもっと別の何ものかなのかと問うことが、的はずれに感じられるのと同様に、「われわれはそれを実際そうあるとおりに記述しているのか」という問いは、けっして問う必要のない問いではないだろうか。われわれにとって知る必要があるのは、ある競合する別の記述があって、そのほうがわれわれの目的のうちのあるものにとってより有効であるのかどうか、ということだけである。

記述が目的に対して相対的であるということは、プラグマティストにとって反表象主義的な知識観——探求が目指すのは、事物がそれ自体としていかにあるかの正確な説明ではなく、われわれにとっての有用性であるという見解——を支持する主要な論拠である。われわれがもつ信念はどれも何らかの言語のかたちで明確に述べられなければならないし、また言語は外に存在するものを模写しようとする営みではなく、外に存在するものを処理する道具なのであるから、われわれの知識に対する客体の側からの貢献とわれわれの主観性の側の貢献とを分割することはできない。われわれが使う言葉も、そしてほかならぬそうした言葉を使ってわれわれがある特定の文を肯定しようとする意志も、人間という有機体とそれ以外の宇宙とのあいだの、途方もなく複雑な因果連関の所産なのである。ある所与の信念について、主観性と客観性の相対的な量を比較するために、この複雑な因果連関を分割することはできない。ウィトゲンシュタインも言ったように、言語とその対象とのあいだに割って入ったり、キリンそれ自体とキリンについてのわれわれの語り方とを切り分けることはできない。現代の指導的なプラグマティストであるヒラリー・パトナムは次のように述べている。「「言語」とか「心」と呼ばれる要素は、実在の内へと非常に深く浸透しているので、「言語から独立な」何ものかについての「地図作製者」としてわれわれのことを描写しようとしても、その企てそのものが、最初から譲歩を余儀なくされる運命にある」。

完全なる知というプラトン主義者の夢は、われわれの内部に発するものすべてをきれいさっぱり取り除き、外部にあるものにわれわれ自身を留保なく開示するという夢である。しかし、このように内側と外側を区別するのは、先に述べたように、いったん生物学主義的見解を採用すれば、不可能になる。プラトン主義者がこの区別に固執するつもりなら、他の学問分野とのあいだに興味を惹くような関連を何らもたない認識論を手にすることになる。結局のところ、他の学問分野に背を向けた知識についての説明が残されるだけになろう。これではつまるところ、知識を超自然的な何ものか、一種の奇跡、にしてしまうことになる。

われわれが言ったり、なしたり、信じたりすることはすべて、人間の必要性や関心を満たすことにかかわるという考えは、たんに啓蒙主義による世俗化——人間は独力で立っているのであり、〈真理〉へと導いてくれる超自然的な光などないということ——の一形態にすぎないと思われるかもしれない。しかし言うまでもなく、啓蒙主義は、そうした超自然的な導きという観念を、「理性」という神的なものに準ずる能力の観念で置き換えたのであった。まさにこの理性の観念こそ、アメリカのプラグマティストやニーチェの流れを汲むヨーロッパの哲学者たちが攻撃しているものである。この理性の観念に対する批判で、最も衝撃的に感じられることは、自然科学とは実在を表象するのではなく統御しようとする試みであると述べられる点ではない。むしろ、道徳的選択はいかなるときも、絶対的な正と不正とのあいだの選択ではなく、競合する善のあいだでの妥協の問題であるとされることが、衝撃的なのだ。

知識論にかんする基礎づけ主義と反基礎づけ主義の論争は、安心して哲学教授たちに任せておけばよいスコラ的な争いであるように見える。しかし、道徳的選択の特性にかかわる争いは、もっと重要な意味のあるものに思える。道徳的選択の結果に、自分らしさの感覚がかけられているからである。だから、自分の選択が、善と悪とのあいだの選択ではなく、複数の善のあいだでの選択であると言われるのをわれわれは好まない。絶対的な善や悪など存在しないのだと哲学教授たちが言いはじめると、相対主義が話題として関心を惹きはじめる。プラグマティストとその対抗者たち、ニーチェ主義者とその敵対者たちのあいだの論争は、哲学教授たちに任せておくには重大すぎると感じられ始める。だれもが口を挟みたくなるのである。

これこそ、わたしのような哲学者の存在などふつうなら気にもとめないと考えられている雑誌や新聞で、わたしたちが糾弾されることになる理由である。こうした非難の主張するところによれば、若者が絶対的な道徳規範、客観的な真理を信じるよう養育されるのでなければ、文明の命運は尽きてしまう。こうした雑誌や新聞の記事によれば、われわれに続く世代が、われわれとは異なり、確固とした道徳原理に対して忠実でなくなるなら、人間の自由や品格を求める闘争は終わりを告げることになるであろう。われわれ哲学教師がこの種の記事に接すると、自分たちには人類の未来について途方もない影響力があると言われているのに気づく。というのも、これらの記事によると、何世紀もかけて進んできた道徳的進歩をご破算にするのに、たった一世代の人びとが道徳的相対主義の学説を受け入れ、ニーチェとデューイに共通する見解を受け入れれば十分だということになるからである。

デューイとニーチェのあいだには、もちろん多くの点について見解の相違がある。ニーチェは、デューイの言う社会民主主義的ユートピアに生きる幸福で豊かな大衆を、「おしまいの人間」、つまり偉大さに縁のない価値なき生き物だとみなした。デューイが本能的に民主主義的だったのとおなじように、彼の政治的立場は本能的に反民主主義的であった。しかし、両者の見解は、知識の本性についてだけでなく、道徳的選択の本性についても一致していた。デューイは、あらゆる悪は拒否された善であると言った。ウィリアム・ジェイムズは、人間の必要性はすべて、満たされることへの一応の権利をもっており、その充足を拒む唯一の理由は、別の必要性と衝突するという点のみであると言った。ニーチェがこれを聞けば、まったく同意したであろう。ニーチェなら、この点を、「権力への意志」の担い手たちのあいだの闘争として述べたであろうが、ジェイムズやデューイであれば、サディスティックな響きをもつ「権力」という言葉は、いささか誤解を招きやすいと思っただろう。しかし、この三人の哲学者は、啓蒙主義なかんずくカント主義を、すなわち、道徳原理を「理性」と呼ばれる特殊な能力の産物であるとみなそうとする企てを、一様に批判した。そうしたものは、世俗的文化のまっただ中に、神に類する何ものかを生きつづけさせようとする不誠実な企てである、と考えたのである。

道徳的相対主義の批判者たちは、絶対的な何ものかがなければ、すなわち、弱さに甘える人間を神は容赦なく拒絶するといった考えとも通ずるような何かがなければ、われわれには悪に抵抗しつづける理由がなくなってしまうと考えている。悪がより少ない善にほかならず、道徳的な選択はすべて、対立する複数の善のあいだの妥協であるなら、道徳をめぐる闘いは無意味になると批判者たちは言う。不正義に抵抗して死んでいった人びとの生が意味を失ってしまう。しかし、われわれプラグマティストにとっては、道徳をめぐる闘いは生存のための闘いの延長線上にあり、不正を無分別から、悪を不都合から隔てるはっきりした断絶は存在しない。プラグマティストにとって重要なことは、人間の苦しみを減らし、平等を拡大するやり方を考案することである。すべての子供たちが幸福になる平等な機会を与えられて人生をスタートできる可能性を増やすやり方を考案することである。この目標は、天上の星々の中に書かれているわけではないし、神の意志の表現でもなければ、カントの言う「純粋実践理性」の表現でもない。そのために死ぬに値する目標ではあるが、超自然的な力の後ろ盾を必要としない目標である。

敵対者たちの言う「確固不動の道徳原理」とは、プラグマティストの見解では、過去のさまざまな実践を縮約したもの――われわれが最も賞賛する先人たちの習慣を集約したもの――である。たとえば、ミルの最大幸福の原理やカントの定言命法とは、一つの社会慣習――キリスト教的西洋のある地域の慣習、すなわち、実際の行為においてではないにせよ少なくとも言葉のうえでは、これまでで最も平等主義的であった文化の慣習――を思い起こさせるやり方なのである。人類に属する者たちはすべて兄弟姉妹であるというキリスト教の教説は、ミルやカントが非宗教的な言葉で言ったことを宗教的な言い方で述べている。それは、家族関係とか、性別、人種、宗教的信条などへの配慮によって、他人にしてほしいと思うことを自分が他人にも施そうとすることが妨げられてはならない――他人は自分とおなじような人間であり、われわれ自身が受けたいと望んでいるような尊重に他人もまた値する、と考えることが妨げられてはならない――ということの宗教的な言い方なのである。

しかし、平等主義を要約した原理以外にも、確固とした道徳原理は存在する。そうした原理の一つに、自分の家族に属する女性に対する辱めは、血でもって贖われなければならない、というものがある。あるいは、同性愛の息子をもつくらいなら息子などいないほうがましである、という原理もある。われわれの中で、こうした道徳原理によって生み出される、流血の争いや、ゲイバッシングをやめさせたいと思っている人びとは、その原理を「洞察」とは言わず「偏見」と呼ぶであろう。ミルやカントの原理のような、われわれの賛同する原理は「合理的」であるが、「合理的」のその意味からすると、流血沙汰をひきおこす報復者やゲイバッシングをする者たちの原理は「合理的」でないということの保証を哲学者たちが与えてくれるなら、結構なことであろう。しかし、われわれの原理のほうが合理的であると言うことは、そのほうがより普遍主義的である——自分の家族の一員である女性と他の女性との違いや、同性愛者と異性愛者との違いは、相対的には重要な意味をもたない——ということの別の言い方にすぎない。しかし、特定の人間集団に言及しないからといって、それが合理性の標《しるし》であるのかどうかははっきりしない。

この点を考えるために、「なんじ殺すなかれ」という原理を取り上げてみよう。この原理は、申し分なく普遍的であるが、「自分の国を守る兵士だとか、殺人に対する防衛であるとか、死刑執行官であるとか、慈悲の心で安楽死を行なう医師であるとかというのでないならば、人を殺してはいけない」という原理と比べた場合、より合理的だろうか、それとも逆であろうか。どちらがより合理的であるとかないとかということ自体が、わたしには理解できない。それゆえ、こうした問題領域で「合理的」という語が有効であるとは思わない。自分のなした行動が議論の余地のあるものならば、その行動は、普遍的で合理的な原理のもとに組み込むことによって擁護されなければならない、と言われたら、わたしは、その事例に適合するような原理をでっち上げることができるかもしれないが、「まあ、その時点では、すべてを考慮したうえで、それが最善の行為だと思われたんだ」としか言えない場合もあるだろう。この擁護のしかたが、普遍的に聞こえはするが、自分の行為を正当化するために場当たり的にでっち上げられた原理ほど合理的でないとは言いきれないであろう。人口調節とか、医療保険サービスの割り当て等々にかかわる道徳的ジレンマのいずれも、その解決のためには原理の定式化を待たねばならないということになるのかどうか、はっきりしているわけではない。

われわれプラグマティストの見解では、あらゆる正しい行為の背後には、それの正当性を示してくれる原理が控えていなければならないという考えは、要するに、普遍的で国家を越えた裁判所のようなものが存在して、人間はその前に立たされているという考えに等しい。最善の社会とは、暴君や群衆の気まぐれではなく、法によって統治された社会であるということは皆知っている。法の支配がなければ、人間の生活は、そっくり情動と暴力へと引き渡されてしまう、と皆が言う。こうした点から、皆を拘束すると誰もが心のどこか奥底で認める法を執行する理性という、一種の不可視の法廷が存在するに違いないと考えられるようになる。道徳的責務についてのカントの理解は、こうしたものであった。しかし、繰り返しになるが、人間とは何であるかについてのカントの描像は、歴史や生物学と折り合いをつけることができない。歴史も生物学も、人間ではなく法によって支配された社会の成立は、ゆっくり、遅々として、脆く、不確かな、進化の結果であったということを教えてくれる。

デューイは、普遍的な道徳原理はある特定の社会——原理という空っぽの殻に制度という内実を与える社会――の歴史的発展の産物である限りにおいてのみ有効であると主張した点で、カントではなく、ヘーゲルが正しいと考えていた。近年では、『正義の領分』というその初期の著作でたいへん著名な政治哲学者であるマイケル・ウォルツァーが、ヘーゲルとデューイを擁護する側についている。ごく最近出版された『厚い道徳と薄い道徳(*Thick and Thin*)』〔邦題『道徳の厚みと広がり』〕において、ウォルツァーは、特定の社会の慣習や制度を、普遍的な道徳的合理性という共通の核のまわりに、すなわち文化横断的な道徳法則のまわりにたまたま付着したものとしてみなすべきではない、と論じている。むしろ、慣習や制度という一揃いの厚い道徳のほうを、より先なるものであり、道徳的忠誠を命ずるものである、と考えるべきなのである。さまざまな厚い道徳から薄い道徳を抽象することはできるが、後者は人間に普遍的に共有される「理性」と呼ばれる能力の命令で構成されているわけではない。厚い道徳間に薄い類似性があるかもしれないが、それは偶然的なもの、すなわち、さまざまな生物種において適応の結果生じた器官のあいだの類似性とおなじように偶然的なものである。

ヘーゲル、デューイ、ウォルツァーに共通する反カント主義的なスタンスをとる人が、自分の同化している社会の厚い道徳を擁護するよう求められるなら、その人は自分の道徳的見解の合理性を語ることによって擁護することはできないであろう。むしろ、その人の属する社会の慣行が、他の社会の慣行にまさる利点について、具体的にいろいろな例を挙げて語らなければならないであろう。もちろん、さまざまに異なる厚い道徳のあいだの相対的な利点について議論してみても、自分の愛読書とか最愛の人が他人の愛読書や最愛の人に相対的にまさっているということを議論する場合とおなじように、確定的な結論が出ることはないであろう。

「理性」や「人間本性」と呼ばれるものが普遍的に共有されている真理の源泉であると考えるのは、われわれプラグマティストにとっては、前記のような議論に結論が出ることが可能であるべきだと考えることにほかならない。この考え方は、プラグマティストも共有している希望、すなわち、人類は全体として、次第にグローバル・コミュニティへと、一体化していく、という希望を表現するには、い道徳のほとんどを組み込んだコミュニティへと、ヨーロッパの産業化された民主主義の厚誤解を招きやすいとわれわれは考える。なぜなら、そうしたコミュニティへと向かう指向が、人類という生物学的種の各成員に何らかのかたちで組み込まれているという見解を、その考え方は示唆しているからである。この見解は、プラグマティストにとっては、すべての爬虫類にはアナコンダへと向かう指向が何らかのかたちで組み込まれているとか、すべての哺乳類には類人猿へと向かう指向が何らかのかたちで組み込まれている、といった見解と同類であると思われる。だから、プラグマティストからするなら、相対主義だという自分たちへの非難は、批判者たちなら宿命を見たがるところに、幸運を見ていると言って非難しているだけのことだと考えられる。国連憲章や人権にかんするヘルシンキ宣言が構想した世界共同体というユートピアは人類の宿命ではないのであって、それは、原子爆弾による大量殺戮や、民主的政府が反目しあう軍指導者に取って代わられるといったことが宿命でないのとおなじことなのだ、とわれわれは考える。もし、この後者の二つのうちのいずれかが人類の将来に待ちかまえているとすれば、人類は不運だったということにはなるが、非合理的だったということにはならないであろう。人類はその責務に従って行動することができなかったわけではないだろう。人類はただ、幸福になる機会を逃したというだけであろう。

人類というものを、このように生物学主義的に見るのがよいのか、それともプラトンやカントのような見方をしたほうがよいのかという問いはどのように議論すべきなのか、わたしには分からない。だから、わたしの批判者たちが「相対主義」と呼び、わたしなら「反基礎づけ主義」あるいは「反二元論」と呼びたいと思っている見解を支持する決定的な論証のようなものをどうしたら提示できるのかも、分からない。わたしとしては、ダーウィンの主張を引き合いに出し、反対者たちの考えでは、どうしたら超自然的なものに訴えずに済ますことができるのか、と問いただすことになるだろうが、それだけではけっして十分ではあるまい。そうした問題の立て方は、多くの論点を先取してしまうことになる。反対者たちとしても、生物学主義的見解によっては、人間から尊厳と自尊心が奪われてしまうと言ったところで、それもきっと十分ではない。それもまた争点となっている問題のほとんどについて論点先取することになる。どちらの側にとっても、できることは、自らの言い分を、繰り返し繰り返し、異なる文脈で述べ直すしかないのではないかとわたしには思える。われわれ人類と人類社会とを幸運なる偶然とみなす人びとと、人類と社会どちらにも内在する目的論を見出す者たちとの論争は、あまりに根本的で、どこか中立的な立場からの判定を受け入れる余地はないのである。

I 自伝

トロツキーと野生の蘭(一九九二年)

政治上の左右両派からおなじように激しく攻撃されるのが、知識人として最も望ましい位置である、という考えに何ほどかの意味があるとすれば、わたしの場合、現状は申し分ないということになる。わたしが保守派の論客のやり玉に挙がる際にはしばしば、相対主義的で非合理主義者であり、脱構築を唱える冷笑的でにやけたインテリの一人で、その著作は若者たちの道徳心を衰弱させているとされる。「自由世界委員会(the Committee for the Free World)」という、道徳の衰弱を示す徴候に対して警戒感をもつことで知られる組織が発行する月刊誌の執筆者、ニール・コゾディ(Neal Kozody)は、わたしの「シニカルでニヒリスティックな見方」を弾劾し、「彼(ローティ)にとっては、アメリカの学生たちがたんに心情なき人間であるだけでは十分ではない。彼はできることなら、積極的に学生たちを心情のなさへと駆り立てたいのだろう」と述べている。無神論者が良きアメリカ市民でありうることを疑問視する神学者、リチャード・ノイハウス(Richard Neuhaus)は、わたしが唱道する「アイロニストの語彙」では、「民主主義社会の市民に公共的な言語を提供できないし、民主主義の敵対者に向かって知的に異議申し立てできず、民主主義を支持する理由を次の世代へ伝えていくこともできない」と述べている。アラン・ブルームの『アメリカン・マインドの終焉』に対するわたしの批判について、ハーヴィ・マンスフィールド（Harvey Mansfield）――先頃、ジョージ・ブッシュ大統領によって全米人文科学基金の評議会のメンバーに指名された――は、わたしが「アメリカに見切りをつけ、デューイまでもまんまと矮小化している」と述べている。（マンスフィールドは最近、デューイのことを、「並の悪人」だと評している。）マンスフィールド同様この協議会のメンバーであり、わたしとおなじく哲学者のジョン・サールは、真理や知識や客観性についてわたしが何とか浸透させようとしている考え方を人びとが捨て去ってはじめて、アメリカにおける高等教育の水準がかろうじて回復されるのだと考えている。

しかし、左派の立場から発言しているシェルドン・ウォリン（Sheldon Wolin）は、わたしとアラン・ブルームの中に多くの類似点を見ている。彼の言によれば、わたしたちは二人とも、自分と同様の余暇と教養のあるエリート層のことしか気にかけていない知的スノッブである。二人とも、アメリカ社会からのけ者にされてきた黒人やその他のグループの人びとに対して言うべき言葉をもっていない。ウォリンのような見解は、イギリスを代表するマルクス主義思想家であるテリー・イーグルトンの発言からも聞き取れる。イーグルトンの言うには、「（ローティの言う）理想社会において、知識人は「アイロニスト」であり、自分自身の信念に対し適度に鷹揚で、肩の力の抜けた態度を取るが、他方、大衆のほうは、そのように自分自身に対してアイロニカルな態度を取れば破滅的な結果を招きかねないので、あいかわらず国旗に敬礼し、人生を真面目に受け止めるであろう」。『シュピーゲル』誌によれば、わたしは「ヤッピーの退行現象が望ましいことであるかのように見せかけようとしている」。デリダの代表的な信奉者であり解説者であるジョナサン・カラーは、わたしのプラグマティズム理解こそ、「レーガン時代にふさわしいもののように思われる」と言っている。リチャード・バーンスタインによれば、わたしの見解は、「古くさくなった冷戦時代のリベラリズムのイデオロギー的弁明を、流行の「ポストモダンな」言い回しによって着飾ったにすぎない」。右派の人びとがわたしを形容するのに好んで使う言葉が「無責任な」であるのに対し、左派の場合は「自己満足にひたった」である。

左派がわたしに敵意をもつ理由の一端は次のことによって説明できる。つまり、わたしに劣らずニーチェやハイデガー、デリダを評価している人びとの大多数――自称「ポストモダニスト」や、(わたしのように)しかたなく「ポストモダニスト」と呼ばれることに甘んじている者のほとんど――は、ジョナサン・ヤードリー(Jonathan Yardley)が「アメリカ貶し競争(America Sucks Sweepstakes)」と呼ぶ賞金レースに参加しているという事実である。このレースの参加者は、どうすれば合衆国をより辛辣に描けるかを競い合っている。その人びとは、わが国が、啓蒙主義以降の富裕な西洋世界の悪いところをすべて体現していると見ている。「リベラルな個人主義」の忌むべきエートスに支配された、フーコーの言う「規律社会」として、つまり、人種主義、性差別主義、消費中心主義そして歴代の共和党大統領を生み出すようなエートスに支配された社会として、その人びとはアメリカを見るのである。それとは対照的に、わたしの見方はホイットマンやデューイときわめて近く、民主主義の限りない展望に一つの見通しをアメリカが切り開いていると見ている。わたしの考えでは、わが国こそ——過去に残虐行為や悪事が犯され、現在もなお行なわれており、あいかわらず熱心に愚者や悪玉を選挙で高い地位につけようとしていることも忘れてはならないが——これまで創り出された社会の中では最善の部類に属する社会の代表例なのである。

わたしが右派から反感を買う理由は、民主主義社会を選好するだけでは十分ではないと右派の思想家たちが考えているという事実によって説明できる。選好するだけではなく、さらに、民主主義社会が〈客観的な善〉であること、民主主義社会の諸制度が〈合理的な第一原理〉にもとづいていることを信じなければならないのである。とくにわたしのように哲学を教えている者なら、自分たちの社会が、これまで考案された社会のうちで比較的良い社会の一つだというだけではなく、〈真理〉と〈理性〉を具現している社会であると若者たちに教えるよう期待されている。この種のことを言わないのは、「知識人の裏切り」——職業上および道徳上の責任放棄——であるとみなされる。わたし自身の哲学上の立場——ニーチェおよびデューイとわたしが共有している立場——からすれば、この種のことを言うのは許されない。「客観的価値」とか「客観的真理」といった概念はわたしにとっては無用の長物である。いわゆるポストモダニストが「理性」について伝統的哲学が語っていることを批判する場合、そのほとんどが正しいとわたしは考えている。こうして、わたしの政治上の選好が左派を逆なでするのに対し、哲学上の見解が右派を激昂させることになる。

政治上は両極にある左右どちらの批評家からもときどき言われるのは、わたしの見解がとても変わった、端的にどうでもよい馬鹿げた意見にすぎない、ということである。人をはっとさせるようなことなら何でも言いまくり、自分以外のすべての人の見解に反論することで悦に入っているのではないかと思われているのだ。このように思われるのは辛いことである。そこで以下では、なぜ現在のような立場にわたしが立ち至ったか——どうやって哲学の道に入り、その後、なぜもともと心に抱いていた目的のために哲学を使うことができないと分かったのか——について話してみたいと思う。この短い自伝を通じて、哲学と政治の関係についてのわたしの見解が、たとえ奇妙だとしても、くだらない理由で採用されたのでないということは、おそらく明らかになるであろう。

わたしが十二歳の頃、両親の書棚でひときわ目立っていたのは、『レオン・トロツキー裁判（*The Case of Leon Trotsky*）』と『無罪（*Not Guilty*）』と題された赤い装丁の二巻本であった。それは、モスクワ裁判にかんするデューイ調査委員会の報告であった。たとえばクラフト＝エビングの『性的精神病質』といった本を読んで感じたような、わくわくする興味に目を見開いてこの二巻本を読んだことは一度もなかったが、わたしはこの本を、他の子供たちが自分の家にある聖書を見るような思いで見ていた。つまりこの本は、救済の真理と道徳的な卓越性の光を放つ本であった。もしわたしが本当に良い子供なら、デューイ委員会の報告だけでなく、トロツキーの『ロシア革命史』も読み終えておくべきだとよく思ったものだ。実際、何度も読み始めたのだが、一度も読了できなかった。なぜこんなことを言うかというと、一九四〇年代において、ロシア革命とスターリンによる革命への裏切りがわたしにとって意味したのは、神の受肉とそれに対するカトリック教会の背信が、四百年前に登場した早発で非力なルター主義者たちにとって意味したこととおなじであったからである。

父は、ジョン・デューイを委員長とする調査委員会の広報担当として、デューイのメキシコ滞在の全部ではないがほとんどの期間にわたって同行していた。一九三二年、アメリカ共産党と袂を分かったことで、わたしの両親は『デイリー・ワーカー』紙によって「トロツキスト」とみなされていたが、両親のほうでもほぼそうした見方を受け入れていた。一九四〇年、トロツキーが暗殺されたとき、彼の秘書の一人であったジョン・フランクは、ソ連国家政治保安部が、当時わたしたち家族の住んでいたデラウェア川のほとりにあった人里離れた小さな村にまで出かけて自分を捜そうなどと考えもしないだろうと思っていた。彼は、偽名を使って、数カ月間フラットブルックヴィル村のわれわれの家に身を寄せた。わたしは、彼の正体を漏らしてはいけないと言われていた。うっかり秘密を漏らしても、ウォルパック小学校に通う学友たちがそれに関心を抱いたとは思えないけれど。

わたしは長ずるにつれて、まともな人なら誰もが、トロツキストとは言わないまでも、少なくとも社会主義者であるということを知るようになった。スターリンは、トロツキーの暗殺だけでなく、キーロフやエールリッヒ、アルターやカルロ・トレスカの暗殺も命じていたということもわたしは知った。(トレスカは、ニューヨークの路上で撃たれたのだが、彼はわが家の友人だった。)資本主義が乗り越えられないうちは、貧しい人びとは、いつまでたっても抑圧されたままだということもわかった。十二歳の冬のあいだは、無給の使い走りとして、グレイマーシー・パークのはずれにあった労働者保護同盟(the Worker's Defense League)の事務所(両親がここで働いていたので)から報道発表の原稿を、角を曲がったところにあったノーマン・トマス(社会党の大統領候補)の家と、一二五丁目のプルマン・カー・ポーター社友愛会にあったA・フィリップ・ランドルフ(黒人の労働運動・公民権運動の指導者。上記の友愛会などの労働組合を組織した)の事務所に届ける仕事をした。地下鉄の中で、運んでいる文書を読んだものだった。工場の所有者が組合のオルガナイザーに対して何をしたか、農園所有者が分益小作人たちに、あるいは白人の機関士組合が有色人種の消防士たちに対して何をしたか(ディーゼル・エンジンが石炭を燃やす蒸気機関に取って代わりつつあったので、白人の機関士たちは消防士の職を望んでいた)などについて、そうした文書から多くのことを知った。こういうわけで、十二歳にしてわたしは、人間であるということにおいて肝心なのは、社会的不正に対する闘いに人生を捧げることだと知ったのである。

だがわたしには、私的で、一風変わった、スノビッシュな、人には言えない関心事もあった。小さい頃の関心事は、チベットであった。当時新たに即位したダライ・ラマにプレゼントを贈り、ダライ・ラマへの指名という栄誉を得ていた八歳の少年に心をこめたお祝いの言葉を添えたりした。数年後、両親がチェルシー・ホテルとニュー・ジャージー州北西部の山間部とを行き来するようになると、わたしの興味は蘭に移った。この山々には、およそ四十種類の蘭が自生しており、わたしは最終的にはそのうちの十七種類を見つけることができた。野生の蘭は珍しく、見つけるのはかなり難儀であった。野生の蘭が自生している場所、その学名、開花する時期を知っているのはそのあたりで自分だけだ、ということに大きな誇りを感じていた。ニューヨークにいるときには、四二丁目にある市立図書館に行って、米国東部に生息する蘭について十九世紀に書かれた植物学の本を何度も読み返したものだった。

なぜかははっきり分かっていなかったが、こうした蘭が非常に重要な意味をもつと確信していた。北アメリカに咲く気高く、純粋無垢な野生の蘭は、花屋に陳列されている見栄えがよい雑種の熱帯産の蘭よりも精神的に価値が高いという信念をもっていた。わたしはまた、蘭という植物が、進化のプロセスの中ではごく最近になって進化してきた最も複雑な植物であるという事実に深い意味があると信じていた。振り返って考えてみると、そこにはどうやら昇華された性衝動が多分に含まれており(蘭は性的な連想をもたせる花として知られている)、蘭について分かっていることはすべて知りたいという欲求は、クラフト゠エビングの著作に出てくる分かりづらい言葉をすべて理解したいという欲求とつながっていたようである。

しかしながら、社会的には何の役にも立たない花にこれほど関心をもつという、この秘教的な趣味には、いささか疑わしい点があるということも後ろめたい思いで認めてはいた。それまでにわたしは(利発で、生意気で、オタク的であったが、ほんの子供にすぎず、それゆえに与えられた膨大な自由時間に)『享楽主義者マリウス』の一部や、その作者ウォルター・ペイターの唯美主義に対するマルクス主義者の批判も少しばかり読んだことがあった。トロツキーなら(彼の書いた『文学と革命』をかじったことがあったので)、蘭に対するわたしの関心をよしとしないのではないかと思っていた。

十五歳の時、ニューヨークを離れてシカゴ大学のいわゆるハッチンズ・カレッジに入学したおかげで、ハイ・スクールの校庭でいつもわたしを殴りつけていたいじめっ子たち〔資本主義が克服されたあかつきには、いずれにせよ、いじめっ子など消えてなくなるだろうと思いこんでいた〕から解放された。（ハッチンズ・カレッジは、A・J・リープリングのおかげで「子供十字軍以来このかた、神経症的青少年たちを集めた最大の集団」としてその名を残すことになった。）わたしの念頭にそもそも何かなすべき課題があったとするなら、それはトロツキーと蘭との対立を調停することであった。わたしは、イェーツを読んでいて偶然出逢った感動的な言い回しにある、「実在と正義を単一のヴィジョンのうちに捉える」ことを可能にしてくれるような、何らかの知的ないし美的な枠組みを見つけたいと思っていた。実在〔リアリティ〕とわたしが言うのは、おおよそ、ワーズワース的な瞬間であり、それは、わたしがフラットブルックヴィル周辺の森の中で〔特に、サンゴネランという無葉の蘭とか、それより小さくて黄色のアツモリソウ〔蘭の一種〕などが生えているときに〕、何か聖なるものに、言いようもなく大切な何かに、触れたと感じたその瞬間のことであった。正義というのは、ノーマン・トマスもトロツキーも体現していたこと、つまり、強者からの弱者の解放のことであった。わたしは、知的かつ霊的なスノッブであると同時に、人類の味方でもある道――オタク的な世捨て人であると同時に正義を求める闘士である道――を欲していた。どうすればいいのかまったく途方に暮れてはいたが、シカゴに行けば、わたしが考えていることを大人たちがどのようにしてやりおおせているのか、そのこつが分かるだろうという少年らしい確信を抱いてもいた。

わたしがシカゴに行くと(一九四六年のことだが)、ハッチンズは、友人のモーティマー・アドラーやリチャード・マッケオン(パーシグの小説『禅とバイク修理技術』に出てくる敵役)とともに、シカゴ大学の大部分を新アリストテレス主義的な神秘の中に包み込んでいた。最も頻繁に彼らの嘲笑の的になったのは、デューイのプラグマティズムであった。このプラグマティズムは、わたしの両親の友人であったシドニー・フックの哲学であったし、彼以外にも弁証法的唯物論に見切りをつけていたニューヨークの知識人たちのほとんどが非公式に支持する哲学でもあった。しかし、ハッチンズやアドラーに言わせれば、プラグマティズムは通俗的であり、「相対主義的」かつ自己論駁的であった。彼らが何度も繰り返し指摘したように、デューイにとって絶対的なものはなかった。デューイのように、「成長それ自体」が唯一の「道徳的目標」であると言うならば、何をもって成長とするかの基準は与えられず、したがって、ヒトラーがドイツは彼の統治下で「成長した」と指摘してもそれを論破する方途がなくなってしまう。真理とはうまくいくもののことだと言うなら、それは真理の追求を権力の追求へと切りつめてしまうことになる。何らかの永遠で絶対的で善きもの――聖トマスの言う神や、アリストテレスが述べた「人間の本性」のような――に訴えることで初めて、ナチスに反論し、ファシズムより社会民主主義を選ぶことの正当性を主張できるであろう、というわけである。

恒久的で絶対的なものを追求するというのは、ネオトミストとレオ・シュトラウスに共通しており、レオ・シュトラウスは、シカゴ大学の最も優秀な学生たち(わたしのクラス・メートだったアラン・ブルームもその一人)を惹きつけている教師だった。シカゴの教授陣の中には、ヒトラーのドイツから亡命した、近寄りがたいほど学識のある人びとがそこここにおり、なかでもシュトラウスが最も尊敬を集めていた。そうした人びとはすべて、ナチになるくらいなら死んだほうがましだという理由をはっきりさせたいなら、デューイの言っていることよりももっと深くて重い何かが必要だという点で一致しているように思われた。この見解は十五歳のわたしの耳には至極もっともなことに思われた。というのも、道徳的・哲学的に絶対なるものというのは、わたしが大好きだった蘭――容易に見つからず、選ばれたわずかの人にしか知られることがない聖なるもの――にどこか似ているように思われたからである。さらに言うなら、わたしが育てられた環境にいる人びとすべてにとってはデューイがヒーローだったので、デューイを軽蔑するのが、若者の反抗のかたちとしては手っ取り早かったからでもある。問題はただ、この軽蔑が宗教的ないし哲学的なかたちを取るべきかどうかという点と、この軽蔑がどうやったら社会正義を求める努力と結びつくのかという点にあった。

シカゴでのクラス・メートの多くがそうであったが、わたしもT・S・エリオットの書いたものをたくさん諳んじていた。わたしが惹かれたのは、本当の信仰をもったクリスチャンだけが(そしておそらくアングロ・カトリック派の信者だけが)、私的なオブセッションに囚われた不健全な状態を乗り越え、しかるべき謙虚さをもって同胞たちに奉仕することができるのだというエリオットの見解であった。しかし、一般懺悔の祈りを唱える際にわたしは高慢にも自分の口にしていることが信じられず、そのためしだいに宗教的信仰を得ようとするやっかいな企てに見切りをつけるほうへ傾いていった。こうしてわたしは、絶対主義的な哲学に舞い戻ったのだった。

十五歳の夏にプラトンの著作を通読して、ソクラテスの言うこと――徳とは知である――が正しいと確信した。この命題はわたしにとって心地よく響いた。というのも、わたしは自身の道徳的性格について疑問をもっており、自分に与えられた天分は知的な才能だけではないかと思っていたからである。さらにそれだけでなく、ソクラテスは正しくなければならなかった。なぜなら、その場合にのみ実在と正義を単一のヴィジョンのうちに捉えることができるからである。ソクラテスの言うことが正しい場合にだけ、キリスト教徒の鏡と言ってよいほど善良である（たとえば『カラマーゾフの兄弟』のアリョーシャのように。彼のことをうらやむべきか嫌悪すべきかはわたしには判断がつかなかった――そして、いまだに判断がつかない）と同時に、シュトラウスや彼の教え子たちのように学識も才気もあることを望みうるであろう。哲学者になれば、プラトンの言う「線分」の先端部――燦々と輝く〈真理〉の陽光が賢明で善良なる純化された魂に降り注ぐ、「仮説を越えた」場所、つまり、蘭が霊的存在となってそこここに咲く楽園――に達することができるだろう、と思い描いたのだった。そうした場所に至ることこそ、およそ知的な人なら誰もが真に望むことだということは、わたしには明白なことに思われた。さらにまた、プラトン主義は、宗教のもつ利点をすべてもちながら、キリスト教なら要求するけれども、わたしには見たところ欠けている謙虚さは要求しない、という点も明らかであるように思われた。

こうしたことすべてが理由となって、わたしはある種のプラトン主義者に心底なりたいと思い、十五歳から二十歳になるまで全力を尽くした。しかし、その努力は報われなかった。プラトン主義的な哲学者が目指すのは、反論をゆるさない論証――誰であろうと自分が出会った人に自分の信じることを納得させることが可能になるような論証(イワン・カラマーゾフが得意としたようなこと)――を提示する能力であるのか、それとも、ある種の、伝達不可能で私的な至福(イワンの弟のアリョーシャがもっているように思われるもの)であるのか、そのどちらなのか、わたしにはまったく解決がつかなかった。前者の目標は、他者を圧倒する論証的な力を獲得することである。たとえば、人を殴ってはいけないと、いじめっ子に納得させたり、裕福な資本家たちに、自分たちの資力を協同的で平等主義的な共和国に譲渡しなければならないと納得させることができるようになることである。後者の目標は、自分のもつ疑問がすべて鎮められ、もやはそれ以上議論したいと願わないような境地に入ることである。どちらの目標も望ましいとは思われたが、二つがどうやったらうまく調和するのかについては、見当もつかなかった。

プラトン主義の内部に――そして、どんなかたちであれ、デューイの言う「確実性の探究」のなかに――ひそむこの緊張関係についてわたしは頭を悩ませていたと同時に、何か重要な問題について議論の余地のある立場に立ったとき、その立場をどうすれば循環に陥らずに正当化できるか、というおなじみの問題についてもあれこれと考えていた。さまざまな哲学者の著作を読めば読むほど明らかになってきたのは、誰もが自分の見解を第一原理にまでさかのぼらせることができるが、しかしその原理は、論敵の第一原理とは両立しえず、誰一人として、「仮説を越えた」ところにあるあのお伽の場所へはたどり着いていない、ということであった。こうした並立する複数の第一原理の評価基準となりうる中立的な立場などはないように思われた。しかし、そうした立場がないのならば、「合理的確実性」という観念そのもの、そして、理性が感性に取って代わるというソクラテス－プラトン的な考え全体が、たいした意味をもたなくなるように思われた。

最終的に、循環論証の問題にかんする煩悶が解決したのは、哲学的真理の試金石となるのは、全体の整合性であって、疑いえない第一原理から演繹できるかどうかではないと意を決したことによってであった。しかし、これもたいして役に立たなかった。なぜなら、整合性とは、矛盾を避けるという問題であり、聖トマスが言った「矛盾に直面したら、新たに区別をもうけるべし」という助言に従うことでかなり容易に実現できるからである。わたしが理解しえた限りでは、哲学的才能で主として大事なのは、論争上の窮地から抜け出すのに必要なだけ区別を増やすことができる才能であった。もっと一般的に言うなら、それは、論争上の窮地に陥ったとき、隣接する知的領域について再記述を行ない、論敵が使っている言葉が見当違いであるとか、疑問の余地があるとか、未熟だとかと思わせるという才能であった。わたしにはそうした再記述に嗅覚のあることが分かってきた。

しかし、この技能を伸ばしていくことで自分がより賢明になったり、有徳になったりするだろうという点については、ますます確信がもてなくなっていった。

その最初の幻滅(それは、シカゴを離れてイェールで哲学の博士号を得た頃に頂点に達したのだが)を味わって以後、わたしは四十年の間、哲学がもし何かのためになるとすれば、それは何であるのかという自分の心配事を、筋のとおった説得力のあるしかたで明確に表現する道を求めつづけてきた。その出発点は、ヘーゲルの『精神現象学』を発見したことであり、わたしはその書を次のようなことを言っているものとして読んだのである。すなわち、哲学とはまさに一番最近の哲学者を再記述して乗り越えていくということであるとすれば、理性の狡知はこの種の競争をも利用できるということである。何のために利用するかと言えば、より自由で、より善良で、より公正な社会にかんする概念上の織物を織るためにである。哲学が、せいぜいのところ、ヘーゲルの言った「思惟のうちで捉えられたその時代」でしかありえないとしても、それで十分かもしれない。なぜなら、そのように自らの時代を捉えることによって、マルクスが望んだこと——世界を変革すること——をなすことができるかもしれないからである。したがって、たとえプラトン的な意味で「世界を理解する」——時間と歴史の外側に立った観点から理解する——といったようなことはありえないとしても、それでもたぶん、わたしの才能と哲学の研究には、社会的に意味のある使い道が残されていた。

ヘーゲルを読んで以後かなりのあいだ、人類(自分が属する種)が成し遂げた二つの偉業は、『精神現象学』と『失われた時を求めて』(フラットブルックヴィルを離れてシカゴに行ってからは、わたしにとってこの小説が野生の蘭に代わるものとなった)であると考えていた。コンブレーのあたりに咲くサンザシや、祖母の無私の愛、オデットによるスワンの、蘭のように華美な抱擁、ジュピアンによるシャルリュスの抱擁、その他自分が出逢うものすべてに、知的な、また社交的なスノビズムを織り合わせていくプルーストの力量――出逢うものすべてをそれぞれにふさわしく描き、しかも、宗教的信仰とか哲学理論の助けを借りてそれらを束ねる必要を感じさせない力量――は、わたしには、ヘーゲルの能力に劣らず目を見張らせるものに思われた。そのヘーゲルの能力とは、経験論、ギリシャ悲劇、ストア主義、キリスト教、そしてニュートン物理学へと、次々に身を投じながら、そのつどそこから抜け出し、まったく異なる何かを受け入れようと待望することができるという能力である。ヘーゲルにもプルーストにも見られる、他に還元不可能な時間性に喜々としてコミットしようとする点――彼らの作品に見られる際だって反プラトン的な要素――こそ、すばらしいものに思われた。二人とも、出逢ったことすべてが一つの物語へと織り上げられていながら、それでいて、物語に教訓をもたせようとしたり、物語が永遠の相の下ではどのようなものとして立ち現われるかと問うたりはしていないように思われた。

若きヘーゲルが、永遠に至ろうとはせず自ら進んで時代の子たらんとしたのは、プラトンに対する幻滅へのまっとうな反応である、と考えてからおよそ二十年ほどで、わたしはデューイのもとに舞い戻ってきた。当時のわたしにとってデューイがどのような哲学者に思われたかというと、どうすれば確実性と永遠なしに済ませられるかについてヘーゲルから学びうることをすべて学ぶ一方で、ダーウィンの説を真面目に受け止めることで汎神論に対しても免疫ができているという哲学者であった。こうしてデューイを再発見したのは、はじめてデリダの著作に出逢った(この出逢いは、プリンストンで同僚だったジョナサン・アラック(Jonathan Arac)のおかげである)のとちょうどおなじ時期であった。デリダによってわたしはハイデガーに引き戻され、デューイ、ウィトゲンシュタイン、ハイデガーそれぞれのデカルト批判に見られるいくつもの共通点に思い至った。突如として、さまざまの事柄が一つに収斂しはじめた。デカルト主義的伝統の批判を、ミシェル・フーコーやイアン・ハッキング、アラスデア・マッキンタイアーらの準ヘーゲル的な歴史主義と融合させる道が見えたように思った。これらすべてが、プラトン主義の内部にある緊張関係にかんする準ハイデガー的な物語へとまとめられると考えたのである。

このちょっとしたひらめき《エピファニー》の成果として書かれたのが、『哲学と自然の鏡』という本であった。哲学教授たちのほとんどには評判がよくなかったけれど、哲学者以外の人びとのあいだでは、この本は満足のいく成功を収め、それまでのわたしにはもてなかった自信を与えてくれた。しかし、『哲学と自然の鏡』は、わたしの若き日の志の実現には寄与しなかった。取り上げた話題——心身問題、真理と意味をめぐる言語哲学上の論争、クーンの科学哲学——が、トロツキーからも蘭からもかなりかけ離れていた。当時わたしはすでに、ふたたびデューイの思想と近しい関係に戻っており、自らの歴史主義的な反プラトン主義の立場をはっきり表明していて、分析哲学の最新の動向の行方や意義について自分がどう考えるのかもようやく明確になってきていたし、著書をつうじて触れていた哲学者たちのさまざまな思想についてもほとんど整理がついていた。しかしそもそもまず最初に哲学者の著作を読むきっかけを与えてくれた問題については、そのどれについてもまだ論じてはいなかった。三十年前大学に入った頃に望んだ「実在と正義を単一のヴィジョンのうちに捉える」ことには少しも近づいていなかった。

どこが間違っているのかを理解しようとしているうちにわたしは次第に、実在と正義を単一のヴィジョンのうちに捉えるという考えそのものが間違っていたのだ――そうしたヴィジョンを追い求めることこそプラトンに道を迷わせた元凶にほかならない――と断定するようになった。もっとはっきり言えば、宗教だけに――この世のどんな現実の親とも違って、愛と権力と正義を等しく体現した身代わりの親に対する理屈を越えた信仰だけに――プラトンが欲していたそうした芸当が可能なのだと断定したのである。自分が信仰者になるなど想像もできなかったし、実際、ますます小うるさい世俗主義者になっていたので、哲学者になることによって単一のヴィジョンを獲得しようという希望は、無神論者による自己欺瞞的な解決法だったのだと断定したのである。そういうわけでわたしは、実在と正義を単一のヴィジョンのうちに捉えようとするプラトン的な企てを首尾よく放棄できたなら、知的な生というものがどういうものになるのかについて、本を書こうと決めたのである。

その本――『偶然性・アイロニー・連帯』――では、各人にとってわたしの場合のトロツキーに相当するものと野生の蘭に相当するものとを一つに織り合わせる必要などないということが論じられている。他の人びとに対する自分の道徳的責任を、何であれ自分が心を尽くし魂を尽くし精神を尽くして愛している特異な物事や人物(あるいは、自分が取り憑かれている物事や人物、と言ってもいい)に対する自分の関係にまで結びつけようとする誘惑は、むしろ退けようと努めるべきなのだ。この二つが偶然一致する人びとも中にはいるだろう――たとえば、神への愛と他の人間への愛とが不可分であるような幸運なクリスチャンとか、社会正義のことを考える以外は何ものにも心を動かされない革命家の場合のように。しかし、それらが一致しなければならないわけではないし、一致させようと懸命になりすぎるべきでもない。したがって、たとえばサルトルの場合、確実性を追求するカントの自己欺瞞を批判した点では正しかったとわたしには思われるが、プルーストのことを、ブルジョアで役立たずのいくじなしだとして、つまり、資本主義を打倒する闘争という本当に大事な唯一のことには、その生涯も著作も等しく無関係であるような男だとして、弾劾した点では間違っていたと思われる。

プルーストの生涯と著作は、実際たしかに、そうした闘争とは無関係であった。しかしそれをプルーストを軽蔑する理由にするのは馬鹿げている。それはサヴォナローラが、芸術作品を「虚飾」と呼んで侮蔑したのとおなじくらい見当違いなことである。こうしたサルトル的あるいはサヴォナローラ的な単純一途さは、心の純粋さを追い求めて――一つのことだけを成し遂げようとして――

結果的に腐臭を放つまでになってしまう。それは、自らの有限性を受け入れずに、自分より大きな何ものか〈運動〉、〈理性〉、〈善〉、〈聖なるもの〉）を具現化した存在として自分を見ようとすることである。自分の有限性を受け入れるとはなかんずく、自分にとって最も大事なことが、ほとんどの人びとにとってはまったく取るに足りなくとも不思議はないと認めることを意味している。あなたにとってわたしの場合の蘭に相当するものが、実際のところ他のすべての人にとって、特異で風変わりなものにすぎないと思われる可能性はつねにあるのだ。しかしだからといって、自分にとってのワーズワース的な瞬間や、自分の恋人や家族、ペットやお気に入りの詩句、あるいは昔ながらの宗教的信仰といったものを、恥じたり、軽視したり、捨て去ってしまおうとする理由にはならない。普遍性というものには、人びとに共有されているものをそうでないものより良いということに自動的にしてしまうような聖なる力などない。すべての人の同意を取りつけることができないもの（特異なもの）より、そうできるもの（普遍的なもの）のほうに自動的に特権が与えられるわけではない。

このことが意味しているのは、あなたが他の人びとに対して責務を負っている（他人をいじめないとか、他の人びとと一緒になって暴君を倒すとか、飢えている人びとに食料を与えるなど）という事実は、あなたが他の人びとと共有するものが他の何よりも重要であるということを必ずしも含意しないということである。『偶然性・アイロニー・連帯』で論じたことだが、自分が右のような道徳的責務を意識しているときに他者と共有しているのは、「合理性」や「人間本性」や「神の父性」や「道徳法則の知識」ではなく、他者の苦しみに共感できる能力以外の何ものでもない。他者の苦しみに対する感受性と自分固有の特異な愛着とが、万物の相互連関にかんする一つの大きな包括的説明のうちにうまく収まるであろうと期待させる特別な理由があるわけではない。要するに、わたしが大学に行って得たいと望んだような単一のヴィジョンを手に入れようと希望することに、たいした根拠があるわけではないのである。

わたしが現在支持している見解にたどり着いた経緯についてはこれくらいにしておこう。先にも述べたが、こうした見解に対しては、反発を感じている人がほとんどである。『偶然性・アイロニー・連帯』には、二つほど好意的な書評が出たが、それを圧倒的に上回る数の批評が、この本を浅薄で、混乱し、無責任な本であると評した。左右両派からわたしが受けた批判は、二十世紀の三〇年代から四〇年代に、トミスト、シュトラウス派の人びと、マルクス主義者らがデューイに向けた批判と、その主旨においてはほとんどおなじであった。デューイが考えていたことは、苦しんでいる人びとに対するわれわれの道徳的責務を背後から支えているのは、偶然に生じたある歴史的現象――家族や部族、肌の色や宗教、国籍あるいは知能をおなじくするかどうかに関係なく、他者の苦痛は重大な問題であるという感覚が次第に広まっていったこと――であって、それ以上に重要で確固としていて頼りにできるものがあるわけではないということであったが、現在のわたしもおなじように考えている。デューイによれば、そうした考えは、科学、あるいは宗教や哲学によって真であると明示することはできない――少なくとも、「真であると明示する」ということが、「その背景をまったく顧慮せずに、誰にとっても明証的なものとなしうる」という意味であるのなら、そうできない。この考えを明証的だと思うようになりうるのは、歴史的偶然によってやっと花開いたばかりの、われわれ現代西洋人特有の生活形態に適応し、それを取り入れるだけの時間的余裕のある人びとだけである。

デューイのこの主張には、人間は時代と場所の子であり、その可塑性には形而上学的ないし生物学的な限界がない、という人間像が含まれている。それが意味するのは、道徳的な責務感とは、条件づけの問題であって洞察の問題ではないということである。さらに、洞察ということを（倫理学であれ物理学であれ、どの領域においても）、現にあるものをかいま見ることであって、人間の必要性や欲求とは関係ないとみなす解釈には一貫性がないという主張も含まれている。ウィリアム・ジェイムズが言ったように、「人間という蛇の通った跡はいたるところにある」。さらに言えば、われわれの良心や美感もおなじように、自分たちが育った文化的環境の所産である。われわれのように、品があって、リベラルで人道主義的なタイプの人間（わたしもわたしの批評者もともに属している道徳共同体を代表する人びと）は、われわれが闘う相手である悪人たちよりも運が良いだけであって、いっそう洞察力に富んでいるというわけではないのである。

こうした見解は、否定的な意味で「文化相対主義」と呼ばれることが多い。しかし、「文化相対主義」の意味が、どんな道徳的見解も互いに優劣をつけることはできないということであるなら、わたしの見解は相対主義的ではない。われわれの道徳的見解は、他のどんな競合する見解よりずっと優れているというのがわたしの確固とした信念であり、たとえ、われわれの見解へと宗旨替えさせることができない人びとがたくさんいたとしてもそうなのである。われわれとナチスとのあいだに選ぶべき差はないと言うことと、練達のナチの哲学者とわたしとが、お互いの違いについてとことん議論するために頼りにすることができる中立的で共通の土俵はないのだと言うこととは、まったく別のことであって、前者のように言うのは誤っており、後者は正しいのである。そのナチの哲学者とわたしが議論すれば、重要な問題のすべてについて論点先取をし、堂々巡りの議論をしているとして、いつまでも互いを攻撃し合うだけであろう。

ソクラテスとプラトンが示したのは、それ相当の努力をすれば、誰にとっても直観的に説得力をもつような信念が見出され、そのなかには道徳上の信念も含まれていて、その意味するところが明確に理解されれば、われわれの知識が深まるばかりでなく、徳もまた高まるであろう、ということであった。アラン・ブルーム(シュトラウス派の側)やテリー・イーグルトン(マルクス主義者の側)のような思想家にとっては、そうした信念——道徳的あるいは政治的な選択肢のどれが客観的に妥当なのか、という問いに対する答えを決するような確固とした中心軸——が存在していなければならない。わたしのようなデューイ派のプラグマティストにとっては、そうした不動の中心点は存在せず、客観性を求めるということは、できうる限りの相互主観的な合意を得るという問題にほかならないということを、歴史と人類学によって十分示すことができる。

わたしが大学に入った当時から、客観性が相互主観性以上のものであるのかについては、哲学の論争においてたいした変化は何も起こっていない。いやこの点について言えば、ヘーゲルが神学校に入学して以来のことかもしれない。今日、われわれ哲学者は、「道徳的経験」ではなく「道徳の言語」について語り、「主観と客観の関係」ではなく「指示の文脈理論」について語る。しかしそれは、たんに表面上のあぶくのような現象にすぎない。シカゴで吸収することになった反デューイ的な見方からわたしが離反した理由は、デューイが二十代の頃に奉じていた福音主義のキリスト教や新ヘーゲル学派の汎神論から離反することになった理由とほとんどおなじである。さらにまた、この理由は、ヘーゲルがカントから離反し、神と道徳法則の両者がともに信じうるものであるためには、時間化され歴史化されなければならないと決意した理由とほとんど変わらない。われわれに「絶対者」が必要かどうかにかんする論争について、二十歳の頃よりも現在のほうが、その間四十年の間に読書や議論はしたものの、わたしにより多くの洞察が備わっているとは思えない。こうした読書と議論の年月がもたらした成果とは、それによってプラトンへの幻滅——つまり、哲学はナチスやその他の悪人に対処する助けにはまったくならないという確信——を、より詳細に、かつさまざまに異なる聴衆に対して明確に述べることができるようになったということだけである。

米国では現在、二つの文化戦争が闘われている最中である。そのうちの一つについては、わたしの同僚であるジェイムズ・デイヴィソン・ハンター（James Davison Hunter）が『文化戦争——アメリカの意味をめぐる闘い（Culture Wars: The Struggle to Define America）』において詳細に述べている。この闘い――ハンターがそれぞれ「進歩主義者」と「正統派」と呼んでいる人びとのあいだの闘い――は、重要な意味をもっている。この戦いの行方次第で、〔米国の〕権利章典、再建法〔南北戦争後、南部諸州を合衆国に復帰させた法〕、土地交付カレッジの設立、婦人選挙権、ニュー・ディール政策、ブラウン対トピーカ教育委員会事件判決〔一九五四年、人種別隔離教育を違憲とした判決〕、コミュニティ・カレッジの設立、リンドン・ジョンソン大統領による公民権法制定、フェミニズム運動、ゲイの権利運動などによって明確になった道筋に沿ってわたしたちの国が今後も進んでいくのかどうかが、決まるであろう。この道筋に沿って進むということは、アメリカが、寛容や平等のいっそう進んだ社会の先例でありつづけるということであろう。しかし、この道筋を進むのは、アメリカ人の平均実質所得が増加しつづける限りにおいてのみ可能であったのかもしれない。だとすると、一九七三年は、終わり――ニュー・ディール政策以降出てきた、経済成長への期待と政治上のコンセンサス双方の終焉――の始まりだった可能性がある。アメリカ政治の将来は、ウィリー・ホートン〔Willie Horton〕を利用したコマーシャル・スポット〔仮釈放中の性犯罪服役囚の再犯事件を大統領選挙キャンペーンに利用したもの〕のように、新しくなるたびにますます露骨で効き目を発揮するネガティブ・キャンペーンのシリーズのようなものにすぎないのかもしれない。シンクレア・ルイス〔Sinclair Lewis〕の『ここでは起こりえない』〔一九三五〕〔一九三〇年代の米国におけるファシズムの興隆を描いた小説〕が、ますます説得力のあるシナリオになっていくのかもしれない。この一つめの文化戦争において対峙する二つの立場に対して、ハンターのように、思慮深くバランスのとれた態度をとる必要性をわたしは感じない。わたしには「正統派」の人びと(ゲイの人びとを軍隊から追い払えば伝統的な家族の価値が涵養されると考える人びと)が、一九三三年にヒトラーに投票した、正直で慎みがあり、視野が狭くて、災いをもたらす人びととおなじに見える。わたしは、「進歩主義者」こそ、わたしが唯一気にかけているアメリカのあるべき姿を示しているように思われる。

第二の文化戦争は、『クリティカル・インクワイアリー(Critical Inquiry)』誌や『サルマガンディ(Salmagundi)』誌のように、予約購読率が高く、市販はあまりされていない雑誌を舞台に闘われている。対峙するのは、近代のリベラルな社会には致命的な欠陥があると見る人びと(「ポストモダニスト」として十把一絡げにされる人びと)と、わたしのように典型的な民主党左派の教授たち、すなわち、自分たちの社会を、テクノロジーと民主主義的な制度が幸運にも協調することで、平等を促進し苦しみを減らすことができる社会だと見る人びとである。この戦争は、それほど重要な意味をもつわけではない。人文科学を政治化し、若者を堕落させようとする(ポストモダニストとプラグマティストの両方を巻き込んだ)大がかりな陰謀が進行しているとして警戒を呼びかける保守主義的なコラムニストはいるにしても、この戦争は、ハンターの言う「進歩主義者」の隊列の内部での小粒な論争にすぎない。

この論争でポストモダニストの側に立つ人びとは、第三世界を窮乏化させることでみずからは肥え太ろうともくろむ腐敗したエリートたちが合衆国を牛耳っているとみなすノーム・チョムスキーの見方を共有していることが多い。そうした視点から見れば、われわれの国は、ファシズムへと滑り落ちる危険にあるというより、つねに準ファシズム的でありつづけてきた国だということになる。こうした人びとは概して、われわれが「ヒューマニズム」や「リベラルな個人主義」や「技術至上主義」から脱皮しない限り、何も変わらないであろうと考える。わたしのような人びとにとっては、これら三つの「…イズム(主義)」には何ら問題はないし、啓蒙の政治的・道徳的な遺産――ミルとマルクス、トロツキーとホイットマン、ウィリアム・ジェイムズとバーツラフ・ハヴェルのあいだにある共通項――にも何ら問題はない。一般にわれわれデューイ主義者は、アメリカについて感傷的なまでに愛国者である。つまり、アメリカがいつなんどきファシズムに陥るかもしれないと認めるのにやぶさかではないが、その過去については誇りをもち、その将来については慎重ながらも希望を抱いている。

この第二の、小粒の高級な文化戦争でわたしの側に立つほとんどの人が、中欧と東欧における国営企業や中央集権的経済計画の歴史にかんがみて、社会主義にすでに見切りをつけている。わたしたちは福祉国家的資本主義が望みうる最善のかたちであると認めるのに躊躇しない。トロツキー派として育ったわたしたちのような者のほとんども、レーニンとトロツキーの功績についてはプラスよりマイナスのほうが大きいし、ケレンスキーは過去七十年間いわれなき非難を受けてきたと、今となっては認めざるをえないと感じている。それでも社会主義運動のすぐれていた点すべてについてはいまも忠実であると自認している。ところが、わたしたちと対峙する人びとは、何らかの全体的革命がなければ、何も変わらないといまだに主張している。自分たちをポストマルクス主義者だと考えているポストモダニストたちは、あまりベートーベンを聴きすぎると失くしてしまうのではないかとレーニンが恐れた純粋な心を保っていたいといまだに思っているのである。

わたしは、重要な戦争では「正統派」の側から、重要でない戦争では「ポストモダン」の側からと、両方から不信感を抱かれている。その理由は、「ポストモダニスト」は政治的には愚かであるが哲学的には正しく、「正統派」は、政治的に危険なばかりでなく哲学的にも間違っているとわたしが考えているからである。正統派ともポストモダン派とも違って、ある哲学者の政治的見解やあるいは政治への無関心を明らかにしたところで、真理や客観性、単一のヴィジョンの可能性といった問題にかんするその哲学者の見解の価値について多くを語りうるようになるとわたしは考えていない。したがって、デューイのプラグマティックな真理観を支持するのに、彼が熱烈な社会民主主義者であったことが有利に働くとは考えないし、ハイデガーがナチであったことが、客観性にかんするプラトン的考え方に対するハイデガーの批判に反対する理由になるとは思わないし、デリダの盟友で最も影響力のあるアメリカ人のポール・ド・マンが若い頃に反ユダヤ的な内容の論文を二つほど書いているということが、言語の意味にかんするデリダの見解に反対する理由になるとも考えない。ある著者の哲学的見解について、その政治的有効性を指標にして評価できるという考えは、哲学者が王になるか王が哲学者にならなければ正義を確立できないというプラトン－シュトラウス派の悪しき考えの一変種にすぎないと、わたしには思われる。

正統派もポストモダン派もともに、政治的見解と理論的な(神学的、形而上学的、認識論的、メタ哲学的な）大問題にかんする見解とのあいだには堅い結びつきのあることが望ましいといまだに考えている。ポストモダニストの中のある人たちは、わたしのデリダに対する心酔はわたしがポストモダン派の政治的立場に立っていることを意味しているに違いないと最初は考えたが、後になって、わたしの政治的見解がヒューバート・ハンフリーとほとんど変わらないと判って、わたしが寝返ったに違いないと決めつけた。正統派の人びとは、ポストモダニストやわたしのように、神を信じず、また神に代わる適当なものも信じない者は、あらゆることが許されており、誰もが自分の好きなことをしてよいと考えているのだと、みなしたがる。だから正統派はわれわれに向かって、自分の道徳的ないし政治的見解を表明する際われわれは一貫していないとか、自己欺瞞に陥っているとか言うのである。

このようにわたしの批判者たちのほとんどが異口同音におなじことを言うという事実は、たいていの人が——解放されていることを自称するポストモダニストの多くでさえ——わたしが十五歳の時に望んだこと——実在と正義を単一のヴィジョンのうちに捉えること——に類する何かをいまだに切望していることを示していると、わたしは理解する。もっとはっきり言うなら、そういう人は、自分の道徳的および政治的責任の感覚と、人間の運命を究極的に決定しているものの把握とを統合したいと欲している。愛と権力と正義が、事物の本性の内深くで、あるいは人間の魂の内深くで、または言語の構造の深いところで、とにかくどこかしらにおいて一緒になっていると思いたいのだ。自分の知的鋭敏さと、その鋭敏さがときに与えてくれる特別な忘我の瞬間とが、自分の道徳的確信に何らかの関連をもっているということのある種の保証を欲しているのである。その人はいまだに、徳と知とが何らかのかたちでつながっている、つまり、哲学的問題にかんして正しいということが正しい行為にとって重要であると考えている。わたしは、それが重要になるにしても、ときおりの偶然にすぎないと思う。

とはいえ、哲学は社会的に無用であるとの論陣を張りたいわけではない。もしプラトンがいなければ、キリスト教徒は、神がわれわれに真に望んでいるのは兄弟愛であるという考えを広めるのにもっと苦労したことであろう。もしカントがいなかったなら、十九世紀においてキリスト教倫理と人類の由来にかんするダーウィンの説とを調停するのはさらに困難だったであろう。ダーウィンがいなかったなら、ホイットマンやデューイが、自分たちは神に選ばれた民であるという信念をアメリカ人に捨てさせ、自分自身の足で歩み始めさせるのは、さらに難しかったであろう。デューイやシドニー・フックがいなかったなら、一九三〇年代のアメリカの左翼知識人たちは、フランスやラテン・アメリカの左翼知識人たちとおなじように、マルクス主義者によって籠絡されていたであろう。観念は、たしかにさまざまな結果をもたらすのである。

しかし、観念がさまざまな結果をもたらすからといって、観念をあやつる専門家であるわれわれ哲学者が要の位置にいるということにはならない。われわれは、原理や基礎づけや深遠な理論的診断、あるいは包括的ヴィジョンといったものを提供するためにいるわけではない。現代哲学の「使命」や「任務」は何であると考えるかという質問をされると(困ったことに頻繁にそういう質問をされるのだが)、わたしは口ごもってしまう。わたしにできることと言えば、哲学の教授とは、ある知的伝統にかんしてある程度くわしい者のことであり、化学者がさまざまな物質を混合するとどうなるかについて熟知しているのとおなじである、とたどたどしく言うことくらいである。われわれに提供できるのは、あるいくつかの観念を結びつけたり分離したりする際に何が起こるのかにかんして、過去の実験結果にもとづいて助言するくらいのことである。そうした助言によって、自分の時代を思考のうちで捉えることには貢献できるかもしれない。しかし、自分が心を尽くして愛するものごとが宇宙の構造にとって核心的なものであるという確証や、自分の道徳的な責任感が「たんに」自分の育ち方の結果ではなくて、「合理的で客観的」なものであるという確証を得たいと思うなら、われわれのところに来るのはお門違いである。

C・S・パースが言ったように、そうした確証を提供すると称する「哲学の安売り屋がどの街角にも」いまだ存在する。しかしそれなりの代価は支払わなくてはならない。この代価を払うには、知の歴史に背を向け、「誰も真理を所有せず、誰もが理解される権利をもつ、想像上の魅惑的な領域……すなわち小説の知恵」とミラン・クンデラが呼んだものに背を向けなければならない。そうなると、自分が有限な存在であるという感覚や寛容な心をなくす危険を冒すことになる。なぜなら、そうした感覚や寛容は、どんなに多くの包括的ヴィジョンがこれまで存在してきたかを、そして、いかに議論しても、そのいずれを選択すべきかの決め手にはほとんどなりえないかを、悟ることによって生まれるからである。比較的早い時期にプラトン主義に幻滅したにもかかわらず、わたしはこれまでの年月のあいだずっと哲学書を読んできてよかったと思っている。なぜなら、いまでも非常に重要だと思われること、すなわち、最初わたしに哲学書を読む気にさせた知的スノビズムを疑いの目でもって見ること、を学んだからである。こうした書物を読んでいなかったとしたら、デリダが「戯れの領域を越えたまったき現前」と呼んだもの、すなわち、光り輝き、自らを正当化し、それ自体で充足した包括的ヴィジョン、を捜し求めるのを止めることはけっしてできなかったであろう。

今ではわたしは、そうした現前やヴィジョンを捜し求めるのは、悪しき考えだということに、相当な確信をもっている。主として問題なのは、そうした捜索が成功するかもしれないと思いこみ、その成功によって、自分の同胞たる人間の寛容や品格以上に信頼すべきものがあると思いこんでしまう可能性があるという点である。デューイが夢見た民主主義的共同体とは、誰もそのように思いこんだりしない共同体である。本当に大事なのは人類の連帯であって、たんに人間的なだけではない何かにかんする知などではない、と誰もが考える共同体なのである。そうした完璧に民主主義的で世俗主義的な共同体に近づきつつある複数の事例が実際に現存するということが、人類最大の成果であると、いまのわたしは思う。それに比べれば、ヘーゲルやプルーストの著作でさえ、蘭に比すべき余録であって、好みの問題にすぎないと思われてくるのである。

Ⅱ　知識の代わりに希望を

——プラグマティズムの一形態——

実在への対応なき真理(一九九四年)

プラグマティズムは際立ってアメリカ的な哲学であると、よく言われる。ときにそれは、軽蔑口調で言われる。バートランド・ラッセルなどはそうだった。その際ラッセルが意味していたのは、プラグマティズムは浅薄な哲学であって、未熟な国にぴったりだ、ということであった。しかしときに、それは賞賛として言われることもある。プラグマティストでなければ、非アメリカ的であり、したがって不道徳なのだという考え方をする人びとによってそうした賞賛がなされる。というのも、そういう人びとにとっては、プラグマティズムに反対することは、民主主義的な生き方に反対することだからである。

プラグマティズムとアメリカの双方に対するラッセルの軽蔑は不当なものだとわたしは思うが、しかし、プラグマティズムを前段のように賞賛するのも的外れだと思う。哲学と政治とは、言うほど緊密に連結しているわけではない。政治的立場をおなじくする人びとが哲学的問題で多くの不一致をもったり、おなじ学派の哲学者たちが真っ向から対立する政治的見解をもつということは、いつだってありうることである。たとえば、デューイが真理・知識・合理性・道徳性の本性について語ったほとんどすべてに同意するなら、ファシストもプラグマティストとなることができない道理はない。ニーチェも、そうした特殊哲学的な話題についてはみなデューイに同意し、プラトンやカントに反対したことであろう。もしニーチェとデューイが議論を闘わせたなら、二人のあいだの唯一の実質的な不一致は平等主義的な考えの価値、すなわち、人類はみな兄弟姉妹関係にあるという考えの価値にかんして、それゆえまた民主主義の価値にかんしてであったろう。

不幸なことだと思うのだが、哲学と政治とのあいだに、現にある以上に、あるいはありうる以上に緊密な連結があってほしいと多くの人が希望している。とくに、左派の人びとは、右派によって使用されえない、ただ善なる大義にのみ適合する哲学的見解があってほしいと依然として希望している。(1) しかし、そのような見解はけっして存在しないであろう。哲学的見解とはどんなものであれ、多くの異なった手によって使用可能な道具だからである。ハイデガーがナチであったからといって、その事実から、真理や合理性にかんする彼の見解の価値について多くを学ぶことができないのとちょうどおなじように、デューイが左派の政治的善の大義のために生涯にわたって闘ったという事実や、「合衆国はそれ自身最も偉大な詩作品である」というウォルト・ホイットマンの感覚を彼が共有していたという事実から、真理や合理性というおなじ論題にかんする(ハイデガーときわめて似た)(2) 彼の見解の価値について、多くを学ぶことはできないのである。プラグマティズムについてどのような意見をもつのかは、民主主義ないしアメリカについてどのような意見をもつのかということから独立していることができるし、また、独立しているべきものなのだ。

そうであるにしても、プラグマティズムを「民主主義の哲学」と呼んだとき、デューイがまったく間違っていたわけではない。彼の念頭にあったのは、プラグマティズムもアメリカも希望に満ちて改良主義的な実験的精神構造の表われであるということであった。わたしの思うに、プラグマティズムとアメリカを結びつける最大の利点はそこにある。つまり、この国とこの国の最高の哲学者の両者が示唆しているのは、哲学者が通常到達しようと努めてきたような知識を、われわれは政治において希望に取り換えてよいということなのである。アメリカはいつでも未来志向的な国、比較的最近の過去において自己を創り出したという事実を喜ぶ国でありつづけてきた。

以下においてわたしが論じようとするのは、過去と未来の区別が古くからのあらゆる哲学的な区別――デリダが「西洋形而上学の二元論的対立」と呼んでいる区別――に取って代わることができると考えるなら、プラグマティストの主張を理解する一助となるということである。そうした二元論的対立のうち最も重要なものは実在と現象の対立である。その他の対立としては、無制約的なものと制約されたもの、絶対と相対、厳密に道徳的なものの対たんなる分別、といった区別が挙げられる。

わたしがこれから用いる「プラグマティズム」という語の意味からするなら、プラグマティストの範型となるのはジョン・デューイとドナルド・デイヴィドソンである。しかしわたしはほとんどもっぱらデューイについて語り、デイヴィドソンにはほんの折に触れて(いわば、クリンチ状態を解くために)言及するだけであろう。通例、「古典的プラグマティスト」――パース、ジェイムズ、デューイ――と、クワイン、グッドマン、パトナム、デイヴィドソンといった現存の「ネオプラグマティスト」とが区別される。両者をブレイクするのは、いわゆる「言語論的転回」である。哲学者たちが経験というトピックを捨てて言語というトピックを取り上げ、ロックではなくむしろフレーゲから指図を受け始めるようになったとき、この転回はなされたのである。合衆国ではこの転回は一九四〇年代、一九五〇年代になってはじめてなされた。ジェイムズやデューイがアメリカの哲学科で読まれなくなったのは、その転回の結果であった。

アメリカニズムとプラグマティズムを連合させようとするとき、ふつう念頭に置かれるのは古典的プラグマティストだけである。いわゆるネオプラグマティストは、道徳哲学や社会哲学にはあまりかかわりをもたないし、また、自分たちが何か際立ってアメリカ的なものを代表しているとも考えない。カルナップの学生として、クワインは、哲学は論理学に寄り添っているべきであって、政治や文学や歴史からは距離を保っておくべきだと教えられた。クワインの学生であった、グッドマンやデイヴィドソンはこのカルナップの見解を当然視している。わたしが挙げたネオプラグマティストのうち、パトナムだけが後期の著作になると、カルナップの設定した限界を踏み越えた。

三人の古典的プラグマティストのうち、ジェイムズとデューイだけが自分たちの哲学的学説を、自らがその傑出した市民であったこの国に意図的・意識的に関係づけた。パースは自分のことを、歴史的発展や国民文化とほとんどかかわらない技術的専門的問題に取り組む探求者の国際的な共同体の一員だとみなしていた。(3) 彼が政治問題や社会風潮に言及することがあっても、それは、クワインがそれらに言及するのとおなじ不器用なやり方でなされた。つまり、それらは、哲学にはほとんどかかわらない話題として言及されたのである。

しかしながら、ジェイムズとデューイは、アメリカを真摯に受け取った。両人とも自分たちの国の世界史的意義について熟考した。両人は、歴史にかんするエマーソンの進化論的感覚に、なかんずく、その画期的なエッセイ「アメリカの学者」に影響を受けた。このエッセイは、旧世界と新世界とのあいだに差異が存することを喜ぶ内容となっており、オリヴァー・ウェンデル・ホームズ（Oliver Wendell Holmes）はこの論文を「わが国民の知的独立宣言」と呼んだ。ジェイムズとデューイの両人は、政治運動、とくに反帝国主義運動に身を投じたが、そうした運動は、アメリカをそれ自身に忠実であらしめ、古き悪しきヨーロッパ流儀に逆戻りしないように防ぐための運動であった。両人はまた、「民主主義」という語を――そして、それの準同義語である「アメリカ」を――ホイットマンが用いていたように、用いた。つまり、聖なる何ものかの名称として用いた。一九一一年の試論においてデューイは書いている、

エマーソン、ウォルト・ホイットマンそしてメーテルリンクは、民主主義とは統治形態でもなければ社会的便宜でもなく、人間と人間の経験とが自然に対して有する関係についての形而上学なのだということを習慣的に、そしていわば本能的に察知していた、これまでのところ、おそらく唯一の者たちである……(4)

コーネル・ウェスト(Cornel West)が明らかにしたように、[5] ジェイムズとデューイが共有していた「本能的察知」の源泉を理解するためには、ある程度エマーソンを読んでおく必要がある。ウェストは言う、エマーソンは、

> 神話的自己をアメリカの内実と性格それ自体に連合させた。彼の個人主義は単純に個別的な個人に関連するのではない。より重要なことは、アメリカとしての個人という規範的で奨励的な構想に関連しているということである。歴史上最初の新国民に彼は、神話的自己のイデオロギーを投影している。神話的自己……それは、英雄的なアメリカの学者であり、神のごとき力能と権能をわがものとし、その力能・権能を「世界の回心」のために用いる自信を獲得している者のことである。[6]

しかしながら、根底的にはエマーソンは、その弟子ニーチェ同様、民主主義の哲学者ではなく、プライベートな自己創造、彼の言う「プライベートな人間の無限性」の哲学者であった。神のごとき力能が彼の頭から離れることはなかった。彼のアメリカは同胞市民の共同体というよりは、神のごとき英雄たちが自ら書いたドラマを実地に移すことができる飛び地であった。

対照的に、ホイットマンの口調は、ジェイムズやデューイの口調に似て、エマーソンのものに比

してより世俗的でより共同体的である。したがって、ジェイムズとデューイが当然視し、彼らの講義を聴いていた聴衆と共有していた、アメリカに対する態度を把握する最良のやり方はおそらく、ホイットマンの一八六七年執筆の『民主主義の展望』を再読することであろう。その書は次のように述べることから開始される。

宇宙を貫く〈自然〉の最大の教えがおそらく多様性と自由の教えであるように、〈新世界〉の政治と進歩に見られる最大の教えもおなじ教えを提示している……。

アメリカは、現在を最も偉大な行為や問題で満たし、過去を、封建主義も含め、喜んで受け入れながら〈実際、現在とは、封建主義も含めた過去の嫡出子にすぎないのだから〉、わたしの推察によれば、自分を正当化し成功を収めるために〈というのも、今までのところですでに成功はなされたと、誰が主張できるだろうか?〉、ほとんど全面的に未来に依拠する。……というのも、わたしの考えでは、われわれの〈新世界〉は、それがすでになしたことや、それが現にあるところのものによってではなく、来たるべき成果のゆえにこそ重要なのだからである。(7)

本章においてわたしは、「自分を正当化し成功を収めるために……ほとんど全面的に未来に依拠する」というホイットマンの語句に焦点を定めたい。わたしの見るところ、ホイットマン流のアメリカニズムとプラグマティズム哲学——古典的と「ネオ」の両方の——を連結させるのは、究極的正当化にかんするあらゆる問題を、未来に、つまり、物事に対する希望の実質である未来に、関連させようとする態度である。プラグマティズムに何か際立ったところがあるとすれば、それは、プラグマティズムが「実在」「理性」「本性」の概念を、人間のより良き未来という概念に取って換えるということである。ノヴァーリスはロマン主義について、「未来の神格化」であると述べたが、おなじことをプラグマティズムについても述べることができるかもしれない。

わたしの読むところ、「人間の自然に対する関係の新たな形而上学」とデューイがいささかぎこちない呼び方をしているものは、ダーウィン主義的生物学の教訓を一般化したものである。生物であれ文化のであれ、突然変異が正当化されるのは、未来のどこかにより複合的で興味深い種が存在することになるのにそれが寄与するときだけである。正当化とはつねに、生き残った者、つまり勝者の観点からの正当化である。勝者の観点以上に高尚な観点は想定しようにもしようがない。力が権利をなす、正義とは強者の利害であるという考えが真理だとはこのことである。しかしこの考えが形而上学的に解釈されて、現状が、あるいは何か現行の闘いにおける勝者のサイドが、物事の本当のあり方に対しある特権的な関係に立つとされるならば、それは的外れなものとなる。だから、「形而上学」という語は、民主主義というこの一般化されたダーウィン主義を性格づけるためには不適切なのである。というのも、「形而上学」は、現象を実在に置き換えようとする試みと結びついているからである。

プラグマティスト——古典的および「ネオ」双方の——は、物事の本当のあり方があるとは信じない。だから彼らは、現象‐実在の区別を、世界と人間にかんするあまり有用でない記述とより有用な記述との区別に置き換えようとする。「何に有用なのか？」という疑問が突きつけられると、「より良い未来を創造するのに有用である」ということ以外に彼らには言うことがない。「いかなる基準でより良いのか」と問われても、彼らが何か詳しい答えを出すことはない。それは、地上最初の哺乳類がいかなる点で死滅しかかっていた恐竜よりも優れていたのか特定不可能であるのとおなじことである。プラグマティストが言えるのは、「われわれが良いとみなすものをより多く含み、悪いとみなすものをより少なく含んでいるという意味で、より良い」くらいの、ただ漠然としたことだけである。「正確に何を良いとみなすのか」と問われるなら、プラグマティストはたんに、ホイットマンとともに、「多様性と自由」と言うか、あるいは、デューイとともに、「成長」と言うしかできない。「成長それ自体が、唯一の道徳的目的である」とデューイは述べた(8)。

プラグマティストの答えがこのような曖昧で役立たずのものに限定されるのは、未来が計画どおりに進んで内在的目的論を実現するというのではなく、むしろ、驚愕させ愉快にさせてくれることが、彼らの希望だからである。前衛芸術のファンとは、何か特定の期待が満足されることを希望してというよりは、驚愕させられることを欲してギャラリーに足を運ぶものだが、ちょうどそれとおなじように、ジェイムズが、そして後にはA・N・ホワイトヘッドとチャールズ・ハーツホーンが寿《ことほ》いだ、有限で擬人化された神格もまた、生物的および文化的双方の進化における最新の産物によって驚かされ喜ばされることを希望するのである。未来の青写真をプラグマティズムに求めるというのは、民主主義の限りない展望の最後にあるものを描くようにとホイットマンに求めるようなものである。問題は展望であって、最終地点ではない。

したがって、ホイットマンとデューイが何か興味深いところで共通するとしたら、それは彼らが意図的に曖昧であることを原則としていたということなのである。というのも、原則化された曖昧さは、「形而上学の乗り超え」とハイデガーが呼んだもののアメリカ流のやり方だからである。ハイデガーの用法では、「形而上学」とは明晰判明な何ものか、充実して現前する何ものかの探索である。この何ものかとは、無際限な未来のうちにずれ動いてゆくことのないものであり、アリストテレスの呼び方では「今」、to nun〔今〕とか nunc stans〔不動の今〕といわれるもの、現前存在の充足、のごときものである。ハイデガーは、プラグマティズムがそうした「今」の探索の一部をなすと考えた。それゆえプラグマティズムを完全にさかさまに捉えてしまった。彼の考えでは、アメリカニズムとは世界を原材料に還元し、思考を計画に還元するものであり、プラグマティズムとは青臭い「アメリカニズムのアメリカ流解釈(9)」なのであった。思考の計画への還元とは、新しい歌を歌うハイデガー自身の試みと正確に対極をなすものであった。しかしハイデガーはホイットマンを少しも読んだことがなかった。もし読んでいたなら、彼は、ヘーゲルの(簡単にではあったが)なしたように、アメリカのことを見るようになったかもしれない。つまり、精神のさらなる西部開拓として、ヨーロッパを越えた進化の次段階として、見たかもしれない。

現前の形而上学をヨーロッパの形而上学として考えるとしたら、その場合には、この形而上学と民主主義という「新たな形而上学」との対照関係とみなすことができる。ヨーロッパと新しいアメリカとの対照関係とみなすことができる。ヨーロッパの生活と社会におけるあらゆる悪しき点は自分のいうコネチカット・ヤンキーがアーサー王の宮廷にもち込んだアメリカ的態度と慣習を採用すれば矯正できるとマーク・トウェインが確信していたのとちょうどおなじように、伝統的ヨーロッパ哲学の悪いところはすべて、不平等社会のなかで発生し不平等社会のニーズを満たす世界像を墨守していることの結果なのだ、とデューイは確信していた。彼の見るところでは、哲学的伝統となっているあらゆる有害な二元論は、観照者と実行者との、つまり、有閑者階級と生産者階級との社会分割のなごりであり、表われなのである。[10] デューイは、「二種類の精神的産物」[11]――僧侶や詩人の産物と職人の産物――を調停しようと試みるところに哲学の起源があったと説明する。そのような調停が必要となるのは、社会の神話や慣習がもはや信用されなくなり、どうして物事はこのやり方でなされ、あのやり方でなされてはならないのかを説明するために、職人が用いる因果的な推論によってそれらが擁護されなければならなくなったときである。

これまで哲学を推進してきた力は保守的なものであったとデューイは論ずる。それはだいたい有閑者階級の側に付いて、変化より安定を好んでいた。哲学とは過去に対し永遠なるものの威信を与えようとする試みであった。「ヨーロッパの古典哲学の主導的テーマは」、形而上学を「より高い道徳的社会的価値の源泉であり保証であるとして慣習の代替物」[12]にすることであった。デューイは、永遠なるものから未来へと注意を向けかえさせることを欲していた、それも、哲学を保守よりは変化の道具となし、そのことによって哲学をヨーロッパ的なものよりはむしろアメリカ的なものとすることによって、そうしようとしていた。彼は哲学とは知識の一形態であるということを否定する——後にハイデガーも否定しようとしたように——ことによって、そうできるのではないかと希望していた。この希望が意味するのは、慣習には文化外に基礎が存在するないし存在しうるということを否定し、「哲学においては「実在」とは価値語ないし選択語である[13]」ということを率直に認めることである。彼の言うところの、「ギリシャ時代以来一貫して哲学を牛耳ってきた考え、つまり、知識の務めとは先立って実在するものを暴くことであって、実践的判断におけるのとは異なり、発生してくる問題を処置するために必要となるような理解を手に入れるということではないという考え[14]」から逃れでたいと彼は欲していたのだ。民主主義とは「人間と人間の経験とが自然に対して有する関係についての形而上学」であると言うことによって、彼が述べているのは、真に非封建的な社会の制度は現実〔実在 reality〕と知識について非二元論的な考え方を産み出すであろうし、またそれ自身非二元論的考え方によって産み出されるであろうということである。非二元論的な考え方をすることによってはじめて、知識人は有閑者階級ではなく生産者階級に仕えることになるであろう。プラグマティズムによってはじめて、実践が理論の劣化とみなされるのではなく、理論が実践のための手助けとして取り扱われることになるであろう。

こうしたことのすべてが漠然とマルクスを思い出させるとしたら、それはマルクスもデューイも両方とも一時期ヘーゲルに夢中になっていたからであり、また、両方ともヘーゲルのなかの非歴史主義的なところは一切拒絶した、特にその観念論を拒絶したからである。彼らはまた、ヘーゲルが世界を変えることよりも理解することを優先させたことを拒絶した。両人は、ヘーゲルのうち、ダーウィンと容易に調停されうる部分のみを保持した。デューイの言い表わすヘーゲルとは「近代の世俗的で実証的な精神が物質的内実の中に勝ちえた凱旋……〔人生の〕今ここと世界のうちにすでに含まれているものを統御するようにという人間主体への勧誘……」[15]であった。デューイはダーウィンとヘーゲルを、ある一つの反二元論的思想運動の二側面とみなしていたのだが、この思想運動とは、本質‐偶有性の区別を拒絶し、精神と物体のあいだの分割線をぼかすことによって、分裂より連続性を、永遠なるものの観照よりも新たなるものの生産を、強調したのであった。[16]

ハーバーマスは、マルクス、キルケゴール、アメリカのプラグマティズムの三つがヘーゲルに対する生産的な応答であり、プラグマティズムは「青年ヘーゲル学派の社会民主主義部門」であったと述べている。[17]ヘーゲルから影響を受けた結果、マルクスもデューイも、「非歴史的な可能性の条件とは何か」というカント的な問いから、「いかにしてわれわれは現在をより良き未来にすることができるのか」という問いへと、目指す的を転換した。しかし、世界史の形姿は一まとまりの全体として見ることができ、現在は封建主義と共産主義のあいだの通過段階として見ることができるとマルクスが考えたところで、デューイは、現在とは、運が良ければ想像不可能なくらいより良きものとなるかもしれない何ものかへの通過段階であると述べるだけで満足した。

かなり晩年になってついにマルクスを読むようになったとき、デューイは、ヘーゲルの悪しきギリシャ的側面――歴史の必然的法則を力説する側面――にマルクスは取りこまれていると結論づけた。デューイの目には、マルクス、コント、スペンサーは、現在から未来を推測する擬似科学のとりにひっかかったように、映じている。デューイの結論によると、

マルクス主義はことさらに科学的であると主張する点で「時代がかって」いる。というのも、全包括的な単一的法則の探求と必然性とが前世紀の四〇年代に典型的な知的雰囲気だったとすれば、それとちょうどおなじように、蓋然性と多元主義が現行の科学に特徴的なことだからである。(18)

マルクスにかんするこうした見方は、カール・ポパーの『歴史主義の貧困』や、またE・P・トムソンによる反アルチュセールの論争書『理論の貧困』を思い起こさせる。けれども、この二人のうちでは、デューイはトムソンにはるかに近い。トムソンの『イングランド労働者階級の形成』を読んだら、彼は感激し喜んだことだろう。もしポパーを読んだなら、その可謬主義には喝采したであろうが、カルナップと同様にポパーが当然視していた二元論を嘆いたことであろう。というのも、カルナップやポパーを代表者とする論理経験主義運動――この運動によって、第二次世界大戦後、アメリカの哲学科においてプラグマティズムはつれなく脇に押しやられることになるのだが――は、事実と価値のあいだの、一方の科学と他方のイデオロギー・形而上学・宗教とのあいだの、鋭いカ

ント的区別を再創設したからである。これらの区別こそ、ジェイムズとデューイの両方がぼかすことに最善を尽くした区別であった。論理経験主義者は、フレーゲとラッセルの助けを借りて、あらゆる古きカント的区別を言語論化したのであるが、デューイの考えでは、これらの区別に打ち勝つために、ヘーゲルは役立ったのであった。クワインの指導のもと、ネオプラグマティストによってこうした区別が再度解消されるという歴史は、アメリカ哲学が再度プラグマティズム化される――そのようにして脱カント化され再ヘーゲル化される――という物語にほかならない(19)。

以上わたしは、知識人の系図のうちでデューイの占める位置がいかなるものか、エマーソン、ホイットマン、カント、ヘーゲル、マルクスと彼の関係についていくらか述べることによって、概観しようと努めてきた。今度は、少しばかり専門的になって、最も有名なプラグマティズムの学説――真理についてのプラグマティズムの理論――について一つの解釈を提示したい。わたしが示したいと思うのは、この学説が、より一般的な綱領――つまり、永続的構造と一過的内容というギリシャ的・カント的区別を、過去と未来の区別に置き換えるという綱領――に適合するということである。すなわち、不変の構造との照合によって過去の慣習や伝統を正当化するという任務が、不満足な現在をより満足できる未来に替えてゆくという任務に置き換えられ、したがって、確実性が希望に置き換えられることになるというのが、ジェイムズやデューイの真理観からの帰結なのである。その置換は結局哲学をアメリカ化することだと、彼らは考えた。というのも、アメリカとはその

「理由や正当化」のために未来に、しかももっぱら未来に依拠する国であるとする点で、彼らはホイットマンに同意したのだからである。

真理であることによって、知識は、たんに根拠づけられただけの意見から、つまり、正当化されただけの信念から分け隔てられると想定されている。[20] しかし、ジェイムズが述べたように、真なるものとは、「信じたほうが良く、そして確定的で指定可能な理由によっても良いと証明されるものすべての名前」[21] であるならば、その場合には、真なる信念はいかなる点で、たんに正当化されているだけの信念とは違うと想定されるのか、はっきりしなくなる。だからプラグマティストは、絶対的で永遠のものである真理を、話し相手に相対的であるがゆえに一過的なものにすぎない正当化と混同している、としばしば言われるのである。

プラグマティストたちはこの批評に対して、二つの主要なやり方で答えてきた。パースやジェイムズやパトナムといった幾人かの人びとは、「真」を「理想的状況における正当化」と同一視することによって、「真」の絶対的意味は保存されると述べた。その際、「理想的状況」とはパースが「探求の終着点」と呼んだところのものである。デューイや(わたしの議論によれば、デイヴィドソンも含まれる[22])その他の人びとは、真理について言うべきことはほとんどない、哲学者は明示的・意識的に正当化に、つまりデューイの呼ぶ「保証された主張可能性」に、自己を限定すべきだ、と述べた。

わたしなら後者の戦略を選択する。「理想的認識状況」という概念を明晰化しようとパトナムやハーバーマスは努力しているが、わたしにはその概念が、「実在への対応」という概念と同様に、また、「真」という語に興味深い注釈を施すために哲学者が用いてきた他のいずれの概念とも同様に、役に立つものとは思われない。さらにいうなら、わたしの考えでは、そのような概念を援用することによって確保されると想定されているいかなる「絶対性」も、その援用をまつまでもなく、一方で人間の信念は人間ならざる環境の制約から逃れて浮遊することはできないし、また他方でわれわれの信念のほとんどが（誰であろうとその信念のほとんどが）真であらざるをえないということを、デイヴィドソンとともに力説するならば、等しくうまく確保されるのである。というのも、このように力説することによって、「実在論」によって手に入れたいと願われていたすべてのものが与えられることになるが、だからといって、「実在的なもの・真なるものは、「われわれの信念から独立している」」というスローガンに訴えることもないからである。このスローガンは、デイヴィドソンが正しく述べているように、受け入れても退けても、むなしいものなのである。[24]

自然言語の真理論の行なうことは、環境の示す相貌と文が真であることとのあいだに成り立つ因果関係を経験的に説明すること以上でも以下でもないというデイヴィドソンの主張によって、われわれはいつでもどこでも「世界と接触している」ことが十分に保証されるとわたしは思う。そのような保証を手にしたなら、われわれは「相対主義」と「恣意性」を防ぐために必要なあらゆる保護手段を手にしたことになる。というのも、世界が許してくれる以上に、われわれは恣意的たることはけっしてできないというのが、デイヴィドソンの教えていることだからである。だから、たとえ

「世界があるあり方」なるものが存在せず、「実在の内在的本性」のようなものも存在しないのだとしても、それでも因果的圧力は存在する。この圧力は異なったときに、異なった目的のために、異なったしかたで記述されるだろうが、にもかかわらず、圧力であることに変わりはない。

「プラグマティズムでは真理の絶対性が説明されえない」という主張は二つの要求を混同している。それはすなわち、まず、真なる信念をもっているというわれわれの主張と世界とのあいだの関係を説明すべきだという要求であり、ついで、今すぐ確実性に到達したい、あるいは、無限に遠い未来であってもよいから、確実性に通ずることが保証されている道に到達したいという、認識論に特有の要求である。第一の要求を伝統的に満たしてきたのは、われわれの信念は世界によって真にされているという主張であり、信念は物事のあり方に対応しているという主張である。デイヴィドソンはこの両方の主張を否定する。彼とデューイは、知識とは現実〔実在〕を表象しようとする試みであるという考えは放棄されるべきだとする点で一致する。むしろ、探求は現実を使用する一つのやり方として考えられるべきである。だから、真なる信念とそれ以外の世界との関係は表象的というよりは因果的である。世界はわれわれが信念をもつようになる原因であり、われわれは、自分の欲するものを手に入れるために信頼できる導き手だとわかっている信念はずっと保持しつづける。「世界があるあり方」は一つとして存在せず、だからいかなるやり方でも世界は正確に表象されえないと述べる点で、グッドマンは正しい。とはいえ、幸福への人間の希望を実現するための行為のしかたは多数存在する。そのような幸福の達成は、正当化された信念の達成とは別物ではない。むしろ、後者は前者の一事例である。

知識と真理についてこのような考え方をすると、確実性がありそうもないものになってしまう。そのことはプラグマティストにもわかっている。しかし、プラグマティストの考えでは、確実性の追求とは――たとえ長期間を費やすべき目標だとしても――世界から逃走しようという試みである。だからプラグマティストは、自分たちによる真理の取り扱いに対して通常見られる敵意ある反応を、怨恨の表現とみなすのである。それは、かつて哲学が誤って約束してしまったものを奪われることに対する怨恨である。確実性が追求されるのではなく、それに換えて、大切なのは想像力なのだと訴えられるべきであり、哲学は安心を与えようと努めることをやめて、代わりに、「自己信頼」とエマーソンが呼んだものを鼓舞すべきだ、とデューイは強調する。自己信頼を鼓舞するとは、今の場合、永遠なるものによって過去を根拠づけようとする「古典的ヨーロッパ哲学」の試みにも、過去そのものにも、すすんで背を向ける態度を鼓舞するということを意味する。その鼓舞は、エマーソンのいう自己創造を共同体規模で試みることである。知識を希望に置き換えるべきだというのは、自分の信じていることがしっかり根拠づけられているのかどうかを気にかけることをやめて、自分の現在の信念に対し興味深い選択肢となるものを、いままでに想像力を十分働かせて考案してみたかどうかを気にかけ始めるべきだということくらいをいう。ウェストが言うように、「エマーソンにとって、活動の目標とは、単純に支配ではなく、挑発でもある。運動と流動のテロスとはひとり統御することではなく、刺激することでもある」[25]。

知識を希望に置き換えることとは、カントの流れを汲むアカデミックな哲学の文脈に置かれるなら、きわめて特殊なことを意味するようになる。それは、「人間知識の本性」とか「人間知識の範囲と限界」とか「人間の認識的状況」とか呼ばれるものがあって、それを哲学者は研究し記述しなければならないというカントの考えを放棄することを意味するのである。マイケル・ウィリアムズの近著『不自然な懐疑』は、このカントの考えを放棄するなら、いかに多くのことが獲得されうるかを明らかにしている。なぜなら、いったんその考えを捨てるなら、われわれは夢を見ているのかもしれないというのは事実だとしても、それによって、外界についてのわれわれのあらゆる知識に疑いが投げかけられるというデカルトの主張が有意味なものとはされえないことになるからである。というのも、「外界についてのわれわれの知識」なる概念や、「理由の自然な順序」なる概念が認められないことになるだろうからである。この場合、後者の順序とは、たとえば、「感覚の表出」を出発点とし、そこからさらに、ロックに始まりクワインにいたる経験論者によって想像されてきた由緒ある様式にのっとって、前進していくものである。それらの二概念は互いに絡み合っている。なぜなら、ウィリアムズが言うように、「懐疑論の脅威は知識の基礎づけ主義的構想に解き放ちがたく結びついて」(26)おり、基礎づけ主義の構想は構想で、文脈から自由な正当化という構想と解き放ちがたく結びついているからである。文脈から自由な正当化の考えを放棄することとは、適切な研究対象としての「知識」という考えを、つまり、デカルトやカントがプラトンの『テアイテトス』から受け継いだ考えを、放棄することである。

プラトンがその対話篇で述べたように、pが真でありかつ真であるときにのみ、そして、Sがpを信じ、またpを信じることを正当化されているならば、Sはpが真であることを知っていることになる、といったん言ってしまうなら、そしてその場合正当化もしくは真理について語るべき一般的で興味深い何ごとかを見出すことができないのなら、そのときにはもはや語るべき認識論的な事柄は何もないことになる。正当化と真理のあいだに何らかの繋がりを見出すことによって、そしてまた、そのことを通して、時間的なものと永遠なるものとを結びつけ、一過的な人間主観と、人間が存在しようがしまいがいずれにしろ存在するもの[27]とを結びつけることによって、正当化と真理の両者について何か興味深いことを語れるのではないか、と哲学者たちは希望していた。この希望がかなえられるのは、信念がより良く正当化されればされるほど、真である公算が高まるということを哲学が示すことができたときである。それができなければ、哲学は、信念を正当化するある手続きは他の手続きよりも真理に通ずる可能性が大きいということを示そうと努めるかもしれない。デューイは、そのような手続きが存在することを示したいと希望していた。デイヴィドソンや他のプラグマティストはそれは存在しないと示唆しているが、わたしには後者の人びとが正しいと思われる。

プラグマティズムの歴史を見てみると、古典的プラグマティストとネオプラグマティストのあいだには二つの大きな違いがある。第一の違いはすでに言及されたもので、ジェイムズやデューイのしたように、「経験」について語るか、それとも、クワインやデイヴィドソンのするように、「言語」について語るかという違いである。第二の違いは、「科学的方法」なるものがあって、それを採用すると自分の信念が真である公算が高まると仮定するのか、それとも、暗黙裡にこの仮定を遺棄するのかという違いである。パースは、プラグマティズムの創設文書の一つである、「信念の固定化」を論じた試論において、「科学の方法」と彼の呼ぶもの[28]を記述しようとした。デューイと彼の学生たち、なかんずく、フックは、この方法の重要性を力説した。その力説が、デューイのプラグマティズムと、アメリカの哲学科においてまたたく間にそれに取って代わった論理経験主義とがオーヴァーラップする主たる領野であった。しかしアメリカ哲学がそのポスト実証主義的段階に入ってゆくにつれて、科学的方法や、科学と非科学との区別について、耳にすることはだんだんと少なくなっていった。

科学と非科学の区別は過去半世紀、英語圏において最も影響力のあった哲学論考によって掘り崩された。一九六二年出版のクーンの『科学革命の構造』のことである。クーンは(のちファイヤアーベントがしたようには)「科学的方法」の概念を明示的に攻撃することはなかったが、彼の書物の結果、その概念は静かに消え去っていった。その際彼を援助したのは、物理学の真理も倫理学の真理もおなじであるというデイヴィドソンの力説であり、自身カルナップに教えられた科学主義に反旗を翻したパトナムの論難であった。デイヴィドソンとデューイに共通する非表象主義的な知識観からは、科学と非科学の区別を方法上の差異によって再構築することへと容易に道は通じていかない[29]。クワイン以来言語哲学で生じたことはみな、「方法」の概念をまじめに受け取るために要請される基礎づけ主義的仮定の再構築を困難ならしめることばかりだったのである。別のところでわたしが論じたことだが、科学に対するパースの、デューイの、ポパーの賞賛のうち、まだ残存しているものは、何らかの特殊認識的な戦略というよりは、ある種の道徳的美徳——開かれた社会の美徳——に対する賞賛だけである。(30)

　プラグマティズムの現状からすると、正当化と真理の繋がりについて何か興味深いことを見つけ出そうとすることによって、『テアイテトス』の路線を守りつづけようともはや努めるべきではないことが、ポスト実証主義的分析哲学のおかげで、パースやデューイにとって以上に、われわれには明らかとなっている。ジェイムズがパースやデューイと異なっているまさにその点で、われわれはジェイムズに同意すべきである。すなわち、科学も宗教も両方とも、尊重すべき信念を獲得するための尊重すべき道なのであって、ただ、その信念は互いにまったく異なった目的のために良いものなのだということに、同意すべきなのである。われわれが主としてクーンとデイヴィドソンから学んだことは、信念を正当化する際に従うべき、デカルトのいう「理由の自然な順序」のようなものは何ら存在しないということであった。発見されるべき本性をもち、また自然科学者がことさらに長けた、「知ること」という名の活動は何ら存在しない。たんに、話し相手に向けて信念を正当化する過程が存在するだけである。話し相手の誰かが、他の誰よりも、合理性の本性に近かったり、あるいは合理性の何か非歴史的な理想のより良き代弁者であるというようなことはけっしてない。「合理性」という名の研究課題があるという考えは、「知識」という研究課題があるという考えと、その時と理由をおなじくして、消えてゆくのである。

もしデューイがジェイムズによって説得されて、科学主義や方法崇拝と手を切ったとするなら、彼は、真理について言われるべきだと認識論者なら願うようなことは何も言われるべきでないとする点で、デイヴィドソンに同意することができるだろう。信念は、実在を表象する試みというよりは、行為の規則であると、パースとともに言い、また、「信念はその本性上真実を表わす veridical」[31]と、デイヴィドソンとともに言うならば、自然化された認識論が提供されなければならないということよりもむしろ、知識は研究と記述を必要とする自然種ではないということが、自然主義の教訓なのだと、人は考えることができるようになるだろう。そのような改善されたデューイなら、真理とは認識的概念ではないというデイヴィドソンの論点[32]を歓迎することもできただろう。この論点からはなかんずく、真理概念と正当化概念のあいだにはいかなる興味深い繋がりもけっして見出されることはないだろうということが帰結する[33]。両概念のあいだの唯一の繋がりは、たいていの信念が真であるのとおなじ理由で、たいていの信念は正当化されているということだけである。

というのも、幼児や心神喪失者とは異なり、共同体の成員資格の十分ある信念保持者なら、自分のたいていの信念に対し正当化を、つまり、共同体の要求を満たす正当化を、いつだってなしうるであろうからである。そうはいっても、最も良く正当化できる信念が真である公算の最も高い信念であるとか、逆に、正当化の最もむずかしい信念が偽である公算の最も高い信念であるとか考えねばならない理由はない。たいていの信念が正当化されているという事実は、たいていの信念が真であるという事実同様、信念帰属の全体論的性格からのいま一つの帰結にすぎない。そして、その全体論的性格は性格で、有意味な文として表明される信念は、多数の他の有意味な文と多数の述定可能な推論的繋がりを必然的にもっているという事実からの一帰結である。[34] われわれは、われわれの他の信念と編み合わせて正当化の織物に仕立て上げようとはしたものの、それにものの見事に失敗した信念を保持しつづけることは、いかに努力しようとも、できないのである。正当化不可能な信念を信じようとどれほど欲しようとも、わたしには自分を強いてそうさせることはできない。わたしにできる最良のことは、ある種の信念をなぜわたしは保持するのかという問いから自分の注意を逸らすことだけである。しかしながら、たいていの共通の関心事項については、共同体はわたしがこの問いに注目することにこだわるであろう。だから、気を逸らすとはいっても、いつかわたしのラッキーナンバーがポーカーの賭けで大当たりするだろうというような、プライベートなことに固執する場合にしか、うまくはいかないのである。

正当化と真理のあいだにはいかなる繋がりもないというのは奇妙なことに思われるかもしれない。そう思われるのは、真理が探求の目的であるとつい主張したくなってしまうからである。しかし、われわれプラグマティストとしてはぐっと腹を決めて、その主張は無内容であるか偽であると言わねばならない、とわたしは思う。探求と正当化には多数の相互に関係する目的があるが、しかし、双方にアーチをかける、真理という名の目的があるわけではない。探求と正当化はわれわれ言語使用者が従事せざるをえない活動であるが、われわれは真理と呼ばれる目標に助けてもらってそうしなければならないわけではない。それは、消化器官が健康と呼ばれる目標によって、働き出すようにさせてもらう必要がないのとおなじことである。胃が食物を溶かさざるをえないように、言語使用者は自分たちの信念や欲求をお互いに正当化せざるをえない。消化器官にとっての案件は個々の食物を加工するということによって設定されるのだし、正当化の活動の案件は、われわれが同類たる言語使用者のうちに出会うさまざまな信念や欲求によって供給されるのである。「真理」という名の「高次」の目標が存在することになるのは、究極的正当化なるもの——たんに有限な人間である話し相手とは対立するものとしての、神の前とか、あるいは理性の法廷の前での、正当化——が存在する唯一その場合だけである。

しかし、ダーウィン的な世界像が前提されるなら、そのような法廷はありえない。というのも、そうした法廷は、所与の信念に対するあらゆる選択肢を考慮に入れ、それぞれの選択肢を批評する場合に関連してくるあらゆる事柄を知っておかねばならないであろうからである。そうした法廷は、パトナムが「神の視圏」と呼ぶものをもたねばならないであろう。それは、世界のあらゆる相貌を、一揃いの所与の用語で記述されたものとして、取り込むばかりか、その他いかなる可能な記述の場合であっても等しく取り込むような視圏である。というのも、もしそうした取り込みをしないのなら、その法廷は、新しい信念を古い用語で正当化せよという過ちを犯したガリレオ裁判の法廷とおなじように、あやまつ可能性が残されるからである。ダーウィンが正しければ、生物の進化に目的があるという考えが了解不可能なのとおなじく、そういう法廷があるという考えも了解不可能である。生物の進化はつねに新しい種を産み出すし、文化の進化はつねに新しい話し相手を産み出すが、進化が目的として目指す種といったものも、「探求の目的」といったものも存在しないのである。

要約するなら、プラグマティストは真理と正当化を混同しているという主張に対するわたしの返答は、そのように非難する人びとにおなじ非難を返すことである。混乱しているのは非難する人びとのほうである。なぜなら、非難者たちは真理を、われわれがそれに向かって動いているところの何ものか、すなわち、より多くの正当化をすればするほどわれわれが近づいてゆくことになる何ものかとして考えているからである。それとは対照的に、プラグマティストは、何らかの所与の話し相手に対する正当化については具体的な細々としたことがたくさん語られねばならないが、正当化一般については語るべきことは何もない、と考える。それだから、人間の知識の本性や限界について語るべき一般的なことは何ら存在しないし、正当化と真理との繋がりについて語るべき何ものも存在しないのである。後者の論題について語るべきものが何もないのは、真理が非時間的なのに正当化は時間的だからではなく、真なるものをたんに正当化されたものと対照する〈唯一の〉要点とは、可能な未来を現にあるいま現在と対照するというその一点だけなのだからである。

（1）オットー・ノイラートは「全体主義の論拠を根拠づけるために論理経験論を用いることは誰にもできない」と述べたことで有名である。また、ウィーン学団のメンバーが、多くの現代の著作家とおなじく、ハイデガーの哲学とヒトラーの政治は互いに結びついているとみなしていたことも確かである。

しかし、反全体主義の論拠を根拠づけるために論理経験論やプラグマティズムを用いることは誰にもできないということを肝に銘じておくべきである。認識論的な、あるいは意味論的な前提から出発する議論の道をたどって、政治的結論に到達するということはけっしてできないであろう。それは、おなじ前提から、文学作品の相対的価値について何らかの結論に到達するということがありえないのとおなじことである。しかし、それにもかかわらず、人間知識の本性についてプラグマティズムの説明を好む人たちが、ボードレールやヒトラーを賛嘆するよりも、ホイットマンやジェファーソンのほうをより多く賛嘆する傾向にあるということも明らかなことなのである。

（2）ハイデガーの『存在と時間』とプラグマティズムとの類似性にかんする議論としては、Mark Okrent, *Heidegger's Pragmatism* (Ithaca, N.Y.: Cornell University Press, 1988）を見よ。ハイデガーの中のおなじ要素をデイヴィドソンの仕事に結びつける試みとしては、J. E. Malpas, *Donald Davidson and the Mirror of Meaning* (Cambridge: Cambridge University Press, 1992）の最終章を見よ。

（3）パースはほとんどエマーソンに用がなかった。しかし、晩年になると、「進化論的愛の形而上学」を展開するようになり、「コンコード〔エマーソンの住んだ町〕の超越論主義」の「あのヴィールスのいずれにも感染した覚えはない」が、「わたしの心のうちに知らぬ間に何らかの良性の疾患が移植された」のは本当らしいと告白するようになった。C. S. Peirce, *Collected Papers*, Hartshorne and Weiss, eds. (Cambridge, Mass.: Harvard University Press, 1936), vol.VI, section 102.

（4）John Dewey, 'Maeterlink's Philosophy of Life', in *The Middle Works of John Dewey* (Carbondale, Ill.: Southern Illinois University Press, 1978), vol.VI.〔p.135〕〔ローティの引用はデューイの原文と一箇所食い違っており、原文にあわせて訳出してある。〕

（5）ウェストの *The American Evasion of Philosophy: A Genealogy of Pragmatism* (Madison: University of

Wisconsin Press, 1989), ch.i. を見よ。ウェストは三六ページで、〔「アメリカによる哲学の回避」という〕自著のタイトルを、ヨーロッパ哲学を支配していたデカルト的問題構成をエマーソンが払いのけたことを指し示すものだと説明している。

(6) West, pp.12-13.

(7) Walt Whitman, *Complete Poetry and Selected Prose* (New York : the Library of America, 1982), p.929.

(8) John Dewey, *Reconstruction in Philosophy, The Middle Works of John Dewey*, vol.XII, p.181.

(9) 「「アメリカニズム」とは何かヨーロッパ的なものである。それは巨大なもののいまだ理解されざる一変種であり、その巨大なものとは、それ自身野放しであって、近代の集成された完全な形而上学的本質にその源を発しているのでは全然ないものである。プラグマティズムによるアメリカニズムのアメリカ流解釈は依然として形而上学的領域の外部に留まっている」(Heidegger, 'The Age of the World Picture', in William Lovitt, ed. and trans., *The Question Concerning Technology* (New York : Harper & Row, 1977), p.153)。プラグマティズムにかんするハイデガーの知識は、デューイのもとで学んだ、ハイデガーの学生、エドゥワルト・バウムガルテン Eduard Baumgarten の学位論文に提示されている材料に限られていたと考えてよいであろう。

(10) この主張の明確な言明としては、デューイの『確実性の探究』第一章 (*The Quest for Certainty, The Later Works of John Dewey*, vol.IV, ch.i) を見よ。デューイはたとえば述べている、「労働は煩わしく、労苦の多いもので、太古からの呪いと結びつけられてきた。……実践的活動の不愉快さのゆえに、それの可能なかぎり多くが奴隷や農奴に課せられた。そのようにして、この階級の人びとが置かれていた社会的不名誉が彼らのなす労働にまで拡張された。また、知ること・考えることを非物質的で精神的な原理と結びつけ、技術を、また、すること・なすことにおけるあらゆる実践的活動を、物質に結びつける、長年にわたる連合関係も存在している。……非物質的な思考に比して物質的な物事にかんする思考に付随してきた不評は、実践に連合したあらゆるものに転移されてきた」(p.4)。同書のもっとあとには、こう述べている、「人類学者が自分の素材を見るやり方で、〔つまり、文化的研究テーマとして見るやり方で、〕プラトンやアリストテレスの哲学の基礎を見てみるなら、彼らの哲学がギリシャの宗教的・芸術的信念の内容を合理的なかたちに体系化したものであることは明らかである。体系化は浄化を含んでいた。……こうして、神話や粗雑な迷信が削除されるにつれて、学問と理性的生活の理想が設定された。……しかし、こうした末永い贈り物にいかに感謝するとはいえ、それに付随していた条件を忘れるわけにはいかない。というのも、それには、真の学問が唯一可能となる固定化した実在の高次の領域と、経験や実践的事柄がかかわる変化する事物の低次の世界という観念が伴っていたからである。……」(pp.13-14)

(11) Dewey, *Reconstruction in Philosophy*, p.86 を見よ。
(12) Dewey, *Reconstruction in Philosophy*, p.89.
(13) Dewey, 'Philosophy and Democracy', *The Middle Works of John Dewey*, vol.XI, p.45.
(14) Dewey, *The Quest for Certainty*, p.14.
(15) Dewey, *The Quest for Certainty*, p.51.
(16) この話題についてより詳しくは、『真理と進歩』(ケンブリッジ、ケンブリッジ大学出版局、一九九八年)に収められた、わたしの 'Dewey Between Hegel and Darwin' を見よ。
(17) Peter Dews, ed., *Habermas: Autonomy and Solidarity* (London: Routledge, 1992), p.148 を見よ。
(18) Dewey, *Freedom and Culture*, *The Later Works of John Dewey*, vol.XIII, p.123.
(19) わたしは、この物語の一ヴァージョンを『哲学と自然の鏡』でスケッチし、プラグマティズムを論理経験主義と調停しようとするシドニー・フック(デューイのお気に入りの、最も才能豊かな学生)の試みについて、「方法なきプラグマティズム」('Pragmatism without Method')(『客観性、相対主義、真理』(ケンブリッジ、ケンブリッジ大学出版局、一九九一年)所収)において論じた。

(20) 本章の目的のためには、エドムンド・ゲティアの提議する、いわゆる「第四の知識条件」——つまり、信念は実際に懐かれており、正当化されており、真であるという条件に加えて、さらに信念は適切なしかたでもたれるようになるのでなくてはならないという条件——は無視してよい。

(21) William James, *Pragmatism* (Cambridge, Mass.: Harvard University Press, 1978), p.42.

(22) 「真」は透明で明晰なものとして、またプリミティヴで定義不可能なものとして、受け入れられるべきだと、デイヴィドソンは述べている。このことが意味するのは、真理について哲学者が言うべきことはほとんどないという点でデイヴィドソンがデューイに同意したことであると、デイヴィドソンを論じた著述の中でわたしは解釈した。デイヴィドソンはその「真理の構造と内容」('The Structure and Content of Truth', *Journal of Philosophy* (June, 1990), vol.87, p.288; p.302 もおなじく見よ)において、この解釈ならびに、彼が真理についての「引用除去主義者 disquotationalist」であるとの示唆を退けた。近著『ドナルド・デイヴィドソンと意味の鏡』(*Donald Davidson and the Mirror of Meaning* (Cambridge: Cambridge University Press, 1992))において、J・E・マルパス(Malpas)はわたしの解釈に対するこの拒絶を引いて、デイヴィドソンを現代のネオプラグマティストのリストに付け加えようと繰り返すわたしの試みのどこが間違っているのかをこの拒絶は示しているのだと指摘する(Malpas, p.257 および第七章全体を見よ)。タルスキが述べていること以上に真理については述べられるべきことがあり、(「プラグマティズム、デイヴィドソン、真理」('Pragmatism, Davidson and Truth')[『客観主義、相対主義、真理』所収]におけるわたしの反対の議論にもかかわらず)真理とは説明的概念であるというデイヴィドソンの主張の核心は、「〔英語やフランス語といった所与の自然言語に対する――補足はローティ〕真理の理論とは、言語行動の基礎的局面を記述し、説明し、理解し、予測するための理論だ」ということである（「構造と内容」p.313）。デイヴィドソンは続けて、この事実が「真理が決定的に重要な説明的概念である」ことを示している、と述べている。

それに対し、わたしはこう答える。言語行動を状況や環境に相関させる経験的理論、さらには、その理論を提唱する人物自身の言語論的行動にも相関させる（そのようにして、デイヴィドソンが「客観性とコミュニケーション双方の究極源泉」だと性格づける、話し手・聞き手・環境の「三角図形化」（p.325）を確立する）、そういう経験的理論が、正真正銘説明的であるからといって、真理の概念も正真正銘説明的であるという意味にはならないのである。そういう理論を、「意味の理論」や単純に「ある人びとの言語論的行動の理論」ではなく、「真理の理論」と呼んだところで、マルパス呼ぶところの、真理概念の「中心性」が示されるわけではない。何であれ意味論的概念を効果的に用いるためにはそのような理論の所有が必要であることを、それはたんに示すだけなのである。この点については、一九六七年の論文「真理と意味」（'Truth and Meaning'）において、言語Lに対しT－文を産み出す理論は「意味の理論」と呼ばれるべきなのか、それとも「真理の理論」と呼ばれるべきなのかという疑問にかんしてデイヴィドソンが見せている、どちらでもよいという態度を参照せよ（*Inquiries into Truth and Interpretation*（Oxford: Oxford University Press, 1984）, p.24）。その論文では、適切なT－文を作り出す理論は何についての（of）理論なのかという問いは、無視できるくらいの重要性しかないものとして取り扱われているが、わたしも実際そうだと考える。だから、「解釈の概念的下支えは真理の理論である」と述べて「構造と内容」をデイヴィドソンが閉じるとき、わたしとしては、そう言う代わりに「解釈するわれわれの能力が三角図形化する能力である」と述べるに留めておいてくれたなら、と願う。

何はともあれ、わたしの考えるかたちのプラグマティズムにとって、また、哲学者が伝統的に考えてきたほどに真理については述べられるべきことがあるわけではないというわたしの主張にとって、唯一重要な点にかんしては、デイヴィドソンもマルパスもわたしも心から一致している。デイヴィドソンに従えば、それはこう述べられる、すなわち、「われわれは、真理とは対応であるとも、整合性であるとも、保証された主張可能性であるとも、理想的に正当化された主張可能性であるとも、正しい判断力をもった人びとの会話において受け入れられるものであるとも、科学が最終的に維持することになるものであるとも、科学における単一的理論への収斂やわれわれの日常的信念の成功を説明するものであるとも、言うべきではない。実在論と反実在論とが真理にかんするこれらの見解のいずれかに依拠している限りにおいて、われわれは実在論と反実在論のどちらも是認することを拒否すべきなのである」(「構造と内容」p.309)。

(23)　この主張に対するデイヴィドソンの論拠については、その「真理と知識の整合説」('A Coherence Theory of Truth and Knowledge', in *Truth and Interpretation: Perspectives on the Philosophy of Donald Davidson* (Oxford: Blackwell, 1986))を参照。マルパスの(前注で引かれた)論難にもかかわらず、また、真理を保証された主張可能性と定義することはプラグマティズムの定義に含まれているという理由で、プラグマティストと呼ばれることに対するデイヴィドソンの拒否にもかかわらず、それでもわたしは、デイヴィドソンのことを古典的プラグマティストのプロジェクトを受け継いで遂行しているとみなすことは実り大きいと考える。このような言い方で彼を特徴づけることに対する一つの正当化は、ロバート・ブランダム(Robert Brandom)の'Pragmatism, Phenomenalism, and Truth Talk', *Midwest Studies in Philosophy*, vol.12, pp.75-94 から拾い上げることができる。そこでブランダムが示唆するのは、古典的プラグマティストの基礎的洞察とは、彼の言うところの、真理についての「現象主義」として——つまり、「真理という現象には、そのような態度決定(たとえば、真とみなすとか、真として扱うといった——補足ローティ)の作法以上のものがある」(p.77)ということの否定として——考えられるべきだということである。この文章において、「そのような態度決定の作法」の代わりに、「そのような態度決定の作法について、言語の経験的T‐理論が供給するたぐいの説明」を代入するなら、そのときにはデイヴィドソンも適切な意味で「現象主義者」に数え入れられることになる。

(24) デイヴィドソン「構造と内容」p.305を見よ。マルパスはその書の結論部で(pp.276-7)、デイヴィドソン(とハイデガー)の見解を記述するために「実在論」という用語を復活させているが、わたしはそれを残念なことだと思う。マルパスの言うところでは、「実在論」とは「ネーゲルやパトナムやダメットが用いる」意味での語ではない。しかし、デイヴィドソンとハイデガーに合わせるために、新たな意味を捻出するというのではいたずらにことを混乱させるだけであろう。両方の哲学者が断言する、「世界‐内‐存在」からの逃避不可能性を表わすのに、わたしなら「反懐疑主義」とか「反デカルト主義」というほうを選ぶだろう。というのも、懸案となっているのは、積極的なテーゼではなく、われわれを囚われの身にしてきたある特殊な描像——わたしが(『客観性、相対主義、真理』の「序論」において)「表象主義」と呼び、マイケル・ウィリアムズ(のちわたしはその著作について議論する)が「認識論的実在論」と呼ぶところの描像——をたんに放棄するというだけのことだからである。

(25) West, p.26.

(26) Michael Williams, *Unnatural Doubts: Epistemological Realism and the Basis of Scepticism* (Oxford: Blackwell, 1991), p.xviii.

(27) 「いずれにせよ存在するもの」という語句は、バーナード・ウィリアムズ(Bernard Williams)が、

「実在の絶対的概念」と自身の呼ぶものを説明するときの言いぐさであるが、この概念こそ、プラグマティストが全力を尽くして逃れでようとしていたものである。

(28) 一八七七年のその試論におけるこの方法にかんする彼の記述は基礎づけ主義的傾向のものであって、一八六八年の試論である「人間に求められる能力にかんする問題(Questions Concerning Certain Faculties Claimed for Man)」や「四つの無能性からのいくつかの帰結(Some Consequences of Four Incapacities)」における反基礎づけ主義と調和させるのは、容易なことではない。

(29) こう言ったからといって、「真理に到達する方法」という考え方が現在の分析哲学の内部でまったく廃れてしまったわけではない。それどころか、「自然主義的認識論」(クワインの用語)と呼ばれる運動が花盛りであって、それが、科学に対するクーンのアプローチに対峙し、「方法」概念の復権に努めている。しかし、そういうことができるのも、同運動が知識にかんする表象主義的説明を当然視しているからにすぎない。

この運動の目的と仮定については、フィリップ・キチャー(Philip Kitcher)の「自然主義者帰還す」('The Naturalists Return', *Philosophical Review* (January 1992) vol.101, pp.53-114)にうまく解説されている。この論文の最後では、自然化された認識論はファイヤアーベントやわたしのような人びとの有害な影響に対抗するために必要だとみなされている。キチャーはいう、「伝統的自然主義は認識論的原理の客観的基準を見出すにあたって、認識能力に限界のある存在者が、現実の世界のうちに置かれてその世界のある特別な種類の表象を捜し求めるというのが、探求のプロジェクトなのだとみなす。世界や、問題となる存在者の本性、また、捜し求められるその種の表象が前提とされるなら、どういう手続きを踏むのが最良であるのかという問いに対して、確定した答えが存在し、それゆえ客観的な認識論的基準が存在することになろう」(p.101)。九三ページでキチャーは、科学史を「単一的方向をもった進歩」というよりは「成り行きまかせの散歩に似た」ものとしているクーンの説明を嘆き、九六ページでは、「ラディカルな自然主義者」が「ベーコンやデカルトの改良主義的な冒険を捨て、認識論が心理学や社会学や科学史の一章に格落ちするにまかせている」さまを嘆いている。わたしはまさにキチャーが嘆いていることに喝采を送るが、キチャーの表象主義とわたしのデイヴィドソン的反表象主義の差異を探査することは本試論のもくろみを超えている。

(30) 拙著『客観性、相対主義、真理』に収められた「連帯としての科学」('Science as Solidarity')と「自然科学は自然種か」('Is Natural Science a Natural Kind?')を見よ。

(31) 「真理と知識の整合説」三一四ページ。つづけてデイヴィドソンは述べている、「信念の存在と内容を決定するものを考察することによって、信念は真実を表わすと見ることができる。信念は、他のいわゆる命題的態度とおなじように、行動的・神経生理学的・生物学的・物理学的なさまざまな事実に随伴する(supervenient)」。信念についてのこの自然主義(これには、ジェイムズやデューイも喝采したであろうし、わたしも「非還元的物理主義」('Non-Reductive Physicalism')[『客観性、相対主義、真理』所収]で開陳しようと努めた)のゆえに、夢は世界から浮遊しようとも、信念はそうできないのである。デイヴィドソンのテーゼのデカルト的懐疑論への関係を見るためには、夢を見ている人がいかに多くの知識をもっているか、そして自分が夢見ているということがわかったとしても、それがいかにわずかの知識に対してしか異議とはならないか——例として、ごくありふれた常套事項について言うなら、夢を見ている人の周りの状態がいまのところどのように按配されているのかにかんする事項である場合を除いて、そのすべては異議を受けることがない——を思い起こすことが重要である。デカルトの「第一省察」によって懐疑論は切実な哲学的トピックとなったと考える人は概してこの点を軽視している。たとえば、バリー・ストラウド(Barry Stroud)はその『哲学的懐疑論の意義』(*The*

Significance of Philosophical Scepticism (Oxford: Clarendon Press, 1984))において、夢を見ている人は「物事のありさまについて、子供の知らないたくさんのことを知っている物理学者であるかもしれない。……それゆえ、知ることは夢見ることと全然両立しないわけではない」(p.16)と述べているが、しかしそれに続けて、「この論点はデカルトの論証に影響しない」、なぜなら物理学者は自分の知っていることを「感覚を基礎として」知ることはできないからである、と言う。物理学者がそうできないのは確かであるが、しかし物理学は「感覚を基礎として」いるという考えこそ、「理由の自然な順序」があるという考えなのであり、それをM・ウィリアムズは(セラーズに従って)『不自然な懐疑』の第二章で正当に批判している。ストラウドのこの箇所は「第一省察」における論証の一切はそのような順序の概念によってなされているという事実の良き例証となっている。夢見ているということの可能性によっては、「第一省察」において何ごともなされていないのである。

(32) Davidson, 'Structure and Content', p.298 を見よ。

(33) デューイがこの論点だけでなく、「真理についての相対主義とはおそらくいつも、認識論的ヴィールスに感染したことの徴候である」というデイヴィドソンの論点も取り入れていたなら、彼が常々ラヴジョイやラッセルやその他の人びとによって攻撃されるもととなった、相対主義的に聞こえる物言いを口にすることは少なくなっていたことだろうとわたしは思う。M・ウィリアムズの論点を取り入れたなら、彼は、真理にかんする伝統的な認識論的議論のどこが間違っていると言いたいのか、その言い分のほとんどが、正当化の文脈依存的性格について語ることによって、言うことができると覚ったであろう。まさしく件のヴィールスに感染していることがプラグマティストであるための必要条件だと考えるデイヴィドソンとは異なり、わたしはその唯一の必要条件とは、ブランダムが提示している条件だと考える。すなわち、真とみなすという作法にかんする事実と説明とにもとづいて述べえないことは何ごとも、真理について述べえないと信ずるという条件である。そういう作法については、「構造と内容」の終わり数ページを見よ。そこでデイヴィドソンは、信念帰属における、したがってT－理論の構築における、規範と情動の役割について敷衍している。

(34) そして、むろん、もし言語を話さないのなら、多くの信念をもつことはないという事実からの一帰結である。デイヴィドソンは、言語を話さないのなら、いかなる信念ももちえないと考える。しかし、本章の目的のためには、信念の所有と、その所有を信念の主体に正確に帰属させるわれわれの能力とがまったく別物である（そして、そのことによって、犬も、いやそういうことなら、アメーバも、ひょっとしたら、宇宙論や化体等々について見解をもつかもしれないことを許容する）というのでなければ、犬や言語使用以前の小児はわれわれのもちうる信念の大部分はもちえない、と述べるだけで十分である。

実体も本質もなき世界(一九九四年)

英語圏の哲学者は非英語圏の哲学者の仕事をあまりまじめに受け取らないし、またその逆も言える。いわゆる「分析」哲学といわゆる「大陸」哲学のあいだの間隙は埋められる兆候が全然見られない。これは遺憾なことだとわたしは思う。なぜなら、これら二つの伝統のうちでなされている最良の仕事がオーヴァーラップしている範囲は重要なところにまで及んでいるからである。本試論においてわたしは、わたしの最も賛嘆する両サイドの哲学者に共通する事柄をどのように見るべきなのか、その一つの見方をスケッチしてみたい。

この共通性を表現する最も手っ取り早いやり方は、ウィリアム・ジェイムズとフリードリヒ・ニーチェ、ドナルド・デイヴィドソンとジャック・デリダ、ヒラリー・パトナムとブルーノ・ラトゥール、ジョン・デューイとミシェル・フーコーといった多様な哲学者は反二元論者であると述べることであろう。だからといってそれは、彼らが二項対立に反対しているということを意味するわけではない。二項対立を使用することなく思考することができるかどうかは、あやしいだろう。それはむしろ、西洋の哲学的伝統がギリシャ人から受け継いだ、ことさらに形而上学的な二元論の影響を彼らが振りはらおうと努めているということを意味する。その二元論とは、本質と偶有性の、実体と属性の、現象と実在の、二元論である。彼らは、これらのギリシャ的対立の助けを借りて構築された世界像を、連続的に変化する関係の流れという描像に置き換えようと努めている。この汎関係主義のおかげで、主観と客観の、つまり、人間知識のうち精神の寄与分と世界の寄与分との、区別が除去され、そのことによって、真理の対応説が除去できるようになる。

西洋のさまざまな伝統内のこの反本質主義的・反形而上学的運動には、さまざまなレッテルやスローガンが結びつけられてきた。レッテルとしてはたとえば、プラグマティズム、実存主義、脱構築主義、全体論、プロセス哲学、ポスト構造主義、ポストモダニズム、ウィトゲンシュタイン主義、反実在論、解釈学。もしかしたらたんなる身びいきにすぎないのかもしれないが、わたし自身はプラグマティズムという用語を好む。スローガンとしてはたとえば、「一切は社会的構築である」とか「あらゆる意識は言語的事象である」を好む。前者はヨーロッパに特徴的なスローガンであり、これを用いる人びとはフーコーを自分の出発点とすることが多い。後者のスローガンは、アメリカの偉大な思想家、ウィルフリド・セラーズが鋳造したものであり、このスローガンを具現する思想体系のために彼が選んだ名称は「心理学的唯名論」であった。

分析哲学と大陸哲学の収斂の最初の例証として、わたしはこれら二つのスローガンがほぼおなじことに帰着するさまを示したいと思う。スローガンが両方とも述べているのは、われわれは言語の外部に踏み出ることはけっしてできず、言語による記述に媒介されることなく現実を捉えることはけっしてできないということである。だから、両方が述べているのは、現象と実在のギリシャ的区別には疑念が抱かれるべきであり、その区別は、「世界についてのより無益な記述」と「より有益な記述」といった区別などで置き換えられるべきだということである。一切が社会的構築であるということは、人間の言語的実践は他の社会的実践と緊密に結合しているので、自然についての記述も人間自身についての記述もつねに社会的必要性の関数となっているということである。(1) あらゆる意識が言語的事象であるということは、バートランド・ラッセルがイギリス経験論の伝統に棹差して「直接知」と呼んだたぐいの知識はわれわれにはないということである。われわれの知識はすべて、ラッセルの呼び方では「記述知」のたぐいである。先の二つのスローガンを一まとめにするなら、われわれの知識はすべて、現行の社会的目的に適合した記述のもとにある、という主張が出てくることになろう。

この主張は、あらゆるプラトン主義が形而上学であり、あらゆる形而上学がプラトン主義であるとハイデガーが述べた、「形而上学」という語の広い意味で、反形而上学的である。この広義のプラトン主義とは、社会から、ノモス＝人為から、自由になって、ピュシス＝自然へ赴こうとする試みである。しかし、わたしがたったいま引いた二つのスローガンが正しいのであれば、知られるべきピュシスのようなものは存在しない。ノモス－ピュシスの区別、つまり、人為－自然の区別は、現象－実在の区別とおなじ理由で消え去るのである。というのも、われわれのあらゆる意識は記述のもとにあり、記述は社会的必要性の関数であるといったん言うなら、そのときには「自然」や「実在」は不可知な何ものか――カントの「物自体」のような何ものか――の名前でしかありえないからである。ヘーゲル以降の西洋の哲学的思考の全運動は、そういう不可知を回避しようとする試みであった。

カントは、西洋哲学史の転回点であった。なぜなら彼は、知識構成において主観の役割と客観の役割を区別しようとする試みの背理を暴いたからである。ヘーゲルにはそのことがわかっていたし、また、主観的と客観的の区別は超えられなければならないこともわかっていた。残念ながら、ヘーゲル自身は「主観的」「客観的」という語を用いて、道徳的・知的進歩につれて継起する社会的必要性のために必然的なものとなった一連の継起的な事態表現を記述し、また「主観と客観の合一」なる語を用いて、歴史の終末を記述した。これは間違いであった。というのも、もはや時代遅れとなった二元論をあまりにまじめに受け取っているからである。もしヘーゲルが、のちにデューイの行なうことをしていたのなら、事態はより良いことになっていただろう。それはすなわち、知的・道徳的進歩を単純に自由の成長として、絶対知ではなく民主主義に通ずるものとして、記述するということである。デューイは、ギリシャ人とドイツ観念論者に共通する目標(実在の内在的本性の正確な表象)を最もはっきりとあからさまに除去して、ますます自由になる社会とその社会の中でますます多様化する個人という政治的目標を据えた哲学者であった。彼が二十世紀哲学における最も有益で最も有意義な人物だとわたしが思うのはそのゆえである。

しかしながら、デューイとプラグマティズムのことをまじめに受け取ることができるためには、プラトンが追求する、現象を超えて実在の内在的本性に至ろうとする試みには見込みがないということを確信していなければならない。それゆえ今度は、セラーズの心理学的唯名論に、したがって間接的には、フーコーとデューイに共通する社会構築主義に、たどり着く論法の筋道を要約しなおしたいと思う。

われわれはけっして実在を知ることはないのかもしれない、なぜなら、われわれと実在のあいだには障壁が——主観と客観のあいだの、すなわち、われわれ自身の感覚器官ないし精神と事物がそれ自体であるあり方とのあいだの、相互作用によって産み出される現象のヴェールが——存在するからである、と十七世紀以来哲学者は示唆しつづけていた。言語がそうした障壁をなすのかもしれない——対象に内在しないかもしれないカテゴリーを言語は対象に押しつけるのだ——と十九世紀以来哲学者は示唆している。現象のヴェールにかんする十七世紀の議論に対するプラグマティストの答えは、視覚を知識のモデルにする必要はないということである。それゆえ、感覚器官もしくは観念が心の眼と対象とのあいだに介在すると考える必要もない。そうではなく、われわれは器官と観念の両方を対象操作のための道具と考えることができる、とプラグマティストは言う。言語の歪曲的効果にかんする十九世紀の議論に対するプラグマティストの答えは、言葉は表象の媒体ではないということである。言葉とはむしろ符号と音声のやり取りであって、そのやり取りは特定の目的を成し遂げるためになされるものなのである。言葉が正確な表象に失敗するということはありえない。というのも、言葉はおよそ表象するということがないからである。

感覚知覚や思考や言語を記述するにあたって、プラグマティストは非視覚的な、非表象的なやり方を力説する。なぜなら、プラグマティストは、物を知ることと使うこととの区別を打破したいからである。知は力なりというベーコンの主張から出発して、プラグマティストは力が知の有することのすべてであるという主張へと進んでゆく。つまり、Xを知っているという主張は、XにかんしてあるいはXに対して何かをなすことができる、Xを他の何かと関係づけることができるという主張だというのである。その主張に説得力をもたせるためには、しかし、Xを知っているということはXに内在的な何かに関係づけられるということであるが、Xを使うということはXに対し外在的な偶有的関係にあるということだ、というような考え方をやっつけておかねばならない。

この考え方をやっつけるためには、プラグマティストは、内在的と外在的の区別を——つまり、Xの内的核と、宇宙を組み立てている他の事項とXがある種の関係にあるという事実によって構成されるXの外縁領域との区別を——打破しなければならない。この区別を打破しようとする試みを反本質主義と呼ぼう。プラグマティストにとっては、他との関係抜きのXの相貌は存在しないし、Xの内在的本性、つまりXの本質のようなものも存在しない。それゆえ、人間の必要性や意識や言語との関連を離れてXが本当にあるあり方に合致する記述のようなものもありえない。いったん、内在的と外在的の区別が消失するなら、実在と現象の区別も、さらには、われわれと世界のあいだには障壁が存在するのではないかという気遣いも消失するのである。

「客観的」という用語を反本質主義者が定義するときには、それは対象の内在的相貌との関係によってではなく、むしろ研究者間での合意達成の相対的容易さを目安にしてなされる。現象－実在の区別が記述の相対的有用性の区別によって置き換えられたのとちょうどおなじように、客観的－主観的の区別も合意獲得の相対的難易度の区別によって置き換えられる。価値が事実より主観的だというのは、どの事物が醜いのかとか、どの行為が邪悪なのかとかについてのほうが、どの事物が長方形なのかについてより、合意を得るのが難しいからにすぎない。ある角度からある光のもとで見ると黄色に見えるとしてもXは本当は青なのだということは、「Xは青である」という文は「Xは黄色である」という文よりも有用である、つまり、より頻繁に用いることができる、ということである。後者の文は、時たまの一過的な目的のためにのみ有益なのである。

反本質主義に対する典型的な最初の反応は、それではあまりに人間中心主義的で、人間を万物の尺度として扱う傾向が強すぎるというものである。多くの人びとにとって、反本質主義は、自己卑下や神秘の感覚に、人間の有限性への感覚に、欠けているように思われる。それは、この世の事物が人間とは頑として違うということに対する常識的理解を欠いているように思われる。この常識的反応に対する反本質主義者の答えは、常識とはそれ自身、ある一組の記述を使用する習慣以上のものではないということである。いまの場合で言えば、常識と呼ばれるものはたんに、ギリシャ人なかんずくプラトンとアリストテレスから受け継がれた言語使用の習慣にすぎない。人間と人間以外の宇宙との関係を論じる彼らの記述——内在的－外在的の区別を編入した記述——は、もはやわれわれにとって十分良いものではなくなっている。われわれはもっとうまくやれるのだ。

プラトン、アリストテレス、正統派一神論のすべては、人間に似てはいるが人間そのものではない力に対する神秘と驚異の感覚を力説する。プラグマティズムの見解では、これは驚異にかんする望ましからぬ感覚であるが、それと、人間のコントロールできない物事があるという望ましい意識とは混同されてはならない。また、驚異のその感覚は、人間の想像力の偉大な作品——つまり、宇宙を再記述してあらゆる事物を新鮮ですばらしいものに思わせる作品——を前にしてわれわれが感じる畏怖の念は望ましいものであるが、これと混同されてもならない。自己卑下の望ましからぬ感覚と有限性の望ましい感覚とのあいだの大きな違いは、人間より良くて大きな何ものかがすでに存在していると前者が前提するのに対し、後者はただ、人間とは異なった多数の事物があることを前提するだけだというところにある。驚異というギリシャ的感覚は、人間によく似ているのでねたましくなるが、しかし人間よりはるかに優れているのでほとんど人間には理解できない何ものかが存在すると考えるよう求める。限界というプラグマティズム的感覚はたんに、人間の現在の道具では不充分なプロジェクトがいくつかあると考え、未来はこの点で過去より良くなってほしいと希望するよう求める。

もう一つの違いは、人間の位置づけにかんするギリシャ的記述が人間性それ自身に内在的本性があると前提するところにある。これは、「人間的」と呼ばれる不変なものがあって、それがそれ以外の宇宙と対照されうるという前提である。プラグマティストはこの前提を取り除き、人間性とはどこまでも開いた概念であって、「人間的」という語は本質を名指すというよりは、曖昧ではあるが見込みのあるプロジェクトを名指すものであると強調する。そのようにしてプラグマティストは、ギリシャ人が人間ならざるものに付着させていた畏怖と神秘の感覚を人間の未来へと転移させる。その感覚は変換されて、未来の人間性は、語りの連続性によって現在のわれわれと結びついているにしろ、いまのところほとんど想像できないしかたで現在の人間性よりも優れたものとなるだろうという感覚に変わるのである。それは想像力の作品の前でわれわれが感じる畏怖と融合し、かつては想像するしかなかったものになりうる人間性の能力、つまり人間性の有する自己創造の資質を前にしたときの畏怖の感覚となる。

この試論の残りの部分でわたしは、反本質主義的用語で記述されるなら物事はどのように見えるのかをスケッチすることにしたい。ギリシャ人から受け継がれてきて、デューイが「二元論の申し子にして巣窟の全体」と呼んだものを前提する術語よりも、その用語のほうがより有益であることを示せたらと希望している。わたしの擁護する汎関係主義を要約するなら、一切を数であるとして考えてみたらよいという示唆にまとめられる。

わたしの観点からするなら、数の好都合なところは、数を内在的本性をもつものとして、本質的核があってそのまわりを偶有的関係の暈《かさ》が取り囲んでいるものとして、考えることが大変難しいという点に尽きる。数は、本質主義的言語で記述することが困難なものの見事な実例なのである。

わたしの論点をはっきりさせるために、17という数の本質が何であるかを――他の数との関係を離れて、それがそれ自身において何であるかを――問うてみよう。求められているのは17についての記述であるが、それは、22より小さく、8より大きく、6と11の和であり、289の平方根であり、4.123105の二乗であり、1,678,922と1,678,905の差であるというような記述とは種において異なる17の記述である。今挙げたすべての記述がうんざりさせられるものであるのは、それらのどれ一つとしてほかのどれかより、数17により近づいたとは思われないからである。同様にうんざりさせられるのは、17について提示されうる無数の記述が他にも明らかに存在し、しかもそのすべてが等しく「偶有的」で「外在的」だということである。それらの記述のいずれによっても17の内在的17性——つまり、17をまさに当の数たらしめている比類なき相貌——への手がかりは与えられないように思われる。というのも、これらの記述のうちどれを選択するかは明らかに、何が目的として念頭に置かれているのかの問題であり——17という数を最初に考えさせる原因となった特殊事情の問題だからである。

数17について本質主義者であろうとするなら、哲学の専門用語を使って、無限に多くの他の数に対する17の無限に多くのさまざまな関係はすべて内的関係である——つまり、それらの関係のいずれも数17が違ったものとなることなしに違ったものとなりえない、といわねばならない。したがって、17についてのあらゆる真なる記述を産出し、すべての他の数に対する17のすべての関係を特定化するための何らかのメカニズムを見出すことなしには、17性の本質を定義するにも、定義しようがないと思われる。数学者は実際、算術を公理化したり、あるいは数を集合に還元して集合論を公理化することによって、そのようなメカニズムを作り出すことができる。しかし数学者がそののち、すっきりとした小束にまとめられた公理を指差して、「この17の本質を見よ!」と言うなら、われわれはだまされたような気分になるだろう。これらの公理にはきわだって17的であるものは何もないからである。というのも、公理は等しく1や2や1,678,922の本質でもあるのだからである。

結論は、いかなる種類の事物が内在的本性をもとうと、数だけはそうではない――数にかんして本質主義者となることは端的に引き合わない、となる。われわれ反本質主義者は、テーブルについても、星についても、電子、人間、大学の学科、社会制度についても、その他の何ものについても本質主義者であることは引き合わないと、説得したいと思う。われわれは、そうした対象すべても次の点で数に類似していると考えるべきだと提案する。すなわち、他の対象に対する関係の、はじめから大きくてずっと拡張しつづける織物以外には、それらの対象については何ごとも知られえないという点である。関係の項の役割を果たすことができる一切のものは、関係の別の集合に解消されうるのであって、そして新たな関係の項も同様に解消され云々と続いていくのである。いわば、どれほど下ろうと上ろうと、またどの方向にどれだけ行こうと、存在するのは関係である。たんに関係のいま一つの繋がりではないような何ものかに到達することはけっしてない。自然数の体系は宇宙の良いモデルである。なぜなら、たんにさらなる関係の塊でないような関係項は存在しないということはその体系において明らかであるし、またそうであっても明らかに無害だからである。

どこまでいってもあるのは関係であるということは、心理学的唯名論から、つまり、何ごとについても、それを記述する文の中で述べられることを除いて知られるべきことは何もないという学説から、派生することである。というのも、対象についての一切の文は、他の一つあるいはそれ以上の対象とその対象との関係の、明示的もしくは暗示的記述だからである。だから、直接知というものがなく、命題的態度というかたちを取らない知識というものがないのなら、そのときには、何ごとについても、他の対象との関係以外に、知られるべきことは何もないことになる。非関係的な「存在の秩序」と関係的な「認識の秩序」とのあいだには違いがあるとこだわるなら、必然的にカントの「物自体」が再出現することになる。この一手を指すと、プラグマティズムが推奨するユートピアへの希望は、直接性への郷愁と人間ならざる力による救済的関係への憧憬とに、取って換えられる。それは、ハイデガーが「存在 - 神学的伝統」と呼んだものの再創建にほかならない。

心理学的唯名論者にとっては、対象のいかなる記述も、他の記述以上に、「現象」的ならぬ「実在」的対象の記述であるということはないし、また、いわば、対象の自己関係の——対象が自分自身の本質と同一であることの——記述であることもない。もちろん、いくつかの記述は他のものより良い記述である。しかしこのより良さとはより有用な道具である——競合する記述以上に何らかの人間の目的をよりうまく成し遂げる道具である——ということである。そして、こうした目的は、実践的ならぬ哲学的観点からするなら、すべて等価である。「真理の発見」と呼ばれる最重要目的があって、それが何ものにも優先するということはない。先に述べたように、プラグマティストは真理が探求の目的であるとは考えない。探求の目的は有用性であり、仕えるべき目的があるだけ、それとおなじだけ多くのさまざまな有用な道具が存在する。

常識——少なくとも西洋の常識——は、数が対象一般の良いモデルであるという主張には手を焼いてしまう。なぜなら、物理的・時空的対象が、数とおなじく関係の織物に溶解するというのは、直観に反するように思われるからである。数が他の数との関係のうちへと分析されていっても、その実質的な独立的自律的実在性が失われたといって嘆き悲しむ者は誰もいない。しかし、テーブルや星や電子については事情は異なる。ここで常識は自説に固執し、関係づけられるべき事物なしでは関係はありえないと言いたくなる。堅固な実質的自律的テーブルがあって、それがたとえば、あなたやわたしや椅子と関係したり、あるいは、堅固で実質的な素粒子から構成されているというのでなければ、関係づけられるものは何もなく、したがって関係もないだろう。常識の力説するところでは、関係と関係づけられる事物とのあいだには差異があり、哲学はその差異を打破しえないのである。

こうしたかたちの常識に対する反本質主義者の答えは、一次性質と二次性質を区別しようとするロックの試みに対するバークリーの返答とだいたいおなじである。それはパースがプラグマティズムの原理の最初の召喚と名づけた返答であった。このバークリーの返答は、現代的に言語論化して述べるなら、次のようなかたちになる。すなわち、この堅固な実質的テーブルについて——つまり、関係とは違うものとしての、関係づけられる事物について——われわれが知っていることとは、それにかんしてある種の文が真であるということだけである。このテーブルは、次の言明が真であるところのものである。すなわち、それは長方形である、それは褐色である、それは不恰好である、木製である、家より小さく、鼠より大きい、星ほど輝かない、等々。対象について知られるべきことは、いかなる文がそれにかんして真であるかの他には何もない。このようにして反本質主義者の議論がたどりつくのは、対象を互いに関係づけることだけが文のなしうることなのであるから、対象を記述する一切の文は、暗示的にであれ明示的にであれ、関係的特性を対象に帰属させるということである。[2] われわれ反本質主義者が努めているのは、言語とは人間と対象とのあいだに介在するヴェールであるという描像を、そうではなくて言語は対象を互いに絡み合わせる一つのやり方であるという描像に取り換えることなのである。

この地点での本質主義者の応酬は大概において、心理学的唯名論は間違いである、経験論の真なるところをわれわれは救うべきなのであって、対象に対するわれわれの唯一の認識的アクセスを与えてくれるのは言語であると認めてはならない、というものである。われわれは対象について何らかの前言語的知識をもっているに違いないのであり、それは言語によって捉えることが不可能な知識なのだ、と本質主義者は指摘する。本質主義者は言う、「この知識がテーブルや数や人間を、「たんなる言語的構築物」と反本質主義者の呼ぶものたらしめることを防いでいるのである」。非言語的知識ということで何を意味しているのかを例示するために、本質主義者は、議論のこの地点で通常、テーブルに手を打ちつけて、また引っ込めて見せる。そのようにして、言語の領域の及ばない一片の知識を、そしておなじく言語の領域の及ばないテーブルとのある種の親密性を自分が手に入れたことを、証明できるのではないかと思っている。テーブルには内在的な因果的力があるということ、テーブルはぶっきらぼうに粗野なままにそこにあるということについての知識が、自分を実在と接触させてくれているのであって、それは反本質主義者にはできないことなのだ、と本質主義者は主張するのである。

実在に接触していないという指摘にひるむことなく、反本質主義者は、テーブルが本当は、内在的には何であるのかを知りたいのならば、「それは褐色である、不恰好である、頭を打ちつければ痛い、つまずくこともありうる、原子でできている、等々の言明が真であるところのもの」というのが、その疑問に対して受け取ることができる最良の答えである、と繰り返す。テーブルの痛さや堅さや因果的な力は、褐色であることや不恰好であることとまったく対等である。17の平方根を発見したからといって、17とより親密な関係になれるわけではないのとちょうどおなじように、見たり語ったりするよりも叩いてみたほうがテーブルとより親密な関係になったり、その内在的本性により近づけるようになるわけでない。叩いてみたところで、あるいは原子にばらしてみたところで、テーブルをいくつかのもっと別の事物と関係づけることができるようになるというだけのことである。叩こうがばらそうが、言語から抜け出て事実のうちに連れ込まれたり、現象から抜け出て実在のうちに、あるいは、遠く無関心な関係からより直接的で強烈な関係のうちに、連れ込まれるわけではない。

このちょっとしたやり取りの要点は、もう一度言うなら、ある対象を宇宙の残りの部分から抜き出そうとするなら、ある一組の文が真であるところの対象として抜き出す以外に方法がないと反本質主義者は断定するということである。直示は言語的実践を背景としてのみうまくいくのであり、抜き出された事物の自己同一性はそれ自身、記述‐相対的であると、反本質主義者はウィトゲンシュタインとともに言う(3)。関係づけられる事物と関係そのものとの区別は、語られている主題とその主題について語られている内容とのあいだに区別をつけるいま一つのやり方にすぎない、と反本質主義者は考えるのである。そして、後者の区別とは、ホワイトヘッドも言ったように、言葉の主語と述語の関係の実体化にほかならない(4)。

名詞を口に出しても、形容詞や動詞がわかっていない者には何ら情報を伝達しないのとちょうどおなじように、情報を伝達するには、何かを他の何かと関係づけるしかない。フレーゲが教えてくれたように、文のコンテクスト内においてのみ、語は意味をもつ。しかしそのことが意味するのは、言語の背後にまわって、われわれが語っているものを何かより直接的で非言語的なかたちで直知するようになる方法はないということである。話の他の部分と結びつけられたときにのみ名詞は使用されるのだし、関係の項としてのみ対象は知識の対象となる。ある数についての知識が他の数との関係の知識なしには知識でないのとおなじく、主題となるものについての知識も、それに言及するいかなる文が真であるのかについての知識なしにはありえない。

他の事物との関係を知ることなく、一つの事物を知りうると感じられるのは、反本質主義者によれば、その事物がなじみのものとして当然視される明白な関係のうちにあるなら、確信をもって事物そのものを知っていると思うが、それ以外の関係にある場合にはそのような確信をもてない、という違いの反映であるとして説明される。たとえば、17については、十七個の一の総計であるとか、16と18のあいだの数であるとか等々といったことから〔理解が〕開始される。そうしたなじみの言明が十分に揃うと、17は他の事物と関係づけられることを待っているものとして考えられ始める。17はまた1,678,922と1,678,905の差でもあると言われると、われわれは、17そのものについてではなく、17と他の何かのあいだのかなり遠くて非本質的な結合関係のことを学んだのだと感じてしまう。しかし、突き詰めてみるなら、17と1,678,922の関係は、16と17の関係と比べてより内在的だとかその逆だということはない、と認めざるをえないだろう。というのも、数の場合、「内在的」という語に与えられるべき明晰な意味は何ら存在しないからである。17はその心の秘密の奥底で、いっそう離れた数に対してよりも16に対して近しく感じているということを、われわれが本当に言いたいわけではないのだ。

　堅さは色よりもテーブルにとってより内在的なのかとか、原子構造は星座の中での位置よりも北極星にとってより内在的なのかといった問いもまた一掃すべきだ、と反本質主義者は提案する。星座のようなものは本当に存在するのか、それともそれは人間が視覚のうえで星の距離を区別できないという事実のゆえに産み出されるたんなる錯覚なのかという問いは、道徳的価値のようなものは本当に存在するのか、それともそれはたんに人間の願望の投影にすぎないのかという問いとおなじくらい不適切な問いである、と反本質主義者には感じられる。どこで事物が止んで関係が始まるのか、どこで事物の内在的本性が出現し、また外在的関係が始まるのか、あるいは、どこで事物の本質的核が終わって偶有的な周辺が始まるのか、こうしたことにかんするあらゆる問いは一掃されるべきだと、反本質主義者は提案する。反本質主義者は、ウィトゲンシュタインとともに、チェスボードは本当は一つのものなのか、それとも六十四個のものなのかと好んで問う。そう問うと、問いの馬鹿さ加減が、つまり、問いは興味深い論点をまったく欠いていることが、さらけだされると考えるからである。論点となりうる問いとは、いかなる違いも違いをなすのでなければならないというウィリアム・ジェイムズの要請を満たす問いである。そうでない問い——星座や道徳的価値の存在論的身分にかんする問いなど——は、「たんに言葉だけの」もの、むしろいっそう困ったことには、「たんに哲学上の」ものである。

常識に依然として残る本質主義は、以上のすべてに対して、反本質主義とは一種の言語論的観念論であって、人びとが語り出す以前には語られるべきものは本当には何も存在していなかった、要するに、対象は言語による人工物であると示唆しているのだ、と応酬するかもしれない。しかしこの応酬は、「われわれはいかにして対象を抜き出すのか」という問いと「対象はわれわれが抜き出すのに先だって存在しているのか」という問いとを混同している。樹木や星についての言明が存在する以前に樹木や星が存在していたことを、反本質主義者は何ら疑っていない。しかし、先立つ存在をもちだしても、「樹木や星は、他の事物との関係から離れるなら、つまり、それらについてのわれわれの言明から離れるなら、何であるのか」という問いに意味を与えることに、何ら役立たない。またそれは、樹木や星には、われわれの理解できる範囲を、遺憾なことに、越えてしまっている非関係的な内在的本質があるという、懐疑論者の主張に意味を与えることにも、何ら手助けとならない。懐疑論者の主張が明晰な意味をもつべきであるのなら、何がわれわれの理解できる範囲を越えているのか、何がわれわれには欠けているのかについて、より多くのことが言われうるのでなくてはならない。さもなければ、カントの不可知な「物自体」がつきまとって離れないことになる。反本質主義者の観点からするなら、われわれは永久に主観性のヴェールの背後に囚われたままであるというカントの嘆きはたんに、われわれの知識を越えているとして定義されるあるものが、遺憾なことに、自分たちの知識を越えているという、同語反復的であるがゆえに的外れな主張にすぎないのである。

言語と世界の関係について描く像のゆえに、本質主義者は、世界は言語から独立に同定可能であるという主張に引き戻される。そのため、世界は最初ある種の非言語的出会いをとおして――世界にぶち当たるとか、世界によって網膜からいくつかの光子がはじき出されるといったことをとおして――われわれに知られるのだと、固執せざるをえない。この始まりの出会いはまさに世界それ自身であるものとの出会い、内在的にある世界との出会いである。しかしながら、この出会いのうちで学んだものを言語によって捉えなおそうとすると、言語の文はたんに事物を他の事物に関係づけるだけだという事実のために、われわれは挫折を余儀なくさせられる。「これは褐色である」「これは真四角である」「これは堅い」といった文は、対象の近傍から流出してくる刺激を人間の神経系がどのように処置するのかについて何ごとかを教えてくれる。「それはしかじかの時空座標上に位置している」といった文となると、それは、いっそう明らかなことだが、本質主義者が嘆かわしい風情で「たんに関係的な、たんに偶有的な特性」と呼ぶものについて教えてくれる文である。

この袋小路に突き当たると、本質主義者は自然科学に助けを求めたくなる。「それは、これこれの種類の素粒子がこれこれのしかたで配置されて構成されている」というような文はわれわれを真にあるとおりの事物の内側に入らせてくれる、と本質主義者は言いたくなる。本質主義の哲学者にとって最終防御線は、物理科学はわれわれを自分たちの外側に、われわれの言語・必要性・目的の外側に連れ出して、輝かしき非‐人間的なもの・非関係的なものへと向かわせてくれるという信念である。この防御線にまで後退する本質主義者は、事物の「うちに」本当にある相貌と、事物がもっているとして記述したほうが人間の目的にとって有用な相貌とを区別した点で、ホッブズやボイルのような十七世紀の粒子論者は正しかった、と論ずる。

われわれ反本質主義者にとっては、素粒子による対象記述はいろいろと有用なものである。その場合、いろいろというのは、素粒子物理学の寄与する先が技術の進歩であったり、宇宙全体についての想像力を働かした天文物理学的再記述に対してであったりと、広範囲に及ぶからである。しかし、その種の有用性が素粒子記述の唯一の効能なのである。本質主義の哲学者や、ふだん哲学にかかわらない多くの自然科学者にとっては、物理学が技術や詩的想像力の侍女だというこのプラグマティックな見方は腹立たしいものである。これらの人びとは、素粒子物理学は――より一般的には、何らかの現象の記述に原則として役立つ科学的語彙はいかなるものであれ――プラグマティズムが認めないような真理の一事例であるという感覚を共有している。そして、そのような真理において問題となるのは、人間の目的にとっての記述の有用性ではなく、むしろたんに人間的なものを超越するということなのである。素粒子物理学は、驚異というギリシャ的感覚の——ほとんど〈全的に異他なるもの〉との出会いの感覚の——いわば最後の砦となった(5)。

どうして素粒子物理学は「内在的本性」という概念を延命させるように思われるのであろうか。わたしの考えるにその答えは、この部門の物理学の語彙はそれ自身の記述のみならず、他のあらゆる記述の有用性をも(「原則として」)説明できるという点で、それはある特別な覇権と安心感を与えてくれるように思われるということであろう。理想の心理物理学があるとしたら、それは人間をそれ自身素粒子の渦として取り扱い、そうした有機体がある種の言語的習慣を発達させてきたのはなぜなのか——その有機体が実際にしてきたように世界を記述してきたのはなぜなのか——について説明を供給するであろう。だから、理想の物理学なら、人間にとっての有用性もそれ自身説明可能なもの・包摂可能なもの・第三者的観察の可能なものとして取り扱うことができるかのように思われる。宇宙を素粒子の分散と相互作用として考えるなら、われわれは、人間の必要性の上に越え出てそれを見下ろしているような気になる。自分が少しばかり人間以上のものとなり、自分自身の人間性から距離を取って、どこでもない場所から自分を見たように思われてくる。

われわれ反本質主義者にとっては、素粒子の相のもとに自分自身を見るなら、人間の有限性を回避したことになると考えたくなってしまうのは、神性を創造してその神的生活に与っているといま一度主張しようと試みるからにすぎない。そうした試みはすべて、神であろうとする必要性はいま一つの人間的必要性にすぎないという難点をもっている。あるいは、論点をもう少し穏やかに表現するなら、あらゆる人間の必要性を、そういう必要性を一つとしてもたない何者かの観点から見ようと企てるのは、それ自身いま一つの人間の企てにすぎない。ストア派のいう情念の不在や禅でいう意志の不在、ハイデガーの「放下《ほうげ》」や「実在の絶対的構想としての物理学」というのはそれぞれみな、この角度からするなら、ある単一の企ての変奏にすぎない、つまり時間と偶然から逃れようという企ての変奏にすぎない(6)。

とはいえ、われわれ反本質主義者はこの企てを冷笑することはできない。というのも、われわれはいかなることが、企てられようと、また、どのようなかたちの生き方が選択されようと、それを冷笑することはできないからである。ことに、われわれはわたしがたったいま述べたことを、自分で言うわけにはいかない。つまり、物理科学についてのこの見解を採用することによって、われわれは自分を人間以上のものとみなすように思われる、と言うわけにはいかない。というのも反本質主義者は現象－実在の区別を援用できないからである。物理学に対する敵方の見方は物理学を誤解し、その内在的本性を捉えそこない、物理学そのものを物理学の偶有的で非本質的な使用例に置き換えている、とわれわれは言うことができない。われわれの見解では、17と同様、物理科学にも内在的本性はない。17とおなじく、物理科学の記述は無限にありうるし、その記述方法はどれも「内側」のものではない。永遠の相のもとで自分を記述することによって、自分は神的生活に参与していると見ることは、幻覚や混乱ではない。それは、人間のいま一つの必要性を満足させるいま一つの試みにすぎない。物理科学をとおして自分は実在の究極的本性に最終的に触れていると見ることもまた、幻覚や混乱ではない。それもいま一つの人間の企てであって、ただ、あらゆる人間の企てとおなじく、他のより望ましいがそれと両立しえない企ての可能性を覆い隠すだけのことなのである。

またわれわれ反本質主義者は、敵方の本質主義者が「人間の有限性を回避した」と間違って考えていると述べて、それで用が済んだつもりになってはいられない。人間の有限性が事柄の究極的真理であって、人間は内在的に有限である、というようなことではないからである。われわれの見解によれば、人間とは、自らなるようになるところのものなのであり、そしてそうなりたいと欲してきたものの一つが神性――サルトルの呼ぶところの「即自かつ対自存在」なのである。この試みは「無駄な情念」であると、われわれ反本質主義者は、サルトルにならって言うことはできない。アリストテレスやスピノザの形而上学は、無駄なことを習練しているのではないし、そのことは、ウィリアム・ジェイムズやニーチェやサルトル自身の反形而上学体系の場合もおなじことである。逃避不可能な真理がまず存在し、それを形而上学者は捉えようとし、プラグマティストははぐらかそうとするというようなことではないのである。というのも、真理のいかなる候補も記述を適当に選択すれば避けられるし、また他の選択をすれば逆に承認可能なものとなるからである。

わたしがたったいま反本質主義的学説として提示した、「人間とは自らなるようになるところのものである」というサルトルの命題についてはいかがであろうか。その命題は真なのだろうか。そう、それは算術のペアノの公理が真であるのとおなじしかたで、真なのである。ペアノの公理は、ある種の語彙、つまり、数にかんする語彙、の使用に含意されているものを要約している。だが、ある人はその語彙を使用することに全然関心がないものと考えてみよう。勘定したり計算したりすることの利便をすすんで放棄し、ひょっとしたらテクノロジーに対する病的な恐怖心のゆえに、数17がけっして言及されない言語を一生懸命に話したがっていると考えてみよう。そういう人にとっては、その公理は真理の候補とはならない――公理はその人の企てにいかなる関与ももたない。

サルトルの命題についてもおなじである。この命題は、どのようなたぐいの企てを追求するのが一番良いのかということについて一定の見解を要約している。しかしながら、自身の企てが宗教的もしくは形而上学的であり、それゆえ、サルトルがその含意を要約しているような平等主義的政治やロマン主義的芸術の利便をすすんで放棄するという人がいるなら、そういう人にとってはサルトルの命題は真理の候補にすらならない。お望みならそれは偽であると呼んでもよかろう。がしかし、その偽は、テストの結果欠陥があるとわかった真理候補が偽であるというのとは異なっている。それはむしろ、明白な非関与――自分の目的にとって明らかに用をなしえないということ――の問題なのである。スピノザ主義者の前にサルトル的記述を出してみたところでそれは、溝掘人に自転車の空気入れを手渡したり、脳外科医にヤード尺を手渡したりするようなもので――有用性の候補にすらならないのである。(7)

とするならば、サルトルとスピノザのあいだにはいかなる議論も可能でなく、ペアノと反技術主義者のあいだにはいかなるコミュニケーションも成り立ちえないのだろうか。「議論」について話しているのか、それとも「コミュニケーション」について話しているのかで、ことはまったく違ったものとなる。議論に入ることは全然なくとも、コミュニケーションしたり意見を異にしたりすることはできる。実際、しばしばわれわれはそうしている。それは、互いに共通の前提を見出すことができないと気がついたり、お互いに違っているということに同意したり、「趣味の違いだ」と話し始めたりするときに、生じることである。コミュニケーションに要求されるものは、共有された必要性を追求するためにおなじ道具を使うということの同意だけであるが、議論するためには、どの必要性が他の必要性に比べて優先するのかについて、同意しておかねばならない。スピノザ主義者とサルトル主義者が言語や常識を分かちもっているとしたら、それは、両者とも食物・セックス・住居・書物やその他実にたくさんのものを必要としており、両者はほぼおなじやり方でそれらを手に入れようとするという事実の反映である。哲学的問題にかんして彼らが実りあるかたちで議論することができないのは、相手方を哲学することへと導いた特殊な必要性に対しどちら側もたいして重きを置いていないという事実の反映である。同様に、どのように描くべきかについて二人の画家が同意できないのは、相手方をイーゼルに向かわせた必要性に対してどちら側もたいした重きを置いていないという事実の反映である。意見のそのような不一致が「たんに哲学上のこと」であるとか「たんに芸術上のこと」であるとされるなら、それは、哲学ないし絵画のことを別にするならば、当事者たちが共通の企てにかんして協力することに同意できるということである(8)。にもかかわらず自分たちの哲学上の、ないし芸術上の意見の不一致が根深く重要であるというなら、それは、それ以外の共通の企ては自分たちの生活にとって中心的なものであるとどちらもみなしていないということである。

このように事柄を表現すると、ときとしてサルトル主義者がスピノザ主義者となり、無神論者がカトリックとなり、反本質主義者が本質主義者になり、形而上学者がプラグマティストになるし、またその逆でもあるという事実を無視することになるように思われるかもしれない。より一般化するなら、人びとが自分の中心的な企てを変え、自己イメージのうち、以前は最も大切だと思っていた部分を変えるという事実が無視されるように思われるのである。しかしながら問題は、このことが議論の結果として起こることなぞあるのか、ということである。ひょっとしたらときにはそういうこともあるだろうが、しかしそれは確実に例外である。そうした回心は大概において、友人にとってとおなじくらい、当人にとっても驚きである。「あの人は別人になった――いまではとてもあの人だとわからない」という言いぐさは大概において、「かつては反対サイドの議論を展開していたのに、あの人はいまではそれに重要性や関与性や興味をもはや認めない」ということを意味する。

しかし、常識は、ギリシャ哲学とおなじく、回心は議論によって生ずるべきだと考える。こうした回心はまったく違った種類の人と突然恋に落ちることのようではなく、むしろ、自分自身の精神の姿かたちを徐々に認識するようになることに似ていてほしいと、常識は願う。望ましい回心とは自己変容の問題というよりは自己発見の問題であるというソクラテスの仮定によって、あらゆる人間精神はだいたいのところおなじ姿かたちのもの、つまり、イデアの記憶によって与えられた姿かたちのものであるという、プラトンの学説が必要となってくる。もっと後の哲学者になると、この学説は、「理性」への信仰となる。その場合「理性」とは、現象を貫いて実在にいたる能力であるか、あるいは、われわれ各人の奥深くに潜んでいて、議論によって明るみのもとに出されるのを待っている一組の基本的真理として考えられている。いずれの意味であれ、理性を信ずるならば、人間本性なるものが存在するということのみならず、この本性は比類のないものであって、人間が他の動物と分かちもっているようなものではないということも信じられることになる。人間のこの無類の要因のために、人間は物のたんなる使用者ではなく知者となるのであり、そのようにして、不合理な力によって打ち倒されるのではなく議論によって回心することができるようになるのである。

むろん、われわれ反本質主義者は、そのような能力が存在するとは信じない。何ごとにも内在的本性はないのだから、人間にもないのだ。しかし、人間はある点では比類のないものであるということ、つまり、正常な成人で、適切に社会化され鍛錬された人間は独特な一連の関係のうちにあるということを、われわれはよろこんで認める。というのも、こうした人間は言語を使用でき、したがって物事を記述できるからである。われわれの知る限り、他の何ものも物事を記述できない。数や物理的な力は、その一つが他よりも大きいということはありうるが、互いの大小関係を記述することはできない。われわれ人間はそれを記述する。植物や人間以外の動物も相互に作用しあうが、この相互作用がうまくいくかどうかは動植物の場合、お互いにますます多くの利益をもたらす再記述をそれらが見出せるかどうかにかかってはいない。それに対し、人間における相互作用の成功は大部分、そのような再記述を見出せるかどうかという問題としてある。

ダーウィンのおかげで、本質主義者が高等類人猿のことを、下等類人猿がすでに示していたような利発さをたんにより多くもっているだけでなく、「理性」ないし「知性」と呼ばれる特別の付加要因を突如として獲得した存在であると考えることは困難となった。このため、ダーウィン以来、本質主義の哲学者は「精神」について語ることが少なくなり、「言語」について語ることが多くなってきた。「理性」「科学」「精神」が十九世紀哲学の流行り言葉であったのとおなじく、「記号」「シンボル」「言語」「言説」といった語が二十世紀の哲学的流行り言葉となった。シンボル化の能力の発展は実際、利発さの増大というかたちで進化論的に説明づけることができる。しかし、本質主義の哲学者は、ダーウィンに合わせるために「精神」を「言語」に換えたのだということを忘れがちで、先行者たちが「精神」について立てたのと正確におなじ問題を「言語」についても立てつづけたのであった。

先に述べたように、こうした問題は、言語を、主観と客観のあいだに割って入る第三のものであり、事物がそれ自身においていかにあるのかについて人間が知ることに対し障壁をかたち作るのだと考えるところから生じる。しかし、ダーウィンにあくまで忠実であろうとするなら、「言語」という語は、それ自身の内在的本性をもった事物の名前なのだと考えられてはならない。そうではなく、高等類人猿は、自分たちにしかできないような複雑な相互作用を宇宙の残りの部分と交わすのだが、そういう相互作用を簡略化する一つのやり方が言語なのだと考えなければならない。こうした相互作用は、集団的活動を容易にするために、音声列・符号列を、各個体の活動を調整する道具として使用するということによって、特徴づけられるのである。

これらの類人猿が他の対象と取りむすぶ新たな関係はたんに、ある者が集団の残りの者の注意を対象Aに惹きつけるために符号Xを用いるということによって記号化されるだけではなく、Aに注意を向けさせるために、Aが役立つかもしれないいくつかの異なった目的に応じて、いくつかの異なった符合を用いるということによっても記号化される。哲学の専門用語を使って、有機体が意味論的なメタ言語を使い始め、語を内包的文脈のうちに置き入れることができるようになってはじめて、行動は厳密に言語的なものとなる、と言ってもよい。より平明な語り方をするなら、「それはまた「Y」とも呼ばれるが、あなたの目的のためにはあなたはそれをXとして記述するべきだ」とか「あなたにはそれをXと呼ぶあらゆる理由があるが、にもかかわらずそれはXではない」というようなことを語りうるようになってはじめて、行動は厳密に言語的なものとなるのである。というのも、そこまでいたってはじめて、われわれは「意味」「真理」「指示」「記述」という特殊言語論的な概念を用いる必要に迫られるからである。そのときになってはじめて、類人猿は「XによってAを意味している」とか「AはみなBであると誤って信じている」と記述することが、有用であるばかりか、ほとんど不可欠となるからである。

このダーウィン的なやり方で言語を、対象の表象ではなく対象を取り扱う道具を供給するものとして、そして、さまざまな目的に応じてさまざまなセットの道具を供給するものとして捉えるなら、本質主義者となることは明らかに困難となる。というのも、Aについてのある記述は別の記述より「客観的」であるとか「Aの内在的本性により近い」という考えをまじめに受け取ることは困難となるからである。道具と道具が操作するものとの関係は単純に、特定の目的のための有用性の問題であって、「対応」の問題ではない。胃洗浄機が聴診器より人間本性に近いということも、電圧計がねじ回しより電気器具の本質により近いということも、まったくない。知ることと使うことのあいだには違いがあり、他のあらゆる目的から区別された「真理を知ること」と呼ばれる目的があると、アリストテレスとともに信じるのでなければ、Aのある記述が別の記述より無条件に「より正確」であるとは考えられないであろう。というのも、正確さにおいて問題となるのは、有用性においてとおなじく、ある対象と他の対象との関係を調節することであり、利益をもたらす文脈のうちに対象を置くことだからである。それは、対象をあらゆる関係から離れたありのままのかたちで見るというアリストテレス的意味で、対象を正しく理解するという問題ではないのである。

言語能力の発展を進化論的に記述するなら、本質主義的な考えにはいかなる足場も与えられない。それはちょうど、人間の知識についてアリストテレス的に説明するなら、その知識の成長についてダーウィン的に理解する余地がまったく残されないのとおなじことである。しかし、もう一度言うが、言語についてのダーウィン的な考え方――そして、ひいては、真理についてのデューイ的・プラグマティズム的な考え方――が客観的に真なる考え方なのだと人を説得しようとするなら、それはわたし自身の反本質主義と不整合になることに注意しておかねばならない。わたしに言えることは、その考え方が一つの有用なやり方であり、特定の目的のために有用であるということだけである。ここでなされたと主張できることは、人間と宇宙の残りの部分との関係について再記述を提供したということだけである。他の一切の再記述とおなじように、この再記述も目的のための有用性をもとに判断されねばならない。

したがって、本章を終えるにあたって、次の問いのほうに向かうことが適切であると思われる。つまり、反本質主義者は、いかなる目的のために、知識と探求にかんする、人間文化にかんする、自分の記述のほうが、アリストテレス流の本質主義的記述よりも、良い道具であると考えるのか、という問いである。わたしの答えはすでに何回となく示唆されてきたが、明示的にしておくことも大切なことであろう。プラグマティストの考えでは、反本質主義には二つの利点がある。第一に、反本質主義を採用すると、多数の伝統的な哲学の問題設定が不可能になる。第二に、反本質主義を採用するなら、ダーウィンと折り合いをつけるのが容易になる。以前に書いた本（特に『哲学と自然の鏡』）でわたしは物事の反本質主義的記述によってどのような哲学的治療が可能となるのかについて多くを語ってきたので、ここでは第二の利点に集中することにしたい。

哲学の機能とは、より以前の任務を遂行するために発展させられてきた古い語り方と、新たな需要に応えるために発展させられていく新しい語り方とを媒介することであるとする点で、わたしはデューイに同意している。デューイが述べているように、究極の実在を取り扱うふりをしながら、哲学が鋭意取り組んできたのは、社会的伝統のうちに埋め込まれた貴重な価値についてであり、哲学が発生したのは、社会的諸目的の衝突から、また、これまで継承されてきた制度と、その制度とは両立不可能な同時代の傾向との葛藤からなのだということが認められるなら、未来の哲学の任務は、時代の社会的・道徳的軋轢にかんするその時々の人びとの考えを明晰化することだということが見て取られるであろう。(9)

ダーウィンの『人類の由来(*The Descent of Man*)』の出版が誘発した社会的・道徳的軋轢はいまでは、大部分忘れられてしまった。しかしわたしには、哲学はいまだダーウィンに追いついていない――彼の提示している挑戦に向き合っていないように思われる。われわれの伝統のうちに埋め込まれた貴重な価値と、人間と他の動物の関係についてダーウィンが言わざるをえなかったことを調停するためには、まだこれから多くの仕事がなされなければならない、とわたしは思う。この調停の遂行にあたって、最大限の助力をわれわれに授けてくれた哲学者はデューイとデイヴィドソンであると思われる。

この側面から二人の仕事に光を当てるためには、彼らのなしたことを、ヒュームとカントのしたことに比べてみたら良い。後者の二人の哲学者は、十七世紀の「新科学」を、ヨーロッパが特にストア派とキリスト教という源泉から受け継いできた道徳的語彙に同化させるという任務に直面していた。この問題に対するヒュームの解答は、動物の理性に人間理性を同化し、動物も見せるような、種族の同胞に対する善意の関心に、人間の道徳を同化させるというものであった。彼の手にかかるとなるほど確かに、現実を知ることと現実に対処することの区別が非常に曖昧になったという意味で、ヒュームは原プラグマティストであった。しかし、ヒュームの解答は悪名高く、多くの読者には——ことにドイツ人の読者には——病気よりなお悪い治療のように感じられた。人間の知識が——とくに普遍的・必然的真理の主張が——ヒュームの魔手から助け出されなければならない、と読者は考えた。

カントが別の選択肢となる解答を提供した。それをヘーゲルはいまだあまりに懐疑的で敗北主義的だとみなした。つまり、あまりにヒューム的で原プラグマティズム的だとみなした。しかし、ヘーゲルほど野心的ではない哲学者は大部分、カントの解答ですすんでよしとした。現象界を作り出す超越論的図式と、その図式を満たす経験的でたんに現象的な内容を区別することで、カントは、普遍的にして必然的であるというかたちで、無条件性の主張を救った。カントはわれわれの伝統的な道徳的語彙に免疫を施し、特に、われわれは無条件の道徳的義務を負うているという主張に免疫を施した。道徳的にして叡智的なものを現象的にして経験的なものから分かつ壁の背後にそれら語彙や主張をかくまうことによって、免疫を施したのである。そのような体系を作り出すことによって、カントは、道徳的行為者としての自己のイメージが粒子力学を越えて生き延びることはできないのではないかと恐れていた、フィヒテの『人間の使命』の主人公のような人びとから、全幅の感謝をかちえたのであった。

このようにしてカントは、無条件的であるゆえに非関係的な何かがあるという考えにわれわれがしがみつくのを手助けした。普遍的で必然的なア・プリオリな総合的真理および無条件の道徳的命法は、粒子力学の世界が実在的世界でないゆえに、安泰であった。実在的世界とは、われわれが、経験的存在としての自分のいわば背後にまわったときに位置することになる世界であって、そのうちでわれわれは現象界を構成したのであった。そしてそのおなじ世界のうちで、われわれは非経験的・非実用的な道徳的行為者として存在するのであった。こう考えることによって、カントは、人間と他の動物のあいだにはたいそう大きな違いがあるという考えにわれわれがしがみつくのを手助けした。あわれな現象的事物である動物にとっては、一切は相対的で実用的である。しかし、人間には叡智的で超越論的な側面が、関係性を逃れる側面が、ある。だから人間は、知るということの非ベーコン的な意味、つまり、知ることが使うことに還元されない意味において、真理を知るということを希望してよい。だから人間は、快楽の追求や善意の本能の満足に還元されない「正しさ」の意味において、正しい行ないをするということを希望してよい。

ところが、ダーウィンのために、カント主義者であることは、以前よりはるかに困難になった。人間とはダーウィンの有能な教え子のニーチェが「利口な動物」と呼んだところのものであるという見方をいったん試し始めてみると、人びとは、自分たちに超越論的あるいは叡智的側面があると考えるのは大変難しいと気がついた。さらにいうなら、フレーゲやパースが討議し、ヘルダーやフンボルトが先取していた着想、つまり、人類をそれ以外から区別する特徴とは意識や精神ではなく言語である[10]という着想と一まとめにされたために、ダーウィンの進化論は、人間の行動のすべて――無条件的真を知り無条件的正を行ないたいという欲求の実現として以前には解されていたような「高級な」行動も含めて――を動物の行動と連続的であるとみなすことを可能にした。というのも、言語の起源は、意識の起源や、事物の内在的本性を把握できる「理性」という名の能力の起源とは異なり、自然主義的用語で理解可能だからである。どうして動物は話すようになったのかについて、われわれは、「平明な歴史的説明」とロックが呼んだものを与えることができる。ところが、動物がどのようにして現実に対処することを止めて現実を表象し始めたのかについて、いわんや、動物がどのようにしてたんに現象的存在であることを止めて現象界を構成し始めたのかについて、平明な歴史的説明を与えることはできないのである。

　むろん、われわれはあくまでカントから離れずに、ダーウィンの言う話は、ニュートンのそれとおなじく、たんに現象にかんする物語にすぎないのであって、超越論的な物語は経験的物語に優先するのだ、と言い張ることもできる。しかし、ダーウィンの経験的物語を吸収し改良するために費やされた百有余年のあいだに、われわれはもはや超越論的物語に耳を傾けることに適さなくなってしまったのではないかと、わたしは思うし、またそうであってほしいと願っている。それらの年月が過ぎていくうちに、時間と歴史の外部から自分自身を見ようという試みを、われわれは徐々に、ユートピア的民主主義社会の建設による、自分たちのためのより良き未来の製作に、取り換えてきたのである。反本質主義とはこの移行の一つの表現である。哲学を、自己知ではなく自己創造を援助するものとして見ようとする心構えは、そのもう一つの表現である。

(1) この論点は、フーコーの言葉遣いで、真理は権力から切り離されることはできないが、権力はそれ自体で悪しきものなのではない、と述べることもできよう。生‐権力によって良き市民を創り出すという、ユートピア的な平等主義的共同体の権力は良いものである。公式的にはフーコーは、権力の言説によってかたち作られていない、ルソー的な善良な主体というものを信じていない。しかし、あらゆる形態の権威に信を置くまいとする自分の傾向に引きずられて、時として彼はこの心地よい虚構をもてあそんでいた。

(2) 「非関係的」と通常呼ばれている特性(たとえば、「左側の」とは違う意味での、「赤」)を心理学的唯名論者は、何らかの目的のゆえにプリミティヴなものとして取り扱われている述語が意味している特性として取り扱う。しかし、述語がプリミティヴであるということは述語に内在的なのではない。それは、その述語の使用の教え方に、ないし教える以外でのそれの使用の表示のしかたに、相対的である。ある述語によって意味されている特性が推定上非関係的であるということは、その述語をもつ一定範囲の対象を一定のやり方で記述することに相対的である。ソシュールとウィトゲンシュタインの両方が教えたことの教訓は、いかなる述語も内在的にプリミティヴではないということだと言ってよいだろう。

これと対照的な、反唯名論的・反プラグマティズム的見解の断固とした言明については、John Searle, *The Rediscovery of the Mind* (Cambridge, Mass.: MIT Press, 1992), p.211 を見よ。分子などの、世界の内在的相貌と、ピクニック日和といった、観察者‐相対的な相貌とのあいだにサールが描く対照関係は、プラグマティストからするなら、物理学者の仕える人間的な目的を、ピクニックをする人が仕える目的より恣意的に優先させることである。

(3) ウィトゲンシュタインの言うこの後者の論点の基本的重要性については、Barry Allen, *Truth in Philosophy* (Cambridge, Mass.: Harvard University Press, 1993) を見よ。

(4) アリストテレスに対するホワイトヘッドのこの批判(これは、主語-述語関係のものではない論理学を定式化しようとしていた二十世紀初期の他の哲学者――たとえば、パースやラッセル――にも見られる批判である)は、ロゴス中心主義に対するデリダの批判とパラレルであると考えると、有益である。語とは他の語との関係の無限に柔軟な織物のなかの結節点であるというデリダの言語観は明らかに、あらゆるアクチュアルな機縁(actual occasion)は他のすべてのアクチュアルな機縁との関係によって構成されたものであるという、『過程と実在』におけるホワイトヘッドの説明を思い起こさせる。二十世紀は〔将来の〕哲学史家によって、一種のネオライプニッツ的汎関係主義――それはつまり、それぞれのモナドとは一定の観点から見られた他のすべてのモナド以外の何ものでもなく、それぞれの実体とは他のすべての実体との関係以外の何ものでもないというライプニッツの論点を述べ直している――が、さまざまに異なった語法で展開された時代であると見られることになるのではないかと、わたしは予感している。

(5) わたしが念頭においているような、素粒子の美化の例としては、注(2)で言及されたジョン・サールの一節、および、David Lewis, 'Putnam's Paradox', *Australasian Journal of Philosophy*, 1983 を見よ。後者の論文についてはわたしは『客観性、相対主義、真理』七ページ以下で簡単に論じている。

(6) よそでも述べたことだが、ハイデガーの放下とは権力に取り入ろうとするいま一つの試みにすぎないと見る重要な点で、デリダは正しいとわたしは思う。

（7）真理候補である命題とそうではない命題との対照関係にかんする最良の解説は、ウィリアム・ジェイムズがその有名な論文「信ずることへの意志」のなかで、「生きた現場の」知的選択と「死んだ」知的選択との差異について行なっている議論である。

（8）この類比関係は、哲学の本性にかんする「美的」理論と解釈されてはならないし、絵画の本性に関する「哲学的」理論と解釈されてもならない。認識的・道徳的・美的というカントの区別に、プラグマティストはたいして用がない。わたしは、かつて考えられていたよりも哲学は「認識的」でない、と言おうとしているのではない。そうではなくてただ、選択可能な手段について実りある議論ができるくらいに、目的について十分合意がなされている状況と、なされていない状況との違いを指摘しようとしているだけである。しかしむろん、この違いははっきりしているものではない。お互いおなじ目的に疑問を抱くことなく献身することと、自分の対話相手が自分とおなじ目的を分かちもてないほど狂気じみているのはどうしてなのか、とても理解できないということとは、連続している。

（9）John Dewey, *Reconstruction in Philosophy, The Middle Works of John Dewey* (Carbondale, Ill.: Southern Illinois University Press, 1982), vol.XII, p.94.

（10）Manfred Frank, *What is Neostructuralism?* (Minneapolis: University of Minnesota Press, 1984), p.217 を見よ。「言語論的転回とは、哲学のパラダイムを意識から記号に移転させることに存する」。フランクの書物は、言語にかんする、十八世紀のヘルダーやフンボルトの見解と、デリダやウィトゲンシュタインに共通する見解との連続性を理解させてくれるという点で大変価値がある。とくに、「われわれの理性はただ虚構を通してのみ形成される」というヘルダーの主張と、言語とは「メタファー、メトニミー、擬人観の流動的な一群」であるという、ニーチェのより有名な主張とについて、一二九ページでフランクが行なっている比較は、反本質主義が少なくとも、アダムの言語は存在しないという着想とおなじくらい古いということ、また、われわれの言語も含め、言語が異なると、それが役立つ社会的必要性も異なるということを、理解させてくれる。フランクを読むと、もしヘーゲルがヘルダーの導きに従っていたなら、それゆえ社会的必要性についてより多く語り、絶対知についてはあまり語らないようになっていたなら、西洋哲学が一世紀にわたって右顧左眄しみずからを消耗させることは防げたかもしれない、と考えさせられる。

原理なき倫理(一九九四年)

これまでわたしが示唆してきたのは、プラグマティズムとは人間の自己イメージを変更しようという試みであり、その変更の結果として、人間が他の動物と異なるのは単純に行動の複雑さにおいてだけだというダーウィンの主張に、その自己イメージがぴったりあてはまるようにする試みとして、考えられるべきだということである。例外的なほど利口な動物という人間のこのイメージを採用するなら、人間を他の獣から区別するギリシャ的なやり方は除去されることになる。人間以外の動物は感覚的現象の世界に住んでおり、それらの生活はこうした現象の変化に順応することにあり、そのため、動物には知るということがなしえない、というのも、知識とは現象を貫いてその背後の実在に至ることだからである、とプラトンとアリストテレスは指摘した。対照的にプラグマティストは、探求を——物理学においても倫理学においても——順応の探索、それもとくに、人間同胞への順応の探索、として取り扱うのであり、「受け入れ可能な正当化と最終的な同意」と呼ばれるのも、このことにほかならない。わたしが論じてきたのは、この後者の探索が伝統的に言い慣わされてきたかたちの真理の追求に取って代わるべきだということであった。

前章でわたしは、一般化された形態の反本質主義として、つまり、事物の内在的相貌と外在的相貌との区別を打破しようとする試みとして、プラグマティズムの肖像を描いた。一切を徹頭徹尾関係的なものとして考えることによって、プラグマティズムは実在と現象の対照関係を脱しようと試みる。「事物についてのわれわれの知識は事物の本当のあり方に一致しているのか」という問いを懐疑論者がたてることを不可能にできないかと、プラグマティストは希望する。プラグマティストは、懐疑論者のこの伝統的問いに換えて、次のような実践的問いを出す。「事物にかんするわれわれの記述のしかたは、つまり、事物を他の事物に関係づけ、事物がわれわれの必要性をより十分に満たしてくれるようにするしかたは、可能な限りにおいて良いものであるだろうか。それとも、われわれはもっと良くできるのだろうか。未来を現在よりも良いものになしうるのだろうか」。

本章は、道徳と分別の区別に赴く。この区別は伝統的に、無条件的で定言的な責務と条件づけられた仮言的責務とを対立させることによって引かれてきた。何か無条件的なものがあるという示唆にプラグマティストは疑いをもつ。というのも、何か非関係的なものがある、ないしありうるということをプラグマティストは疑問に思うからである。それゆえ、プラグマティストとしては、道徳と分別、道徳と便宜、道徳と自利といった区別を再解釈して、無条件性の概念なしで済ませられるようにならなければならない。

分別と道徳の区別はルーティン化された社会関係とそうでない社会関係の区別として再構築されるべきだとデューイは提案した。彼は、「分別」を「習慣」や「慣習」と系統をおなじくする諸概念の一つと見たのである。これら三つの語はみな、個人や集団が周囲の人間や人間以外の環境から及ぼされる圧力や緊張に順応するやり方のうち、相対的に論争の余地のないなじみのやり方を言い表わしている。草叢では毒ヘビに警戒し、見知らぬ人を自分の家族ほどには信頼しないというのは、そのどちらも明らかに分別のあることである。「分別」「便宜」「能率」というのはすべて、まわりの事情に対するルーティン化し論争の余地のなくなった順応を言い表わす用語である。

それに対し、道徳や法とは、論争が巻き起こったときに始まるものである。自然に出てくるものをすればそれでよいというわけにはもはやゆかず、ルーティンでは十分でなく、習慣や慣習では間に合わないときに、両者は作り出される。習慣や慣習では間に合わなくなるのは、個人の必要性が家庭のそれと衝突したり、家庭の必要性が隣人のそれと衝突し始めるとき、また、経済的緊張のために共同体が相互に敵対的な階級に分裂し始めたり、あるいはさらに、共同体がよその共同体と折り合いをつけざるをえなくなったときである。デューイの説明では、分別‐道徳の区別は、慣習と法の区別とおなじく、程度の区別であって、種の区別ではない。それは、意識的な熟慮や処方の明示的な定式化がどの程度必要とされるのかという問題である。デューイのようなプラグマティストにとって、何が有用なのかと何が正しいのかとのあいだには種の区別は存在しない。というのも、デューイが述べたように、「「正 Right」とは、他人がわれわれに課してくる、多数の現行の具体的要求を表わす抽象的名称にすぎないのであり、われわれはこうした他人の要求を、もし自分が生きていたいと思うのなら、いくらか考慮する責務があるのである」(1)。道徳的なものと有用なものとを融合させたとき、功利主義者は正しかったのである。ただし、有用性とはたんに快を得て苦痛を避けるという問題であると考えた点で彼らは間違っていた。デューイは、人間の幸福は快の蓄積に還元できないとする点で、アリストテレスに同意し、ベンサムに反対する。

しかしながら、カントの観点からするなら、アリストテレス、ベンサム、デューイは等しく道徳の真の本性がわかっていない。道徳的責務を、他人のニーズに自分の行為を順応させる必要性と同一視するのは、カント主義者にとって、悪徳であるか愚鈍なことである。カント主義者には、デューイは義務を自利と混同し、道徳的法則の内在的権威を、征服不可能な敵とは取引の必要があるというわかりきったことと混同しているように思われる。

デューイにはこのカント派からの批判がよくわかっていた。以下はこの批判に答えようと彼が試みている箇所の一つである。

道徳には事実を理想の考察に服従させるということが含まれていると言われるのに、提示された見解〔デューイ自身の見解――補足ローティ〕は道徳をあからさまな事実に従属させており、それは、道徳から尊厳と司法権を奪うことに等しい。……この批判は誤まった分離にもとづいている。それは実際、理想の基準は慣習に先立ち慣習にその道徳的性格を付与するものであるか、そうでなければ、慣習に後続して慣習から進化してくる、たんなる偶発的な副産物にすぎない、と論ずる。しかし、言語はどうなっているだろうか。……言語は、幼児の理解不可能な片言音声や、身振りと呼ばれる本能的運動や、まわりの状況の圧力から成長してきた。だがそれにも

かかわらず、言語はいったん存在するようになると、言語としてあり、言語として作用する。(2)

言語と道徳の類比をもちだすデューイの要点は、言語が他人の行動によって与えられる刺激に対する一連の反応であることを止めて、信念を表明する道具となり始める決定的瞬間というものは何ら存在しなかったということにある。同様に、実践的推論が分別的なものであることを止めて、特別に道徳的であるようになる時点というものも、つまり、実践的推論がたんに有用であることを止めて、権威をもちはじめる時点というものも存在しなかった。

道徳とは「理性」という名の人間特有の能力に由来し、分別は獣とも共有しているものであるとカントのように考える人びとに対するデューイの返答は、人間特有のものとは唯一言語であるということである。しかし、言語の歴史とは、複雑性が徐々に増大していく継ぎ目のない物語である。ネアンデルタール人の叫び声や合図からどのようにしてドイツ人の哲学論文にまで至ったのかの物語は、アメーバからどのようにして類人猿にまで至ったのかの物語とおなじく、何ら非連続的なものではない。その二つの物語は、一つのより大きな物語の一部分である。文化的進化は生物的進化を断層なしに引き継いでいる。進化論的観点からするなら、いま述べたような音声と論文とのあいだに、複雑性以外の差異はない。それでも、言語を使用する動物と言語能力のない動物との差異や、集団的な道徳的熟慮に意識的に従事する文化とそうでない文化との差異は、両方とも程度の差であるとしても、このうえなく重要であり、また明白なものである。デューイの考えでは、理性と経験を、また、道徳と分別を鋭く区別してきた哲学者は、程度のはなはだしい差異を形而上学的な種類の差異に変換しようとしてきた。そのことによって、哲学者は、解決不能でもあれば人工的でもある、自分たち用の問題を案出してきたのであった。

デューイはカントの道徳哲学が、「論理学の教授にお似合いの生真面目さでもって、理性の本質とは完全な普遍性(したがって、必然性と不変性)にあるという学説[3]」を採っていると見ていた。たんに普遍化可能かどうかから何をなすべきかについてアドヴァイスを得ようというカントの試みを、デューイは、帰結を無視するというできもしないことではなく、「帰結について広く公平に見ること」を提案しているにすぎないと解釈した。デューイは言う、定言的命法が命ずるのは、「似た場合にわれわれはすすんでどのような取り扱いをされたいと思うべきなのかを問う習慣[4]」を身につけるようにということだけである、と。それ以上に、「いかなる種類の道徳的難問をも解決できる、即座に利用可能な既成の規則」を手に入れようとする試みは、「臆病から生まれて、権威主義的威信への愛に育まれ」てきたようにデューイには思われた。デューイの考えでは、ただそうしたサド－マゾヒズムへの傾向によってのみ、「不変化のままに固定され普遍的に適用可能な既成の原理の不在は道徳的混沌に等しい[5]」という考えが導き出されたのである。

道徳と分別の区別にかんするカント的な見方に対するデューイの標準的な批判については以上にしよう。今度は、もう一つ別の区別、つまり、理性と情緒、思考と感情の区別のほうに向かうことにしたい。そうすることで、デューイの見解をアネット・バイヤ(Annette Baier)の見解に関係づけることができるだろう。バイヤは、現代の主導的フェミニスト哲学者の一人であるが、自分の手本としてデイヴィド・ヒュームを取り上げる。ヒュームがすすんで、情緒を、いやそれどころか感傷を、道徳意識の中心となしているという理由で、バイヤはヒュームを「女性のための道徳哲学者」として賞賛する。彼女はまたヒュームを「道徳的努力を脱知性化し脱神聖化して……動物や昆虫の群れに見られるさまざまな社会的コントロールの、人間における相当物としてそれを提示している」[6]として賞賛する。バイヤがデューイに言及することは稀であるし、デューイがヒュームの道徳哲学をいくぶんかでも詳しく論ずることも稀であるが、これら三人の戦闘的な反カント主義の哲学者は、たいていの議論においておなじサイドにいる。三人はみな、「道徳的責務」という概念に対しおなじ不信感を分かちもっている。デューイ、バイヤ、ヒュームはみなニーチェに同意して、ソクラテス以前のギリシャ人は、あの「臆病」から、つまり、やっかいな選択をしなければならないのではないかという恐怖から、自由であったと認めることができる。この恐怖こそ、プラトンに不変の道徳的真理を探索するように仕向けたものであった。そして三人はみな、この世の時間のうちで営まれる人間生活の状況は、不変の無条件的な責務をサド-マゾ的に付加しなくとも、それだけで十分困難なものだと見ている。

　われわれの中心的な道徳的概念を「責務」から「適切な信頼」の概念に換えるべきだとバイヤは提案する。彼女は言う、道徳的熟慮よりも哲学的で、〔現実への〕コミットメントが少ないものとして、また、正当化・批判・異議・反抗・改心・決心の慣習や様式をたんに説明するだけではないものとして、道徳理論が存在する余地はない。(7)

デューイの言い方をいくらか反響するような言葉遣いで、バイヤは、「悪いのは、道徳哲学における合理主義的で法に執着する伝統である」(8)、つまり、「あらゆる道徳的直観の背後には普遍的規則が存する」(9)と仮定する伝統である、と述べる。その伝統の仮定するところによれば、道徳的進歩を情緒の進歩として考えようとするヒュームの試みは、道徳的責務を説明し損ねる。しかし、デューイの見解においてもバイヤの見解においても、説明しなければならないものなぞ存在しないのだ。道徳的責務には、伝統や習慣や慣習とは異なったものとしての本性や源泉があるわけではないからである。道徳とは単純に、論争の余地のある新たな慣習にすぎない。分別には勇ましいところがなく、道徳は勇ましいと感じられるのはたんに、相対的に試されたことの少ないものを実践してみるというのは、自然に出てくるものをするよりも、危険でリスクを多く伴うと認められるからにすぎない。

自己とは他者にいかなる関心も払うことなく存在できる非関係的なものであり、したがって、他人のニーズを勘案するように強制されねばならない冷感的な病的精神であるとする神話が多くの伝統的道徳哲学の主要な欠陥であったという点で、バイヤとデューイは合意する。それは、プラトン以来の哲学者が「理性」と「情念」とを分断することによって表明してきた自己像である。この分断をヒュームも不幸なことに、「理性は情念の奴隷であり、またあるべきだ」という、プラトンを逆転させた有名な主張によって、永続化させている。プラトン以来一貫して西洋は、理性－情念の区別を、普遍的と個別的との区別に平行し、また非利己的行為と利己的行為との区別にも平行するものとして解釈してきた。このようにして、宗教的・プラトン的・カント的伝統は、真なる自己と偽なる自己との区別を、つまり、良心の呼び声に耳を傾ける自己とたんに「自利的な」自己との区別を、われわれに背負わせてきた。その際「自利的」自己とは、たんに分別があるのみで、いまだ道徳的となっていない自己をいうのであった。

冷感的で自利的な、計算高い病的精神としての自己というこの概念は除去されるべきだと、バイヤもデューイも論ずる。もしもわれわれが本当にそういう自己であるとしたら、「なぜわたしは道徳的であるべきなのか」という問いは永久に解答不可能になろう。ただ自分をそのような自己としてマゾヒスティックに描くときにのみ、われわれは、神の戒めやカントの純粋実践理性の法廷を前にして、おびえて自分を罰する必要を感じるのである。それに対し、プラグマティストのアドヴァイスに従って、一切は他の一切との関係によって構成されていると見るなら、デューイが「自己として行為するという(自明な)事実の、つねに自己のために行為するという虚構への転換」[10]として記述した誤りを突き止めることは容易になる。デューイの言い方で「自己の固定性と単純性への信仰」と呼ばれたものが受け入れられる限り、この誤りは犯されることになり、自己とは拘束される必要のある病的精神だとあい変わらず考えられることになるだろう。デューイはその信仰を、「魂は単一であり、完全なものとして出来上がっているという……神学者のドグマ」[11]に結びつけたが、同様に、『パイドン』におけるプラトンの議論や、道徳的自己とは非経験的な自己であるというカントの学説に結びつけてもよかっただろう。

単一であるとか、完全なものとして出来上がっているという考え方をうっちゃって置くなら、「自己であるとは(ルーティンの殻に閉じこもってしまっている場合を除いて)作成過程のうちにあることであり、いかなる自己もそれ自身のうちに多数の不整合な自己を、互いに調和しない性向を、含みもつことができる」[12]と、デューイにならって言うことができるだろう。多様な不整合な自己というこの概念は、ドナルド・デイヴィドソンが示したように、フロイトの無意識概念を自然化し脱神秘化するうまいやり方である。[13]しかしフロイトとデューイを結合する最も重要な点は、バイヤも強調する、家族の役割の重要性という点である。つまり、病的精神とはならず、他者への関心をまったく自然なことだと思う人間的自己になるように、子供を育てあげるには、家族の役割、特に母親の愛の役割が決定的だというのである。デューイが言ってもおかしくない言葉で、バイヤは述べている、「神に対する信仰に世俗で該当するものは……人間の共同体およびそれの進化する歩みへの信仰——つまり、多くの人が手がける認識上の野心や道徳的希望がうまくいくだろうという信仰である」[14]。そしてバイヤはこの信仰を、自分の両親や兄弟姉妹に対してわれわれがたいてい有している信頼に根ざしていると見る。家族を結束させる信頼感がバイヤにとって、伝統がもはや力をもたなくなった多くの近代社会を一つに結束させるかもしれない社会的信仰のモデルとなるのである。

フロイトのおかげで、われわれは、親の愛やその愛が子のうちに産み出す信頼感が欠如しているときにのみ、他者への関係をまったく抜きにして自己を理解する病的精神が発生するのだということをわかるようになった。バイヤがわれわれにしっかり理解してほしいと願っている論点をはっきりさせるために、次の問いを考えてみよう。わたしには自分の母親への道徳的責務があるのか？　妻へはどうか？　子供たちには？　「道徳」とか「責務」というのはここでは場違いに思われる。というのも、するべき責務があることをすることは、自然に出てくることをすることと対照をなすからであり、そして、家族の必要性に応えるというのはたいていの人びとにとってこの世で最も自然なことだからである。そのような応答が自然に出てくるのは、われわれのほとんどが自分を、少なくとも部分的には、家族との関係によって定義しているからである。われわれの必要性と家族の必要性とは大幅に重なり合い、家族が幸せでなければ、われわれも幸せでない。自分の子供たちが飢えている一方で、自分に十分食べ物が与えられるようにという願いをわれわれがもつことはないだろう。そんなことは不自然である。それはまた不道徳でもあるのだろうか。そのように言うことは少し変である。不道徳という言葉が用いられるのは、病的なまでにエゴイストでもあるような親、その自己感覚が自分の子供と何ら関係しない母親や父親に会ったときだけであろう。意思決定理論が考察の対象にしているのはそうした人物であり、その人のアイデンティティは同胞感覚によってではなく、「選好のランキング」によって構成されている。

対照的に、家の外に飢えた人びとがいるときには、手許にある食べ物の一部分を自分の子供や自分自身から取り上げるということさらに道徳的な責務をわたしは感じるかもしれない。「道徳的」という語がこの場合適切なのは、その要請は、自分の子供に食べ物を与えるという要請よりも自然ではないからである。それは、自分が何者であるのかについてのわたしの感覚と結びつく度合いが少ない。しかし、飢えた見知らぬ人に食物を与えるという欲求はむろん、自分の家族に食べ物を与えるという欲求に劣らず、自分をどのような者として考えるのかというその考え方に緊密に織り込まれることになるかもしれない。個人の道徳的発展や全体としての人類の道徳的進歩とは、人間的自己を定義し直して、人間的自己を構成する多様な諸関係をいかにして拡大していくのかという問題である。この拡大過程の極限となる理想は、聖人についてキリスト教や仏教が解説するときに念頭におかれている自己である。それは、いかなる人間の飢えや苦しみであっても(そしておそらくは、他のいかなる動物の飢えや苦しみさえも)強度の苦痛となる理想的自己である。

この進歩が万一完結することがあるのなら、「道徳」という用語は言語から抜け落ちるであろう。というのも、そのときには、自然に出てくることをすることと道徳的なことをすることとは対照しようもなくなるし、またその必要もなくなるであろうからである。そのときにはわれわれはみな、カントが「聖なる意志」と名づけるものをもつことになろう。われわれがわれわれによって助けられる者に同化するようになる程度に応じて、「道徳的責務」という用語はますます不適切なものとなってゆく。その同化の程度とは、自分が何者であるのかについてわれわれ自身が物語を語るとき、われわれに助けられる者にどの程度言及するのかということであり、助けられる者の物語がどの程度われわれの物語でもあるのかということである。(15) 自分の古い友人や近しい隣人や親しい仕事仲間が突然の災害で無一文になったのなら、自分がもっているものをその人に分かち与えるというのはかなり自然に出てくることである。おなじ不幸な状況にあるにしても、その人がたまたま知り合いになった人だったり、まったく見も知らない人だったりしたら、それはあまり自然に出てくることでなくなる。飢餓が普通である世界では、自分の子供の口から食べ物を取り上げて飢えた見知らぬ人やその人の子供に与えるというのは自然に出てくることではない。しかし、見知らぬ人とその子供たちがあなたの家の上がり口にいるのなら、まさにそうすることにあなたは責務を感じるかもしれない。さらに、自分の子供のほしがっているものを奪って、見たこともない国の飢饉の犠牲者に金を送るという問題となると、「道徳的」とか「責務」という用語はよりいっそう適切なものになるだろう。その場合の犠牲者とは、実際に会えばいやなやつだと思うことになるかもしれず、友達にはしたくないし、自分の子供が結婚相手に選んでほしくないと願うような人であって、飢えているという話を聞いたただそのことによってのみ、注意を惹きつけられているだけの人であってよいのである。しかしキリスト教は、そのような犠牲者がいない世界を心待ちにすべきであると西洋に教えてきた。それは、男も女も含めてあらゆる人びとが兄弟であり姉妹である世界であり、そういう世界では「責務」ということを語る機会はけっして存在しないであろう。

　カントの伝統に棹差す道徳哲学者が情緒を偏見と同列に置いて、「厳密に道徳的な観点からするなら」自分が飢えることと地球の裏側の無作為に抽出された子供が飢えていることとのあいだに差異はないと述べるとき、そういう哲学者は、いわゆる「道徳的観点」と、「たんなる自利」と自身が呼ぶところの観点とを対比している。こうしたものの言いようの背後には、道徳や責務は自利が止んだところで始まるという考えがある。こうしたものの言いようをするとき問題となってくるのは、自己の境界が曖昧で柔軟であるということである、とデューイは力説する。それで、カント的伝統の哲学者は、自己の境界を固定化することによってその曖昧さが見えないようにしようとする。そうするために、哲学者は、自己とは選好のランキングによって構成されると述べる。選好のランキングによって、たとえば、誰に最初に食べ物を与えることを優先させるかに従って、人びとは分割されるというのである。そうしたあとで哲学者は道徳的責務と選好を対比するか、さもなければ、道徳的責務もさらなる選好にすぎないとして、道徳的責務の感情を「主観化」する。

どちらのやり方を選ぼうと難点がある。もし道徳的責務と選好を対比するのなら、道徳的動機づけの問題にかんして困難が出てくる。つまり、自分自身の選好に反してある人が行為すると言う場合、それは結局いかなる意味をなすのか？　他方、もはや道徳と自利を区別せず、道徳と呼ばれているものは一定のしかたで社会化されている者の自利にすぎないと言うならば、その場合には、尊厳と価値〔価格〕のカント的区別の要点を理解し損なっているとして、「情動主義」の廉で告発されるであろう。前者の考え方をするなら、プラトンが答えようとした問題、「なぜわたしは道徳的であるべきなのか」に至る。後者の考え方をするなら、「飢えた見知らぬ人に食物を与えることへの嗜好とヴァニラ・アイスクリームへの嗜好とのあいだに何か違いがあるのか」という問題に至る。

より一般的に言うなら、一方は二元論的形而上学に至り、人間の自己を、もしかしたら宇宙全体をも、高次の部分と低次の部分に分裂させることになろう。他方は、たんなる動物性よりも「高次な」何ものかに対する人間の希求を十把一絡げに否認してしまうことに至るだろう。

プラグマティストはしばしば、そのような否認の廉で告発される。プラグマティストは還元主義者・行動主義者・感覚主義者・ニヒリスト、その他うさんくさい性格の者といっしょくたにされる。この種の非難に対するプラグマティストの側からの最良の防御は、プラグマティズムにも人間を動物から分ける差異について考えがあると述べることだと、わたしは思う。しかしながら、プラグマティズムの考え方には、尊厳と価値や、無条件的なものと条件づけられたものや、非関係的なものと関係的なもののカント的区別が例証しているような鋭い差異――無限なものと有限なものの差異――は含まれない。むしろ、プラグマティストは、人間が動物と違うのは柔軟性の程度がはるかに大きいという問題であり、とくに、自己の境界のはるかに大きな柔軟性、つまり、人間の自己を構成しうる諸関係の純然たる量の柔軟性の問題であると見る。プラグマティストは、人類が兄弟であり姉妹であるという理想を、何か非経験的なものが経験的なものに課せられたのだとか、何か非自然的なものが自然なものに課せられたとは見ずに、人間存在の再創造の過程でもある順応の過程が頂点を極めることであると見る。

この観点からするなら、道徳的進歩とは、合理性の増大――偏見や迷信が徐々に減っていって道徳的義務をより明晰に見ることができるようになること――の問題ではない。それはまた、デューイが理知の増大と呼んだものでもない。つまり、敵対する多くの要求を同時に満たす振舞い方を考案する技能の増大でもない。この意味では、人びとは広範な共感をもたなくとも、高い理知をもつことができる。自分の道徳的共同体の限界を、民族ないし人種、あるいは性差の境界線に合わせて引くことは、不合理でもなければ非理知的なことでもない。しかし、それは望ましくない——道徳的に望ましくない。それゆえ、道徳的進歩において問題となるのは感受性の増大であると、つまり、ますます多様になっていく人びとや事態の必要性に呼応する能力を増大させることにあると考えるのが、いちばん良いのである。科学の進歩とは実在の内在的本性をわれわれから隠している現象のヴェールを漸次的に減じていくことではなく、より大きな集団の人びと——ことに、ますます精密な観察をなし、ますます洗練された実験を遂行していく人びと——の関心に呼応する力を増大させていくことだと、プラグマティストは見るが、それとちょうどおなじように、プラグマティストはまた、道徳の進歩もますます包括的な人間集団の必要性に呼応できるようになっていくことの問題であると見るのである。

科学と道徳のこの類比をいま少し追跡してみよう。この第二部の最初の章でわたしは、プラグマティストの考えでは、科学であれ、他の何らかの探求であれ、それらは真理を目指すのではなく、むしろ、より良い正当化の能力を目指すのだ、と述べた。より良い正当化の能力とは、われわれが述べていることに対して出された疑念に、われわれが以前に述べていたことを強化するか、あるいは何か以前とは違ったことを言うと決心することによって、よりよく対処できる能力ということである。それに対し、真理を目指すと言う場合には、実際に真理に到達したとしても、いつ到達したのか知りえないであろうという難点が出てくる。ところが、一層の正当化を目指し、ますます多くの疑念を鎮めることを目指すことは可能である。それと類比的に、「正しいことを行なう」ということを目指す場合も、的を射たかどうかが知られることはけっしてないであろうがゆえに、それは目指そうにも目指しようがない。あなたが死んでずっと後になって、より情報をもった賢明な人びとが、あなたの科学的信念は時代遅れになったパラダイムを参照しなければ理解できないものだと判断するかもしれない。それとおなじように、そういう人びとはあなたの行為を悲劇的な間違いであったと判断するかもしれない。そうであっても、痛みに対しますます多くの感受性をもち、一層多様な必要性をますます多く満たしていくことを目指すことは可能である。何か人間ならざるものがあって、われわれ人間をおびき寄せつづけているという考えは、より多くの人間をどんどんわれわれの共同体に取り込むべきだ――ますます多様な人間の必要性や関心や見解を考慮に入れるべきだ――という考えに取り換えられなければならないと、プラグマティストは考える。正当化の能力とはそれ自体が報酬となるものである。「真理」とか「道徳的善」と銘打たれた一種の非物質的メダルもさらに報酬として与えられるのではないかと、気を揉む必要などどこにもない。(16)

科学が「神の視圏」に連続的に接近していくという考えは、道徳的進歩の見られるあいだに社会慣習が「道徳法則」に一貫して接近していくという考えと一枚岩のものである。「物理的実在の内在的本性を発見する」という考えと「無条件的な道徳的責務を明晰化する」という考えは、プラグマティストにとって等しく厭わしい。なぜなら、両方とも、非関係的な何か、時間と歴史の有為転変をまぬかれた何か、人間の利害や必要性が変わっても影響されない何か、を前提としているからである。両方の考えとも、高さや深さのメタファーではなく広さのメタファーによって置き換えられねばならないと、プラグマティストは考える。科学の進歩とは、ますます多くのデータを整合的な信念の織物に統合していくという問題である。つまり、顕微鏡や望遠鏡からのデータを裸眼によって得られるデータに統合し、実験によって公にされるデータをいつも目の前にあるデータに統合するという問題である。それは実在に出くわすまで現象を貫通していくという問題ではない。道徳的進歩とは、共感をますます広げていくという問題である。それは、情緒的なものを越えて合理的なものに至るという問題でもなければ、下級の、腐敗している可能性のある地方法廷から、非歴史的で不朽の文化横断的道徳法則を管轄する上級法廷に上訴するという問題でもない。

垂直的距離のメタファーから水平的広がりのメタファーへのこの転轍は、種類の伝統的な区別を複雑さの程度の区別に取り換えるようプラグマティストが力説することに結びついている。プラグマティストは、現実〔実在〕をその接合線に沿って切り分けるという考えを、最大限広い範囲のデータを最大限効率的に説明するという考えに置き換える。またプラグマティストは、カントの「善意志」の考えを、最大限の温かみと感受性と共感をもった人間という考えに置き換える。もっとも、最大限を目指すことはできない。しかしそれでも、より多くのデータを説明することやより多くの人びとに関心を払うことを目指すことはできる。物理学であれ倫理学であれ、探求の終わりに達するのを目指すことはできない。そのようなことは、生物進化の終わりに達するのを目指すようなものであろう——つまり、これまでの全時代の最新の相続者であるばかりか、あらゆる時代にとって頂点となるように運命づけられた生物となることを目指すようなものであろう。それと類比的に、道徳的完成を目指すことはできないが、以前考慮に入れていたよりも多くの人びとの必要性を考慮に入れるのを目指すことはできるのである。

以上本章においてわたしはどちらかといえば一般的な用語で、「無条件の道徳的責務」という考えをプラグマティストが振り払いたいと願うのはなぜなのかを示してきた。より具体的になり真に迫ることを期待して、今度はもう一つ別の無条件性の事例に向かうことにしたい。それは無条件的人権という概念である。そうした権利は、政治的・道徳的熟慮の〔踏み越えてはならない〕固定された境界線をなすといわれる。ロナルド・ドゥオーキンが述べるところでは、アメリカの法制において、権利は「切り札」となっており、社会的便宜や効率にかんする一切の考慮を凌ぐ。合衆国憲法によって付与されていると合衆国の法廷が解釈してきた権利、および、ヘルシンキ宣言に列挙されている普遍的人権は議論の埒外にあることを、多くの政治的議論は当然視している。それらの権利は、現代政治の多くの場面において不動の動者となっている。

プラグマティストの観点からするなら、「譲渡不可能な人権」という概念は、「神の意志への服従」よりも良くも悪くもないスローガンである。どちらのスローガンも、不動の動者としてもちだされるなら、われわれの鋤は刃先が曲がってしまったということ――議論が万策尽きてしまったということ――を述べるたんなる一つのやり方にすぎない。神の意志ないし人間の権利について語られるや、「家族の名誉」や「危機にある祖国」について語られるのとおなじく、それは哲学的分析や批判の適当な標的とはならないのである。それらのスローガンの背後を覗いてみても、実りはない。こうした概念はいずれも分析されるべきものではない。というのもそれらはみな、「ここにわたしは立つ。わたしには他にしようがない」ということをそれぞれのしかたで言っているのだからである。それらは、行為の理由というよりは、懸案を考え抜いて決断に達したということの表明である。

道徳を形而上学にもとづいていると見る哲学者は、「しかし神はいるのか」とか「人間は本当にこれらの権利をもっているのか」と、いま述べた概念について問い詰めすぎる嫌いがある。このような問いは、道徳の進歩とは少なくとも部分的には、道徳的知識を増大させることであると前提し、その場合、道徳的知識を、神の意志や人間の本性のような、社会的実践から独立した何ものかについての知識とみなしている。この形而上学的示唆は、神も人権も迷信であり、弱者が強者から自分を守るためにでっち上げた計略であるというニーチェの指摘によって攻撃を受ける。神や人権を信ずることには「合理的な基礎」があると申し立てることで形而上学者はニーチェに答えるが、それに対し、プラグマティストは、計略だからといって何も悪いことはないと返答する。人類は兄弟であるという考えは弱者にしか、つまり、ニーチェが偶像視する勇敢で剛健な幸福な戦士によって虐待される人びとにしか、浮かんでこないものだという点について、プラグマティストは喜んでニーチェに同意できる。しかし、プラグマティストにとって、この事実が人権の考えにとって不利になることはない。それは、ソクラテスが醜かったからといって愛の本性にかんする彼の説明の不利になったり、フロイトがプライベートには少々神経症的であったからといって、愛にかんする彼の説明の不利になったり、さらに、神学的占星術的動機づけがニュートンにあったからといって彼の力学の不利になることがないのとおなじことである。理性と情念の区別をいったんなくしてしまうなら、ある良い考えが、その起源のゆえに差別されることはもはやなくなる。いろいろな考えは、その源泉によってではなく、相対的有用性に則って分類されることになる。

プラグマティストは、合理主義的形而上学者とニーチェとのあいだの係争は興味を惹くものではないと考える。[17]人権をもち出すのは、われわれの現実的あるいは希望的実践のある種の局面を要約するに好都合なやり方にすぎないということを、プラグマティストはニーチェの言い分として認める。同様に、実在の内在的本性は原子と空虚よりなると述べることとは、プラグマティストにとって、われわれの最も成功した科学的説明はマクロ構造の変化をミクロ構造の変化の結果として解釈するということの一つの語り方である。神はわれわれが見知らぬ者を家の柵のうちに招き入れるよう欲すると言うことは、歓待がわれわれの共同体の最も誇る徳の一つであると言うことである。人権の尊重のゆえにわれわれはユダヤ人をナチから救い、ボスニアのイスラム教徒をセルビア人から救うよう介入することを求められたと言うことは、介入に失敗すれば、われわれは自分に対しいらついただろうと言うことである。そのようにいらつくのは、自分の食卓の上にはたんと食べ物があっても、隣人は飢えていると知れば、食事を続けることができなくなるのとおなじことである。人権について語るということは、自分と似た精神をもち、ある種のやり方で行為することを自然なことと思う人びとの共同体と自分を同一視することによって、自分の行為を説明するということである。

わたしがたったいま行なったような主張――「これこれと言うことは、何々と言うことである」という形態の主張――はしばしば、実在‐現象の区別を用いて解釈される。そのようにして、形而上学への性向をもった思想家は、知識と思いなしとの、あるいは理性と情念との区別に取り憑かれているため、わたしの主張を「非合理主義的」で「情動主義的」であると解釈するであろう。しかしプラグマティストはそうした主張を、本当に生じていることについての主張として意図するわけではない。つまり、事実であると見えたものが実は価値であったり、認識であると見えたものが実は情動であると主張するわけではない。むしろ、そうした主張は、何について語るべきかにかんする実践的勧告なのであり、道徳上の疑問をめぐる論争とはどういう言葉でなされるのが一番良いのかについての示唆なのである。原子をテーマとする場合、観察不可能なミクロ構造は実在なのかそれとも都合のよい虚構にすぎないのかという係争問題について議論すべきではないと、プラグマティストは考える。人権をテーマとする場合、人権は誰も気がついていなくともずっと存在していたのか、それとも、人類は兄弟であるというキリスト教の理説に影響された文明の社会的構築にすぎないのかと議論すべきではないと、プラグマティストは考える。

も、ちろん人権は社会的構築物である。原子もそうであるし、他の一切もそうである。というのも、前章で示唆したように、社会的構築物であるとは単純に、ある一組の文——ある社会で用いられ別の社会では用いられない文——の志向対象であるというにすぎないからである。対象であるためには、それについて筋のとおった整合的なやり方で話されるだけでよい。とはいえ、すべての人があらゆるやり方で話す必要はないし——したがって、あらゆる対象について話す必要もない。言説の要点は実在を正確に表象することにあるという考えをいったん放棄するなら、社会的構築物を他のものから区別することに何の関心ももたれないであろう。選択可能な構築物の有用性について議論することに、事態は限られることになるだろう。

「人権」と呼ばれる一組の社会的構築物の有用性について議論することは、他者を容認する社会のほうが排外的社会よりも良いのかという問題について議論することである。それは、画一性に、つまり、若者を堕落させようとする者を排除しよそ者を遠ざけることに、その社会的結集力を依拠させている共同体よりも、危害のない逸脱に対しては寛容であることを勧める社会のほうをよしとするのかという問題について議論することである。十全に開花した人権文化に向かってわれわれが進歩しているということをそれ単独で示す最良の目印は、自分の子供が計画している結婚に干渉することをわれわれがどの範囲まで止められるかということかもしれない。つまり、予定されている結婚相手の出身国や宗教や人種や富のゆえに干渉したり、その結婚が異性愛ではなくて同性愛の結婚であるからといって干渉することをどこまで止められるのか、ということである。

人権文化に合理的な哲学的基礎づけを施したいと願っている人びとは、人間が共通にもっているものは人種や宗教といった偶発的要因に勝ると言う。しかし、この共通性が何からできているのかを突きとめようとすると、困難なことになる。われわれはみな苦痛を感ずる共通の受容性をもっているというだけでは不十分である。というのも、苦痛には際立って人間的なところはないからである。苦痛が問題のすべてだとするなら、ユダヤ人をナチから護ることに劣らず、ウサギをキツネから保護することも重要なことになろう。また、人間の起源について自然主義的なダーウィン的説明を受け入れるなら、われわれはみな理性を共通にもっていると述べることは何の役にも立たない。というのも、その説明によれば、合理的であるとは単純に言語を使用できるということにすぎないからである。ところが、言語は多数存在し、それらのほとんどは排外的なのである。人権を語る言語が人類に特徴的であるというのは、人種的あるいは宗教的純粋性にこだわる言語がそうであるのと何ら変わらない(18)。

単純に共通性の哲学的探索を放棄すればよいのだと、プラグマティストは示唆する。われわれを分断する個別的なこまごました事柄を重要でないように思わせる——それは、われわれを統一するある大きな事柄とそうしたこまごました事柄を比較することによってではなく、こまごまとした事柄を別のこまごました事柄と比較することによってなされるのであるが——われわれの能力に代わりに焦点を絞るなら、道徳的進歩は加速されるかもしれないとプラグマティストは考える。道徳的進歩とは、何か深くて真なるものについてより明晰なヴィジョンを得ることというよりは、彩り豊かで手の込んだたいへん大きなキルトを縫い合わせてゆくことに似ているると、考えるのである。先に述べたように、プラグマティストは、深さや高さの伝統的メタファーを幅や広がりのメタファーに取り換えたいと思う。哲学が捉えるべき人間の精妙な本質は存在しないとプラグマティストは確信する。したがって、表面を深さに取り換えたり、普遍を捉えるために個別の上に越え出ようとすることはない。むしろ、ある時のある一つの差異を最小化したいと希望する。たとえば、ボスニアのある特定の村におけるキリスト教徒とイスラム教徒の差異や、アラバマ州のある特定の町における黒人と白人の差異や、ケベック州のある特定のカトリック集会におけるゲイとそうでない者との差異を最小化したいと希望する。この希望は、そういう集団を千ものこまごまとした縫い目で縫い合わせていくという希望——その成員間の千ものこまごました共通性に訴えるという希望——であって、一つの大きな共通性、つまり、共通の人間性を指定するということではない。

道徳的進歩についてこうした像を描くなら、われわれは道徳とは理性の問題であるというカントの着想に抵抗し、それは情緒の問題であるというヒュームの着想のほうに共感するようになる。〔道徳哲学者の〕候補者をこの二人に限定するなら、ヒュームに味方すべきである。しかし、選択そのものを拒絶し、能力心理学とは金輪際手を切るほうがよい。信念と欲求には二つの別々に機能する源泉があるという区別そのものをなくすことが望ましいのである。この区別の範囲内に留まり、真の実在的自己と偽なる現象的自己とを分断する描像に絶えず脅かされるのではなく、この第二部の最初の章の始めに述べた区別にもう一度立ち戻ることにしたい。すなわち、現在と未来の区別に。

よりはっきりとした言い方をするなら、われわれは、知的進歩も道徳的進歩も、「真」や「善」や「正」に近づいていくということではなく、想像する力能が増大していくことであると見る。つまり、想像力を、文化が進化する切っ先であり——平和と繁栄が与えられるなら——人間の未来を過去よりも豊かにするべく絶えず作動している力能として見るのである。想像力は、物理的宇宙の新たな科学的描像の源泉でもあれば、可能な共同体についての新たな構想の源泉でもある。想像力こそ、ニュートンとキリストが、フロイトとマルクスが、共通してもっていたものであった。それは、なじみの事柄をなじみのない用語で再記述する能力である。

そのような再記述は、初期キリスト教徒がユダヤ人とギリシャ人の区別は考えられていたほど重要ではないと宣言したときに、実践された。それはいま、同時代のフェミニストによって実践されている最中である。性行動や婚姻の取り決めにかんするフェミニストの記述のしかたは多くの男たちにとって(そのことで言えば、多くの女にとっても)、ユダヤ教の伝統的区別に対する聖パウロの無頓着が律法学者やパリサイ人に思われたのとおなじくらい、奇妙に思われるのである。また、わがアメリカの建国の父たちが人びとに、自分のことをペンシルベニアのクエーカー教徒だとかカトリックのメリーランド人だとかというのではなく、寛容で多元的な連邦共和国の市民だと考えるよう要求したのも、おなじ再記述である。再記述はまた、ヨーロッパ統合の熱烈な擁護者によっても試みられている最中である。擁護者は、孫たちが自分たちのことを第一にヨーロッパ人として、そして第二にフランス人とかドイツ人として考えるようになることを希望している。しかし世界のことを跳ね返る原子として考えるべきだというデモクリトスやルクレティウスの提案や、太陽は静止していると考えるべきだというコペルニクスの提案も、そのような再記述の同様に良い事例である。

以上述べてきたことによって、知識を希望に換えるべきだと強調する意味は何なのかが少しでも明らかになったのではないかと、わたしは望んでいる。人間本性にかんするギリシャ的考え方とダーウィンの流れを汲むデューイの考え方との差異は、閉じていることと開かれていることとの違い――不変化なものの安全性と、予測不能の変化に富んだホイットマン的・ホワイトヘッド的ロマンスとの違いである。ロマンティックな希望というこの要素が、すなわち、確実性よりも想像力を、自負心よりも好奇心を、すすんで大切にしようとするこの態度が、観照対活動というギリシャの区別を打破する。デューイはそのギリシャ的区別を大夢魔であって、西洋の知的生活はそれから逃れる必要があるとみなしていた。彼のプラグマティズムは、ヒラリー・パトナムが述べたように、「行為者の観点の至高性の力説」である。わたしはこの至高性を、人間の新たなあり方を創造し、新たな人間の棲家となるべき新たな天と地を創造することの必要性が、安定性・安全性・秩序に対する欲求に優先することとして解釈したのである。

(1) John Dewey, *Human Nature and Conduct*, *The Middle Works of John Dewey* (Carbondale, Ill.: Southern Illinois University Press, 1983), vol.XIV, p.224.
(2) Dewey, pp.56-7.

(3) Dewey, p.168.

(4) Dewey, p.169.

(5) Dewey, p.164.

(6) Annette Baier, *Postures of the Mind* (Minneapolis: University of Minnesota Press, 1985), p.147.

(7) Baier, p.232.

(8) Baier, p.236.

(9) Baier, p.208.

(10) Dewey, p.95.

(11) Dewey, p.96.

(12) Dewey, p.96.

(13) Donald Davidson, 'Paradoxes of Irrationality' in *Philosophical Essays on Freud*, Richard Wollheim and James Hopkins, eds. (Cambridge: Cambridge University Press, 1982) を見よ。フロイトについてのデイヴィドソンの見解を拡張し展開したものとしては Marcia Cavell, *The Psychoanalytic Mind: From Freud to Philosophy* (Cambridge, Mass.: Harvard University Press, 1993).

(14) Baier, p.293.

(15) ここでわたしは、「語りの重心」としての自己という、『解明される意識』におけるダニエル・デネット (Daniel Dennett, *Consciousness Explained* (Cambridge, Mass.: MIT Press, 1990)) の大変啓発的な説明を援用する。本書のこの第Ⅱ部の「実体も本質もなき世界」で述べられた反本質主義をわたしは、デネットを論じたある論文で展開しようと試みた。その中でわたしは、自己に当てはまることは対象一般に当てはまるのであって、プラグマティストはあらゆる対象を記述の重心として考えるべきだと示唆している。『真理と進歩』(*Truth and Progress* (Cambridge: Cambridge University Press, 1998) 所収の「全体論、志向性、超越の野心」('Holism, Intentionality, and the Ambition of Transcendence')

(16) わたしの見るところ、ハーバーマスやアーペルの用いるような「普遍妥当性要求」という概念はそうしたメダルへの要求にすぎず、それゆえ、なくてもよいものである。「主観を中心とする理性」を、彼の呼ぶところの「コミュニケーション的理性」に置き換えることが望ましいということについては、ハーバーマスに全面的に同意するが、彼が普遍性に固執し、言うところの「文脈主義」や「相対主義」を嫌悪するのは、普遍性へのアピールが偶然的な現状のうちに埋没することに対する唯一の対抗的選択肢であると思っていた、時代がかった哲学的思考の残滓ではないかと、わたしは考える。

(17) これはわたしが'Human Rights, Rationality, and Sentimentality'(この論文は *Of Human Rights: Oxford Amnesty Lectures, 1993* (New York: Basic Books, 1993)〔邦訳「人権、理性、感情」『人権について』一九九八年〕に収められているが、わたしの『真理と進歩』(*Truth and Progress*, Cambridge: Cambridge University Press, 1998) にも再録されている) で強調している点である。その論文は、ここで要約されている、人権についての見解をより拡張したかたちで提示している。

(18) ここで再びわたしは、合理性の言語的性格にかんしハーバーマスに同意する。しかしわたしとしては、合理性にかんするこの学説を用いるなら、普遍主義的な用語で考える必要がなくなると言いたい。ハーバーマスはその普遍主義のために、わたしがここで提示している人権についての見解を採用することが禁じられている。

Ⅲ　プラグマティズムの適用

宗教的信仰、知的責任、ロマンス（一九九七年）

ウィリアム・ジェイムズについて考える場合には、ジェイムズが『プラグマティズム』をジョン・スチュアート・ミルに捧げているばかりか、ミルの最も論争を巻き起こした主張のいくつかを繰り返していたということを思い起こすとよい。「道徳哲学者と道徳生活」において、ジェイムズは「何らかの現象がどうして存在すべきなのかについてありうる唯一可能な理由は、そのような現象が実際に欲せられているということである」[1]と述べている。これはミルの『功利主義』のなかで最も愚弄された文を反復したものであるが、わたしは、熟慮の末のものだと思う。ジェイムズの心の奥底からの確信の一つは、ある主張に反対すべきかどうかを知るためにはただ、その主張が他のいかなる主張――「誰か具体的な人物によって実際になされている主張」――の妨げになるのかを問うてみるだけでよいということであった。したがって、われわれはその主張が「妥当な」主張であるかどうかを問う必要はないというのである。哲学者はいまだミルではなくカントに追随して、「羅針盤の鋼鉄の針の上に天極の影響が星空から降ってくるのとおなじように、道徳法則が棲息する何か崇高な存在次元から」[2]妥当性がある主張の上に降ってくるように考えている、とジェイムズは嘆いた。

感覚能力をもつ個体的存在を除いて責務の源泉となるものはないという見解からは、われわれはそのような存在以外の何ものに対しても責任をもたないということが帰結する。そして感覚能力をもつ当該の個体のほとんどはわれわれの同胞、人間である。だから、「真理」や「理性」に対する責任について語ることは、同胞である人間に対する責任について語ることに置き換えられなければならない。真理や知識にかんするジェイムズの説明は、信念についての功利主義的倫理にもとづいており、そうした置き換えを容易ならしめるよう意図されている。その出発点は、パースが信念を表象ではなく行為習慣として取り扱ったことにある。宗教にかんする功利主義的哲学は、宗教的であることを行為習慣として取り扱うのでなくてはならない。それゆえ、宗教の言うことがどこまで正しいのかではなく、宗教の信者の行動が他の人間のニーズをどこまで妨げるのかということが、その哲学の主たる関心であらざるをえない。

「真理」に対する責任とは、ジェイムズにとって、物事を正しく理解することの責任ではない。むしろそれは、自分の信念を相互に整合させるという自分自身に対する責任であり、また、おなじ信念を同胞の信念と整合させるという、人間同胞に対する責任である。「コミュニケーション理性」にかんするハーバーマスの説明にあるように、合理的であることの責務は、自分の信念に対する他の人びとの疑念や異論を考慮に入れるという責務で尽きるのである(3)。合理性についてこのような見解を採用するなら、ジェイムズが言うように、真とは「われわれにとって信じたほうが良いもの」であると述べることが自然になる(4)。

しかしむろん、ある人物や集団にとって信じるのが良いことが他の人物や集団にとっても良いこととは限らないだろう。ある人物や集団にとって真であるものが他の者には真でないかもしれないという直観に反する帰結をどうしたら回避できるのか、ジェイムズは確信をもてないでいた。彼は、パースのしたように、理想的条件のもとで信じられるであろうことを真理と同一視するのか、それとも、真理というトピックを回避し、代わりに正当化について語るというデューイの戦略を取るのかで揺れていた。しかし、本章の目的——つまり、「信ずることへの意志」に見られるジェイムズの議論の効力を測ってみるという目的——にとって、これらの戦略のいずれかに決定する必要はない[5]。その目的にとっては、真理についてプラグマティストはどう語るべきかという問いはやり過ごしてよい。ただ、宗教の信者はその信仰への権利をもっているのか、信仰は信者の知的責任と葛藤を惹き起こさないのか、という問題を考察するだけでよい。

自分の信念を正当化するという責務は、自分の行為習慣が他者の必要性の満足に干渉するときにのみ発生するということが、責務の本性にかんするジェイムズの功利主義的見解から帰結する。プライベートな企図に従事している限りは、その責務は出てこない。宗教にかんするジェイムズの功利主義的・プラグマティズム的哲学の根底に存する戦略とは、宗教をプライベート化することなのである。このプライベート化のおかげで、彼は科学と宗教のあいだに想定される緊張を協同の企図とプライベートな企ての対立を見誤ったものとして解釈できる[6]。

プラグマティストの説明によれば、科学的探求は、世界にかんする単一の、統一された整合的記述を見出そうとする試みとして見られるのが一番良い。それは、出来事や行為の帰結の予測を最も簡便にし、そのことによって人間の一定の欲求の満足を最も簡便にする記述である。「創造科学」〔聖書にある神の世界創造を信奉する科学的立場〕とは劣悪な科学であるとプラグマティストが言うとき、その要点は、この科学がいま述べた欲求を、他のより狭い範囲の欲求に服属させるというところにある。しかし、宗教の目的は事象の予測と制御の必要性を満たすこととは違う。だから、原子と空虚を基本発想とする正統派科学と宗教のあいだには、文学と科学のあいだ以上に係争がなければならないのか、はっきりしない。さらに、神とのプライベートな関係が「神の意志」を知っているという主張を伴わないのならば、宗教と功利主義的倫理が敵対することもないかもしれない。宗教信仰が適切にプライベート化された形態となるなら、それは科学的信念の内容を決定して押しつけたり、自分を除く他の誰かに道徳的選択の内容を決定して押しつけることもなくなるかもしれない。その形態の信仰は、いかなる他者のいかなる必要性の邪魔をする恐れもなく、一定の必要性を満たすことができ、そしてそのことによって、功利主義の試験に合格することになるかもしれない。

論文「信ずることへの意志」でジェイムズが論争相手に選んだW・K・クリフォード(Clifford)は、われわれには、幸福を追求する義務とは別の、真理を追求する義務があると考えている。クリフォードの記述によれば、この義務とは、現実〔実在〕を正しく理解する義務というよりは、何ごとも証拠なしに信じてはならないという義務である。ジェイムズは次のようなクリフォードの言を引用している、「ある信念が不十分な証拠しかないのに受け入れられるとすれば、それに伴う喜びは盗んでこられた喜びである。……それは罪深い喜びである。なぜなら、それは人類に対する義務をないがしろにして盗んでこられた喜びだからである。……何ごとであれ、不十分な証拠しかないのに信ずるということは、いつでもどこでも、だれにとっても間違ったことである」(7)。

クリフォードは、われわれは人びとのニーズに対しても応答すべきだが、「証拠」にも同様に応答しなければならない、と求める。したがって、ジェイムズとクリフォードのあいだの争点はこうなる。すなわち、証拠とは、人間の企てから遊離した何ものかなのか、それとも、たんに、人間の企てに協同して取り組むために他者から要求されるものにすぎないのか？

証拠にもとづく関係は人間の企てから独立したある種の存在を有するという見解は、さまざまな形態を取るが、そのうち最も顕著なものは実在論と基礎づけ主義である。実在論者の哲学者は、証拠の唯一の真なる源泉はそれ自体としてある世界であると言う(8)。実在論に対するプラグマティズムの反論の出発点は次の主張である。「……最も抽象的な理論活動であっても、それから人間的要素を剥ぎ取ることは不可能である。われわれのあらゆる精神的カテゴリーが進化してきたのは例外なく、それらが生活に実りあるものだったからであり、それらが存在するようになったのは、それらを包む言葉である名詞や動詞や形容詞とおなじように、歴史的状況のおかげなのである」(9)。このように言うプラグマティストが正しいならば、プラグマティストと実在論者とのあいだで係争となる唯一の問題は、「それ自体としてある世界」という概念を生活にとって実りあるものとなしうるかどうかということである。真理の対応説に対するジェイムズの批判は、実在の内在的本性と信念との、言うところの「合致」といっても、それによって行為が成功に導かれると広く同意されているというだけのことであって、同意の事実に何かが付加されて、そのために何か実践的差異が出てくるわけではない、という議論に集約される。

基礎づけ主義とは一つの認識論的見解であるが、それは、実在には内在的本性があるという実在論者の主張に対し判断を保留する者でも採用可能な立場である。基礎づけ主義者に必要なのは、あらゆる信念が自然な、文化横断的で歴史横断的な、理由の順序のうちに位置づけられると主張することだけである。その理由の順序によって、探求者は最終的に、何らかの「証拠の究極的源泉」(10)に連れ戻されるのである。いろいろな基礎づけ主義者たちがそうした源泉のさまざまな候補を提示している。たとえば、聖書、伝統、明晰判明な観念、感覚経験、常識。プラグマティストが基礎づけ主義に反論するのは、実在論に反論するのとおなじ理由からである。プラグマティストの考えでは、自分の行なっている探求が自然な理由の順序を跡づけているのか、それともたんに、自国で優勢な正当化の要求に呼応しているにすぎないのかという疑問は、物理的世界は見出されるものなのか、それとも作り出されるものなのかという疑問に似て、どう答えを出そうと、いかなる実践的差異も出てこない疑問なのである。

とはいえ、証拠に対するクリフォードの要求は、最小限の形態に抑えることができる。それは、実在論と基礎づけ主義の双方を回避しながら、ジェイムズに譲歩して、知的責任とは単純に、共同の企図に自分と一緒に参加している人びとに対する責任にすぎないと認める形態である。この最小限の形態において、クリフォードの要求は、言明の意味はそれが他の言明ともつ推論関係に存するということを前提するだけになる。この見解によれば、ある言語を使用して文を述べるなら、それは、言明Sが真であるのは、〔Sと等値の〕Aへの推論を許す他の一定の言明や、Aから推論可能な他のさらなる言明も真であると信ずる場合、そしてその場合のみであると信ずることに繋がる。それゆえ、証拠なしに信ずることが間違っているというのは、共通の企てに参与するそぶりをしながら、そのための規則に従うことは拒否することが間違っているというのとおなじことになる。

言語にかんするこの見解は、言明の意味とはその検証方法であるという実証主義のスローガンのうちに包みこまれている。宗教的信念を表明するために用いられる文は大概、それ以外の文と正しい推論的方法でつなぎ留められておらず、それゆえ、擬似信念しか表明できない、と実証主義者は論じた。実証主義者は、経験論的基礎づけ主義者であったため、「正しい推論的方法」とは「究極的に感覚経験に訴えること」を意味すると考えたのであった。しかし、それでも、非基礎づけ主義者のネオ実証主義者なら、次のようなディレンマを提起することができる。すなわち、推論の結合関係があるのなら、その場合には論証する義務があるが、もしないのなら、取り扱われているものはおよそ信念ではないことになる。〔したがって、宗教が擬似信念であるなら、論証の義務がないことになろう。〕

だから、たとえ「証拠」という基礎づけ主義的概念を放棄しても、クリフォードの要点は、論証、、するることの責任として言いなおすことができる。最小形態のクリフォード的見解は、自分の情動は自分ひとりにしかかかわりのないことであるが、信念はあらゆる人にかかわりがあるという主張に要約できる。宗教人が信ずる権利を全面的プライバシーの権利として主張しようにも、しようがないのである。というのも、信ずることは本来的にパブリックな企てだからである。その企てのうちにわれわれ言語使用者はすべて組み入れられている。われわれはみな、自分以外の人びとに向かって正当化しえないものは何ごとであれ信じないという、お互いに対する責任がある。合理的であるとは、自分の信念を――自分のあらゆる信念を――同胞の人びとの判断に服させるということである。

ジェイムズはこの見解に抵抗する。「信ずることへの意志」のうちで彼はその論拠を挙げている。同論文のたいていの読者は、それは間違っており、ジェイムズは知的無責任を弁護しようと説得力のない口実をそこで提示しているのだ、と考えてきた。生きた現場の、重大な否応のない選択というものがあるのであって、それは証拠によっては決せられえない――彼自身の言い方では、「知的根拠によっては決せられ」えない――のだ、とジェイムズは論ずる。だが、クリフォードに味方する人びとは大概の場合、証拠や論拠が欠けているときには、知的責任を貫徹しようとするなら、選択が生きた現場のものであったり否応のないものであったりすることはなくなるはずだ、と応戦する。そうした人びとの言うところでは、責任のある探求者は、ジェイムズが性格づけているような選択に自分を直面させないようにする。証拠や論拠が欠けているなら、信念も、少なくとも、責任のもてる信念もまた成り立ちえない、と考えるのである。欲求や希望やその他の非認知的状態なら証拠なしに抱いても問題ない――ジェイムズが「われわれの情念的本性」と呼ぶものにゆだねても問題ない――が、信念はそういかない。信念の領域では、どの選択が生きた現場の、否応のないものであるかはプライベートな問題ではない。おなじ選択にわれわれ皆が直面するのであり、おなじ真理候補があらゆる人に提起されるのである。そうした選択を無視したり、真理候補間での選択の決定を、証拠にもとづく論拠以外のやり方で行なったりするのは、知的に無責任である。証拠とは、まさに言葉の意味からして、それらの候補を支持するために必要とされるものだからである。

しかしながら、認知的なものと非認知的なものとか、信念と欲求という、この入念で鋭い区別は、ジェイムズがぼかしたいと願っているたぐいの二元論にすぎない。伝統的な説明によれば、信念を固定化するにあたって、欲求はいかなる役割も果たすべきでない。プラグマティズムの説明によれば、信念を第一のものとして優先するのは、そのことによって欲求を満足させることができるようになるからにすぎない。考えるとは「ただ行動のためにのみ[11]」あるというジェイムズの主張は、「理性は情念の奴隷であり、またそうあるべきだ」というヒュームの主張の、彼なりの改訂版なのである。

その主張を受け入れるなら、科学と宗教の言われるところの必然的対立関係なるものに、ジェイムズとおなじように疑いをもつようになるのは、もっともなことになろう。というのも、先に述べたように、この二つの文化領域が充足するのは、二つの異なった欲求群だからである。科学は予測と制御を可能とし、それに対し、宗教はより大きな希望となるものを、そしてそれによってまた、生きがいとなるものを提供する。「宇宙についてこれらが提示する二つの説明のうちどちらが真なのか」と問うのは、「テーブルにかんする大工の説明と素粒子物理学者の説明とで、どちらが真なのか」と問うのとおなじくらい的外れなことである。というのも、両方の説明がお互いに邪魔をしないようにする方策を見極めることができるなら、どちらの問にも答えを出す必要などないからである。[12]

「宗教的仮説」をジェイムズが次のように特徴づけていることについて考察してみよう。すなわち、(1)「最良の物事とはより永遠なる物事である」、(2)「もし(1)を信ずるなら、まさに今この場でわれわれはより良いことになる」[13]。「信ずることへの意志」でこの箇所にまで達すると、多くの人は、もしジェイムズが「宗教」という語で意味していることがその仮説に尽きるのだとしたら、彼が語っているのは自分やクリフォードが興味を寄せていることについてではない、と言ったものであった。もう少ししたら、わたしはこの異論に戻ってこよう。今としては、こう述べるに留めよう。すなわち、もしもこの仮説を受け入れること(一つの「認知的」状態)と、より大きな希望に単純に信頼を寄せること(一つの「非認知的」状態)との違いを——換言するなら、最良の物事はより永遠なる物事であると信ずることと、そうであるという思想を味わうこととの違いを——特定するよう求められたなら、ジェイムズは、そのような違いは何の違いにもならない、と答えただろう[14]。彼が次のように疑問を呈するさまを想像してみてもよい——それが信念と呼ばれようと、欲求、あるいは希望、気分と呼ばれようと、それらが入り混じったものと呼ばれようと、行為を方向づけるのにおなじ実質的価値をもっている限り、何だというのだ。宗教的信仰が何であるか、われわれは知っているし、信仰が人びとに何をしてくれるかも知っている。人びとはそうした信仰を抱く権利がある。それはちょうど、恋に落ちて、堰切って結婚し、際限のない悲嘆や失望にもかかわらず愛を守り抜く権利が人びとにあるのと、おなじことだ。そうした場合にはすべて、「われわれの情念的本性」がその権利主張をしているのだ。

先にわたしが示唆したところでは、信念にかんする功利主義的倫理は、知性と情念のジェイムズの区別を再解釈して、それを、他の人間に対する正当化を必要とするものとそうでないものとの区別に一致させるであろう。たとえば、業務上の提案はそういう正当化を必要とするが、結婚の申し込みは(われわれのロマンティックで民主主義的文化においては)そうでない。功利主義的倫理は、ジョン・スチュアート・ミルが言うように、幸福へのわれわれの権利は、他者が他者自身の幸福の追求に干渉されない権利をもつというそのことによってのみ、制限されると述べて、宗教的信念を擁護するだろう。幸福へのこの権利は、信仰・希望・愛への権利を含む。信仰・希望・愛という志向的状態は、まれにわれわれの同胞に対して正当化されることもあるが、大概は正当化されねばならないものではない。われわれの知的責任とは、一般的福利を促進するために立てられた共通の企図(統一科学の建設や商業規格の統一といった企て)について他者とともに協同作業をなし、他者のプライベートな企てに干渉しないという責任である。後者、つまり、結婚するとか宗教の信者になるという企てについては、知的責任の問題は生じてこない。

ジェイムズの批判者がこの反論を聞くと、ジェイムズは結局、宗教とは認識問題ではなく、彼の言う「信ずることへの権利」とは「憧憬への権利」とか「希望への権利」とか「これこれの思想に慰謝を見出す権利」とかを不適切なかたちで呼び表わしたものだということを認めているのだ、と考えるだろう。だが、ジェイムズはそう認めているわけではないし、また、そう認めてはならないのだ。彼の力説しているのはむしろ、認知的なものと非認知的なものや、信念と欲望とのあいだにきっぱりとした分割線を何が何でも引こうとするのは、一方は真理で他方は幸福という二つの別個なことの追求にわれわれは携わっている、という(無益であるがゆえに)誤った信念の残滓なのだ、ということであり、それというのも、それらの分割にもとづく説明によって何らかの行動が説明されたり正当化されるわけではないにもかかわらず、分割線を引こうとするのだから、ということなのである。われわれは二つの別個なことを追求しているというその信念のゆえにのみ、われわれは「同胞は愛すべきもの、しかし真理はより愛すべきもの *amici socii, sed magis amica veritas*」だと、説得されることができたのである。

わたしがたったいまスケッチし終えた宗教哲学は、ジェイムズの作品の多くに暗示されているものであり、クリフォードに応答するとき彼が本来援用す<u>べき</u>哲学であった。残念なことに、「信じることへの意志」において彼は別の戦略を試み、間違った方向に逸れていく。本来、認知的なものと非認知的なものとの区別を曖昧にすべきであったのに、ジェイムズはその論文でこの区別を当然視し、そのようにして死活的となる地域を敵に譲り渡している。「信ずることへの意志」において強調されているテーゼは次のようである。「ある命題間の選択を決するとき、それが本性上知的根拠によっては決せられない、正真正銘の選択である場合にはいつでも、われわれの情念的本性がその選択を決するというのは法に適ったことであるばかりか、必然的なことでもあるのだ」[15]。ここでジェイムズは、「客観的本性を取り扱う場合にはわれわれは明らかに、真理の作り手ではなく、記録者である」[16]というずいぶん非プラグマティックな主張をする場合とおなじように、まさしく彼の拒絶すべきものを受け入れている。すなわち、精神は真ん中で知性と情念にきれいに二分され、議論の可能なトピックスも認知的なものと非認知的なものにきれいに二分されるという考えを受け入れているのである。

哲学が反基礎づけ主義的になると、「証拠の源泉」の概念は「何が証拠に数え入れられるかについての合意」という概念によって取って代わられることになる。それゆえ、何か人間以外のものへの忠実性としての客観性も相互主観性としての客観性によって取って代わられる。「pに証拠はあるか」という問いは、「何がpの有利になるもののうちに数え入れられるのかについて、何らかのしかたで合意を得ることはできるか」という問いに取って代わられる。知的根拠にもとづいてpの問題に決着をつけることと、その問題を自分の情念的本性の問題に転換することとのあいだの区別はそのようにして、「わたしはpを他の人びとに対して正当化できるだろうか」という問題に変換される。したがってジェイムズは、クリフォードと自分の係争問題を、「他人に対して正当化しえないものであることをわかったあとでも、もし何らかの信念をもちうるとしたら、どういう種類の信念をわたしは心安んじてもつことができるのか」というかたちで、言いなおすべきであった。厳としたクリフォードの立場からするなら、いかなる信念ももちえず、ただ希望、欲求、憧れなどしかもちえない。わたしの擁護したいジェイムズに準じた立場からは、自分のもっているのが信念なのか、欲求なのか、それとも気分なのか、そんなことは大して気に病むな、ということになる。希望や愛や信仰といった状態がたんにそうしたプライベートな企てを促進しているだけであるなら、まさにその限りにおいては、自分にそれらの状態をもつ権利があるかなどと、気に病む必要はない。

それでも、科学と宗教とのあいだの緊張が、二者は異なった目的に仕えているのだと述べることによって解消できるという提案は、馬鹿げて聞こえるかもしれない。しかしそれは、リベラルな(たいていはプロテスタントの)神学者が行なうキリスト教の脱神話化の試み以上に、より一般的に言うなら、人間や人間の知的能力の起源を素粒子のランダムな運動にまで遡って説明づける宇宙論によって放たれる批判から宗教的信念を予防しようとする試み以上に、馬鹿げているわけでもなければそれ以下でもない(17)。

アラスデア・マッキンタイアーのような人びとにとっては、リベラルな神学者の試みはその結果として、宗教からその核心をすべて洗い落とすことになる。「知性の犠牲 *sacrificium intellectus*」を何ら要求しない神学とは、こうした人びとの考えでは、ほとんど議論に値しない。マッキンタイアーはティリッヒについて、「人間の究極的関心というかたちで彼が行なった神の定義は実際のところ神をたんに人間本性の関心事にするにすぎない」[18]と軽蔑をこめて評している。ところが、プラグマティストは、神にかんしてティリッヒのしたことは、プラグマティズム的科学哲学がかつて素粒子にかんしてなした解釈よりも悪いわけではないと応答できる。プラグマティストの考えでは、素粒子とは、それ自体としてある事物が分割される切断点そのものなのではなく、人間本性の数多い関心事のうちの一つ――環境を予測し制御するという関心事――にわれわれが没頭しなかったとすれば、言及する何らの理由もなかったであろう対象のことなのである。

プラグマティストとは、クォークを「たんなる発見的虚構」であると信ずる者という意味で道具主義者なのではない。プラグマティストの考えでは、クォークもテーブルとおなじく現実的なものであるが、しかし、クォークについて語ることとテーブルについて語ることとが互いに妨害しあう必要はない、というのも、それらは、人間の必要性や利害を離れて、「いずれにせよ存在するもの」の役割を求めて競う必要がないからである。おなじように、プラグマティストの有神論者は、神とは「たんなる措定」であると信ずるという意味で人間中心主義者なのではない。その信ずるところでは、神は感覚印象やテーブルやクォークや人権に劣らず現実的である。しかし、付け加えて言われることには、神に対する人間の関係についての物語は、それら他の事物に対する人間の関係の物語を必ずしも妨げるわけではない。

とはいえ、プラグマティストの有神論者は、人格の不死性や摂理の介入、秘蹟の効能、処女懐胎、キリストの復活、アブラハムとの契約やコーランの権威といったものなしで、さらにその他、多くの有神論者が手放すことをいやがるものなしで、やっていかねばならない。あるいは、もしそういったものがほしいのなら、プラグマティスト有神論者はそれらを、マッキンタイアーなら不誠実だとみなすであろうやり方で「象徴的に」解釈しなくてはならない。というのも、そういったものが実践的推論の前提を提供することがないようにしなければならないからである。しかし、プラグマティスト有神論者の考えでは、脱神話化とは、「科学的」批判からそうした理説を隔離するために支払わなければならない小さな代価である。脱神話化の言っていることはつまるところ、有神論が何に役立つのであれ、それは環境について予測したり制御するための装置ではないということである。

功利主義的観点からするなら、マッキンタイアーも「科学的実在論者」(セラーズの言い方をするなら、「科学が事物の尺度である、事物があるということの、また事物が何であるかということの」ということを力説する哲学者)も、人間のある関心を、それゆえ文化のある領域を、他のものに対し不当に特権化している。[19] キリストの復活の「字義どおりの現実性」に固執するのは、宇宙内で唯一「身勝手な区割り」をされていない対象――人間の関心によってかたち作られていない唯一の対象――とは素粒子物理学の語る対象であると、デイヴィド・ルイス(David Lewis)の流儀で力説することと一枚岩である。[20] 功利主義者からするなら、宗教か科学のどちらかを選ばなければならないとわれわれが考えてしまうのは、知的責任を感じるからなのではなく、むしろ、人間が現在もっているいろいろな関心を実際にもっているからこそ宗教と科学の双方も等しく現在あるところのものとなっているのだということを認めたくないからなのである。

科学的実在論と宗教的原理主義はおなじ原動力から生み出されたものである。「実在についての絶対的構想」とバーナード・ウィリアムズ（Bernard Williams）が呼ぶものを展開する義務が人間にはあると人びとを説得しようとする試みは、ティリッヒやジェイムズの観点から見るなら、みずから「ただ神のためにのみ」生き、また他の人たちもそうするべきだと力説する試みと一枚岩である。科学的実在論も宗教的原理主義も、手に負えなくなったプライベートな企てなのである。自分の生活に意味を与える自分固有のプライベートなやり方を――厳として壮大な人間ならざるもの、「究極的に真で実在的」なるもの、に対する自分の関係をロマンティックなものにするやり方を――パブリックな公衆一般の責務にしようと、それらは試みている。

先に述べたように、「信ずることへの意志」の多くの読者は、ジェイムズが議論しているような宗教とはたんに、「完全性は永遠である」という信念のような腰の引けたものであることに気づき、拍子抜けの思いがする。それには一理ある。というのも、クリフォードがジェイムズのテーゼが知的に無責任だと言って憤慨したとき、実際に彼の念頭にあったのは原理主義者たちの道徳的無責任だったからである。原理主義者は、人びとを火刑に処したり、離婚とダンスを禁じたり、その他、神のより偉大な栄光のためにさまざまなやり方で自分たちの隣人を悲惨な目にあわせてきたのであった(21)。が、正しい信経を公言しない人びとに屈辱や苦痛を課する機会から、「宗教的仮説」がいったん切り離されるなら、それは多くの人にとって関心を惹かないものとなる。「宗教的仮説」は、愛する者たちにわれわれは死後出会うだろうという約束から切り離されるなら、もっと多くの人びとの関心を惹かなくなる。おなじように、それ自体としてある実在を知るという主張からいったん切り離されるなら、科学も、「真理」に対する義務をないがしろにする浅薄あるいは卑劣な思想だとしてプラグマティズムのことを見ているような人びとに対して、訴える力を失う。

宗教にかんするプラグマティズム的哲学は、信仰と信念をきっぱりと区別するという点でティリッヒその他に従わなければならない。ティリッヒの言うことをもっともだと思うリベラルなプロテスタント信者はきわめて積極的に神への信仰について語るが、しかし、その信仰にはいかなる信念が含まれているのかを詳しく述べたててみせるということには二の足を踏む。ティリッヒの言うことを冒瀆的だと思う原理主義的カトリック信者は、使徒信経を唱えて信念を列挙し、信仰と信念を同一視することに幸せを感じる。自分は信経なしでやってゆける、あるいは、信経の言明のありがたくも漠然とした象徴的解釈でもってやってゆけると、ティリッヒ主義者が考える理由は、宗教の核心とは、何らかの特有の行動習慣を生み出すことではなく、むしろ、愛が現前しているか不在であるかによって出てくるような差異を人間の生活にもたらすことだと考えるからなのである。

ティリッヒの言うことや曖昧さを良く思えるようにし、信経は良くなく思えるようにする最善策は、神への信仰と人間への愛の類似性を強調することである。配偶者や子供への愛がなかったら、とてもやってゆけない、と人びとはしばしば言う。この愛は、その最愛の者たちの性格や振舞いについての信念を詳しく述べたてれば、何たるかがわかるという代物ではない。さらにいえば、この愛はしばしば、配偶者や子供たちと顔見知りの人にとっても説明不可能に思われる。それはちょうど、いかに広範な人びとが見たところ必要もなしに悲惨な目にあっているかを省察する者にとって、神への信仰が説明不可能に思われるのとおなじことである。しかしわれわれは、自分の子供が反社会的な病的人格であっても本質的には善人であるとある母親が信ずるとしたら、その善性がたとえ他人には誰にも見えないとしても、彼女をあざけったりしない。ジェイムズがわれわれに対し厳命しているのも、彼の言う「宗教的仮説」――「最良の物事とはより永遠なる物事である」[22]という仮説――を受け入れる人びとを、その仮説を支持する証拠が見当たらず、それの反証ならたくさんあるという理由だけで、あざけってはならないということである。

子を愛する母は、その子の行動を予測したり制御しようと試みているのではないし、ジェイムズが宗教的仮説へ天翔けるのも、何かを予測したり制御しようと試みることの一部をなすわけではない。常識や科学はたいていい予測と制御の試みに向けられているのだが、この試みに専念すると、あらゆる志向状態は信念であるか欲求であるという考えが発生する。というのも、予測にもとづき制御を見込んでなされる行為は実践的推論の結果であり、実践的推論は事象の一定の状態が成立することへの欲求と、そのためにある種の行為が役に立つことの信念との両方を含んでいるのだから、というわけである。予測と制御の試みにおなじく専念することからは、信念に、つまり、認知状態に数えいれられるものは何であれ、それ特有の実践的帰結を引き出すというかたちで現実化されなくてはならないという考えが発生し、それと連関して、何らかの信念と他の信念との推論的関係は、きわめて具体的な細部にいたるまで述べたてることができるのでなくてはならないという考えが発生する。

これら二つの考えのために、解釈者たちは、ジェイムズのプラグマティズムと彼の宗教経験への信頼とのあいだや、デューイの『哲学の改造（*Reconstruction in Philosophy*）』と『誰でもの信仰（*A Common Faith*）』とのあいだには、緊張関係があると認めることになった。ジェイムズやデューイの作品に見られる緊張関係は本物なのか見かけなのかという疑問は、次の疑問に帰着する。すなわち、われわれは宗教的信念を、信経として捉えるにはあまりにも漠然としすぎるものにすることによって――つまり、ティリッヒ流のやり方で曖昧化することによって――他の信念との推論上の連結から切り離しておいて、それでいながら、信念は他の信念との推論関係によってのみ内容を有するというプラグマティズムには周知の学説[23]に忠誠を守りとおすことができるのだろうか。

プラグマティズムに周知のこの後者の主張を断念するなら、古典的プラグマティズムと現代的プラグマティズム双方の中核部分が放棄されることになるだろう。というのも、その断念によって、実在の内在的本性への対応としての客観性を相互主観性としての客観性に取り換えることをプラグマティストにとって可能にする、志向内容についての全体論的見解を放棄することになるからである。ところが、宗教的言明にその内容を与える正当化の共同の実践は――つまり、共有された言語ゲームは――存在しないといったん認めるならば、相互主観性はどうなるのだろうか。ジェイムズやデューイは不整合ではないかという疑問はいまや次の疑問となる。すなわち、信念の信念による正当化以外に、発話に内容を与えることのできる実践は何か存在するのか。

いや、存在するのだ。心の哲学における現代の外在主義者は、志向状態をおよそ人間に帰属させる唯一の理由とは、帰属させると、その人が何をしているのかを説明できるようになり、そのようにして、次に何をするかを見極めやすくなるということだと力説するが、それにはジェイムズやデューイも心から同意するであろう。正当化不能な模範的事例——受肉に対するキルケゴールの信念とか、病的人格であるわが子の本質的善性に対する母親の信念とか——に遭遇した場合、われわれはそうした信念帰属を用いることによって、何が生じているのかを、つまり、キルケゴールや母親がなぜ、自分たちが今していることをするのかを、それでも説明できるようになる。たとえ推論関係のネットワークのうちに発話の位置を固定するというかたちではないにせよ、ともかく、発話を行動パターンに相関させることによって、発話に、つまり、「わたしは彼を愛している」とか「わたしは彼に対する信仰を有している」という発話にも、内容が与えられうるのである。

キリストがどうして可死でも不死でもありうるのか、キルケゴールは説明してくれそうにないし、自分の息子がしたようなことをどうして善人がすることができるのか、その母親も言ってくれそうにない。しかしだからといって、言ってくれそうにないというその事実が、そうした信念を彼や彼女に帰することの有用性に影響することはない。「なぜ彼女はあんなことをしたのか」という問いにしばしば、行為者である彼女に実践的推論を帰属させることによって答えることができるように、おなじ問いにはまたしばしば、「彼女は彼を愛している」とか「彼女は彼が……であってくれればと、万が一を希望している」とか「彼女は彼に対する信仰を有している」と単純に言うことによっても答えることができる。この場合「彼」というのは息子でも愛人でも神であってもよい。いずれにせよ、そのことによってわれわれは行為の説明を与えるのだ。この説明は、信念と欲求とに——つまり、周知の推論的連結によって他のおなじような態度と結合される個別的な命題的態度に——さらに分解することはできないが、それでも説明として真正なものである。

これまでのところわたしは、宗教的仮説についてのジェイムズ自身の記述を甘んじて受け入れてきた。しかし、それは適切な記述ではないとわたしは思う。クリフォードへの返答においてジェイムズは針路を間違え、自分のプラグマティズムを部分的に裏切っているように思われる。同様にまた、彼が宗教のこの定義を選んだとき、自分のより良い本能を裏切っているように感じられる。(24)というのも、その定義は宗教を、人間のものではない力が想像もつかないくらい広大な善をなすであろうという確信に結びつけており、人間自身がそういう善をなすようにという希望に結びつけてはいないからである。宗教のそういう定義は、人間ならざるものでありながら、人間の味方になるものがあるという考え方を保持している点で、デューイのいう宗教意識の三段階の発展のうち第二段階に——「信心深い神学者がいまや到達した地点」とデューイが呼んだ段階に——留まっている。(25)

功利主義とプラグマティズムの両方がもつ魅力の要因となるように思われる宗教的信仰とは、そうではなくて、道徳的人間の未来の可能性に対する信仰であって、人間共同体に対する愛と希望から区別することの難しい信仰である。このように曖昧にオーバーラップしている信仰・希望・愛を、一言で「ロマンス」と呼ぼう。ロマンスとは、この意味では、宗教の集会を核とするのと等しく労働組合を核として結晶化するかもしれないし、秘蹟を核とするのと等しく小説を核として、子供を核とするのと等しく神を核として結晶化するかもしれない。

現代の小説家、ドロシー・アリスン（Dorothy Allison）の作品の一節は、わたしの念頭にあるものを説明するのに役立つかもしれない。「文学を信ずる」（'Believing in Literature'）という注目すべきエッセイの始めのほうでアリスンは、「文学と、書くことへのわたし自身の夢とがわたし自身の信念体系を、一種の無神論者の宗教を、かたち作ってきた。……わたしの確信のバックボーンとなっているのは、小説作品に証示されているような、人間社会の進歩への信仰であった(26)」と述べている。彼女はそのエッセイを次のように結んでいる。

ただいつかは死ぬという事実とともにひとりつねに取り残されて、自分より偉大な何かに単純にしがみつかざるをえない場所がある。より偉大なもの、それは神であったり、歴史であったり、政治や文学であったり、愛の治癒力への信念であったり、それどころか、正義の怒りであったりする。それらはみなおなじなのだとわたしは時々考える。これがわたしにとって、従来想像されてきた以上のものがこの世にはあると信ずることの理由であり、またわたしなりに、世界の首根っこを捉えて、その信ずる事柄に固執するやり方なのである。[27]

この一節でわたしが最も好きなのは、これらはみなおなじかもしれないというアリスンの示唆である。つまり、信ずることの理由を――換言するなら、有限で可死的な人間の数人ないし全員が、かつてなりえたよりもはるかに大きなものとなることができるだろうと、どうしてこだわるのかを――宗教的用語で述べようが、政治的用語で、哲学的、文学的用語で、あるいはセクシャルな用語ないし家族にかかわる用語で述べようが、それは大した問題ではないという示唆である。問題なのは、こだわりそれ自身であり――ロマンス、つまり、圧倒的な力に満ちた希望や信仰や愛(や、時には、怒り)を経験する能力、なのである。

希望・信仰・愛の状態の際立ったところは、現在使用されている言語のかなたに、したがって、論証のかなたに、それがわれわれを連れてゆくということである。そのことによってそれは、現在の世界の想像力が達するかなたにわれわれを連れてゆく。わたしはこの状態を、ジェイムズが「それの及ぶ限りにおいて字義どおりに、また客観的に真である、経験の積極的内容」として(強調体で)記述した状態であると理解している。つまり、「意識的人格は、それを通って救いの経験が到来するところのより広大な自己と連続しているという事実」[28]のことである。自分をこの広大な自己に結びつける形象や比喩は、アリスンが示唆するように、政治的でも家族的でも文学的でも、あるいは信経的なものであってもよい。わたしの思うに、ジェイムズはアリスンの多元主義を好んだであろうし、右の一節でアリスンが述べていることは、『宗教的経験の諸相』の最後の数ページに見られる多神論に対する彼自身の賞賛や、「神的なものは単一の質を意味しえない、それは一群の質を意味するのでなくてはならず、交互にそれらの質の代弁者となることによって、さまざまに異なった人がみな価値のある使命を見出すことになるのかもしれない[29]」ということの彼の力説と、調和すると考えたであろう。

昔の世界においては、事態はあまりにも悪く、「信ずることの理由、世界の首根っこを捉えるやり方」というのは、人間ならざる力を仰ぎ見ることによってしか、得ることはできなかった。その当時は、知性を犠牲にして、実践的推論の前提となるものを——つまり、洗礼や巡礼や聖戦への参与によって死後どのような帰結がもたらされるのかを考える際に前提となるものを——手に入れるよりほかに、ほとんど選択の余地はなかった。そういう暗い時代においては、想像力を働かすことは宗教心をもつこととほぼおなじことであった——というのも、この世はあまりにも惨めで、心をときめかすことなどできないからであった。しかし、人間が自分の生活や世界をより惨めでなくすることに徐々に成功してきたがゆえに、事態はいまや違うものとなった。非宗教的形態のロマンスが花開いた——たとえ、富と余暇と読み書き能力と民主制が一緒になって作用し、そのため寿命が延び、図書館が書物で満杯になった、幸運な地域の世界に限られるにしても[30]。いまやこの世の事態は、一部の幸運な人びとにとっては、歓迎すべきものであって、そうした人びとは自然のかなたの超自然や、この世の生のかなたの死後の生を仰ぎ見る必要はなく、ただ、人間の過去を越えたかなたに人間の未来を遠望するだけでよいのである。

ジェイムズは二つの心の状態のうちで、つまり、彼と彼の父親が経験し、再び戻ってくるのではないかといつも怯えていたパニックに対処する二つのやり方のうちで、揺れていた[31]。それらのうちの一方においては、多元的で民主主義的な展望がはるか未来にまで及んでゆくというホイットマン的な夢で十分であった[32]。そのときには彼は、「信ずることへの意志」を閉じるフィツジェイムズ・スティーヴン(Fitzjames Stephen)からの引用にあるように、「ベストをもとめて行為し、希望せよ、そしてその結果出てくるものを受け入れよ。……死が一切の終わりとなるならば、われわれはそれ以上良く死に立ち向かうことはできない[33]」と述べることによって、起こるかもしれないパニックに応対しただろう。そうした気分のときジェイムズは、この勇壮さが個人の死にも人類の死にも適切なものだと思うことができた。

だが違う気分のときには、ジェイムズは健康な精神状態の名によってパニックを振り払うことができず、パニックを誘発する次のような人類観から逃れ出ることができなかった。すなわち、

一団の人びとが凍った湖の上で暮らしているのだが、まわりは逃げようのない絶壁であり、しかも、氷は少しずつ溶けていて、その最後の薄い層が消え去る日も避けがたく近づいていることがわかっているという状態に似た状態に人類はあるのであって、恥ずべき溺死が人間という生物に分け与えられた運命であるだろう[34]。

こうした気分のときには彼は、何かしら完全性が永遠であるという「宗教的仮説」を採用し、「神の概念」を「永続的に維持されるべき理想的秩序」の「保証」[35]と同一視するようにせき立てられる。そういう気分のとき、彼の最小限の要求は、ホワイトヘッドが「客体的不死性」と呼んだもの――つまり、人間の成し遂げたことが「理解ある、苦しむ同胞[36]〔としての神〕」の精神に記憶されること――であった。それに対し、最大限の願望とは、彼自身が自分の最良の瞬間にそうした精神と交わってきたということに向けられていた。

われわれはみな、そうした二つの気分のあいだで揺れているのだと、わたしは思う。われわれは、神のことを、人間の未来を表わす、おそらくは時代遅れとなった名称とみなすのか、それとも、何かそういう未来の外的保証者とみなすかで、揺れる。デューイのように、かつての宗教的信念を人間の未来への信念に変換することによって、自分が生きている日々をそれぞれ相互に連結したいと思う者は、神について、裁き手であり救済者であるというよりは、友として考えるようになる。わたしのように、無神論者として育てられ、神について語るのは今ではたんに混乱を惹き起こすだけだと思う者であっても、有用性で満足する気分と、それだけでなく〔知的〕妥当性も同様に渇望する気分とのあいだで揺れ動く。だからわれわれは、わたしが「ロマンス」と呼んだ状態と、罰を受けてみじめな自己卑下状態のあいだで右往左往するのである。時には、人間の共同体に信頼を寄せるだけで十分なときもある。そのときには、共同体は、「われわれが生まれざるものたちと一緒になって巻き込まれている、原因と帰結の共同体……つまり、想像力が宇宙と名づける、存在の神秘的総体の最も広く最も深い象徴(37)」とデューイが呼ぶものの一部をなすと考えられる。だが、時にはそれでは不十分なときもある。

ジェイムズは、「それを通して救いの経験が到来するところのより広大な自己」をデューイの「宇宙の最も広く最も深い象徴」と同一視することに、いつも満足していたわけではない。ホイットマン的気分のときには彼はこのより広大な自己を、民主主義の展望が最果ての地にまで達してアメリカ化された人類と同一視することができた。そのときには彼は、(彼の父の書物の題名〔*Society the Redeemed Form of Man*〕をパラフレーズするなら)民主主義を「救済された形態の神(The Redeemed Form of God)」として考えることができた。しかしワーズワース的気分のときには彼は、民主主義的同胞関係の一時的栄光よりも深く自然と溶け合った何ものかに対する、彼の言うところの「超-信念」を抱いていた。そのときには彼は、たとえユートピア的人間共同体であっても、それを通して救いの経験が到来するところの自己に比するなら、人間から見た犬や猫の意識が当のユートピア共同体に比せられる場合とおなじようなものにしかならない、と考えていた(38)。

ヘンリー・レヴィンソン(Henry Levinson)が「ウィリアム・ジェイムズの宗教的探求」ということを言ったが、それを要約することで、二つの教訓が引き出されうると思う。第一に、時代の最新の相続者であるわれわれは幸運なことに、どの選択がわれわれにとって生きた現場のもので、どれがそうではないのかについて、かなりの思慮をもてるようになっているということである。あまり幸運に恵まれなかった祖先とは異なり、われわれは非ロマンティックで基礎づけ主義的な見解を押し退けることのできる態勢にあり、それゆえわれわれは、あらゆる真理候補が、したがってあらゆる重大な選択が、常識によって常に不可避的に語られる言語のうちに組み込まれており、そのため、それら真理候補は常にすでに出揃っており、生きた現場の、否応のないものとなっていると、認める必要はないのである。子孫が、われわれには想像もつかない、生きた現場の、否応のない選択に直面するかもしれないという事実を、われわれはジェイムズとともに、味わい楽しむことができる。第二の教訓は、自分の最も生き生きとした現場の選択をジェイムズは、ホイットマンかワーズワースかという選択——無神論的信条か有神論的信条かではなく、二人のロマン主義詩人のあいだの選択——としたのだが、それで、彼自身の宗教的必要性を満たすに十分だったのだから、われわれの必要性もそれで十分満たされるかもしれないということである。

（1） William James, 'The Moral Philosopher and the Moral Life' in *The Will to Believe and Other Essays in Popular Philosophy* (Cambridge, Mass.: Harvard University Press, 1979), p.149.
（2） James, 'The Moral Philosopher and the Moral Life', p.148.
（3） しかしハーバーマスは、ジェイムズやデューイとは異なり、「普遍的妥当性という超越的契機」を依然として信じている。わたしは、'*Sind Aussage Universelle Geltungsansprüche?*', *Deutsche Zeitschrift für Philosophie*, Spring 1995 で、このカント的学説をハーバーマスが保持していることに異論を述べた。
（4） William James, *Pragmatism* (Cambridge, Mass.: Harvard University Press, 1975).

（5） 実際のところわたしとしては、デイヴィドソンの戦略である第三の戦略を選択する。それは、真理を非認識的概念となすことによって、真理を正当化から切り離すものである。『真理と進歩』に収められた「真理は探求の目的地なのか？ ドナルド・デイヴィドソン対クリスピン・ライト」（'Is Truth a Goal of Inquiry? Donald Davidson vs. Crispin Wright'）で、わたしはこの戦略に見られる反直観的な含意を擁護した。

（6） 多くの人びとは、スティーヴン・カーター（Stephen Carter）に同意して、そうすれば宗教は「ホビー」に還元されると主張し、カーターがたんなる「個人的形而上学」と「集団的礼拝の伝統」との間に対照関係を設け、後者に肩入れするのを受け入れるだろう。（カーターの *The Culture of Disbelief: How American Law and Politics Trivialize Religious Devotion*（New York: Basic Books, 1993）、とくに第二章を見よ。）わたしは本書の次章「会話を中断させるものとしての宗教」（'Religion as Conversation-stopper'）でカーターの見解に反論している。〔この章は本翻訳では割愛されているが、要点は、宗教のプライベート化はその陳腐化を意味しないというところにある。愛情生活はプライベートなものであるが、陳腐でないのとおなじことである。宗教は個人の生を有意味化するものとして決して「ホビー」に尽きない重要性を有するが、しかし、それはあくまでプライベートな次元に局限されるべきであり、政治などパブリックな場面の討議において、議論の根拠にされてはならないのである。民主主義社会のパブリックな場面ではむしろ、何らかの信念について、その起源の問題は抜きにして、多様な人びとがお互い共有しうる前提にもとづいて、議論が展開されなければならない。〕

（7） James, 'The Will to Believe', p.18.

（8） たとえば、「事象の世界状態そのものとの直接的対峙」がないなら、思考が「世界にかかわるということ」は説明不可能なままに留まるだろうという、ジョン・マクダウェル（John McDowell）の主張を見よ（*Mind and World*（Cambridge, Mass.: Harvard University Press, 1994）, pp.142-3）。

（9）James, *Essays, Comments, and Reviews*（Cambridge, Mass.: Harvard University Press, 1987）〔p.552〕. ニーチェの『力への意志』五一四節を参照せよ。

（10）マイケル・ウィリアムズ『不自然な懐疑』（Michael Williams, *Unnatural Doubts*（Oxford: Blackwell, 1993））, p.116を見よ。「……われわれは基礎づけ主義を、われわれの諸信念がたんにその内容の一定の要素のおかげで、自然な認識論的関係のうちにあり、そのことによって自然な認識論的種に分類されるとする見解として、特徴づけることができる」。

（11）James, *The Will to Believe and Other Essays in Popular Philosophy*, p.92.

（12）典拠となるテクストを引用することはできないが、わたしとしては、真理とは「信ずるに良いもの」であるというジェイムズの理論は、自分の父に対する彼の賛嘆の念と、パースやチョーンシー・ライトのような科学者の友人に対する賛嘆の念とを融和させる必要性に根ざしていたと、確信している。

（13）James, 'The Will to Believe', pp.29-30. プラグマティストにとっては(2)は余分であることに注意。「*p*」と「*p*を信ずるなら、われわれはまさに今この場でより良いことになる」というのは、プラグマティストにとって、ほとんどおなじことを言っている。

（14）プラグマティストはむろん、因果メカニズムについての知識が出揃っている場合には、知識と希望のあいだに区別をつけることができる。この薬は効くだろうことを、いかさま師なら希望するが、医学者は知っている。しかし、結婚のような他の場合には、しばしばその区別は引いてみても有用なものとなりえない。花婿は、自分がしかるべき人と結婚しようとしていると知っているのだろうか、それとも、たんに希望しているだけだろうか。どちらに記述しても、彼の行為は等しくうまく説明されるだろう。

（15） James, 'The Will to Believe', p.20.

（16） James, 'The Will to Believe', p.26. ここでジェイムズは客観的本性（世界が現にあるあり方）とその他のものという二元論を真に受けている。それは、将来の『プラグマティズム』の著者のように、真理の対応説の批判者であるなら、最終的に忌避せざるをえない二元論である。

（17） パウル・ティリッヒは、自分の実存論的象徴神学は「プロテスタントの原理」の表現であると主張した。その原理が衝動となって、ルターは、スコラ哲学の神の存在証明を軽蔑し、〈理性〉を「娼婦」呼ばわりしたのであった。ジェイムズは述べている、「教皇の心に、プロテスタンティズムがしばしば無秩序と混乱のたんなる騒動と思われたように、プラグマティズムも疑いなく、哲学上のウルトラ合理主義者にはしばしばそのように思われることであろう」（*Pragmatism*, p.62）。同様に *Varieties of Religious Experience*（Cambridge, Mass.: Harvard University Press, 1985）を見よ。

（18） Alasdair MacIntyre and Paul Ricoeur, *The Religious Significance of Atheism*（New York: Columbia University Press, 1969）, p.53.

（19） その「無神論、相対主義、啓蒙主義、真理」（'Atheism, Relativism, Enlightenment and Truth'（*Studies In Religion*, vol.23, pp.167-78））において、わたしとおなじプラグマティストであるバリー・アレン（Barry Allen）が述べていることだが、ヒュームは自分を無神論者として公言する必要を認めていなかった。対照的に、ドルバックやディドロはその必要を認めていた。というのも、ヒュームとは異なり、彼らは神に対する義務に換えて、「真理」に対する義務をもち出したのだが、それは、アレンが他所で（彼の『哲学の真理』*Truth in Philosophy* で）、真理にかんする「存在－論理的」な、特に反プラグマティズム的な考え方と呼んだものによって説明される義務なのである。ドルバックは今日なら、自分を科学的実在論者であり、それゆえ無神論者であると公言するだろう。ヒュームはそのどちらとも公言しないだろう。

(20) David Lewis, 'Putnam's Paradox', *Australasian Journal of Philosophy*, 1983, pp.226-8 を見よ。

(21) たとえば、クリフォードの「宗教的信仰の没落が道徳に対しておよぼす影響」('The Influence Upon Morality of a Decline in Religious Belief')(彼の『講義と論文』第二巻(*Lectures and Essays* (London: Macmillan, 1879) vol.II)、二四四—五二ページ)を見よ。

(22) James, 'The Will to Believe', p.29.

(23) デイヴィドソンやその他の外在主義者たちが強調してきたところでは、この主張は、発話を心の外の原因に相関させることができるときにのみ、われわれは志向状態に内容を帰属させることができるという主張と両立的なものである。その強調によって彼らは、世界との「接触を失う」危険を冒すことなく、いかにしてラディカルに全体論的にして整合主義的でありうるのかを示してくれたのであった。ところが、マクダウェルのような実在論的哲学者は、デイヴィドソンの見解によって、たんに「因果的」繋がりとは異なる、世界との「認識的」繋がりが許されることになるのかどうか、疑問を呈した。わたしは、『真理と進歩』のなかの「世界への呼応可能性という概念そのもの」('The Very Idea of Answerability to the World')においてこの疑問に答えようと試みている。

(24) むろん、「完全性は永遠である」という主張の受容だけが、ジェイムズによる宗教の定義なのではない。真理の場合とおなじくらい多くの、矛盾した擬似的定義を宗教について彼は述べている。

(25) John Dewey, *A Common Faith* (New Haven: Yale University Press, 1934), p.73 を見よ。〔ただし「信心深い神学者」はデューイの原文では「リベラルな神学者」となっている。〕「人間の居所」にかんするデューイ自身の構想は、人間ならざるものであるが人間に友好的な何ものかにかんするものではなく、むしろ、人間以外の自然、つまり、スピノザの言う「全宇宙の姿」との、ワーズワース的共同体にかんするものである。

（26）Dorothy Allison, *Skin: Talking about sex, class and literature* (Ithaca, N. Y.: Firebrand Books, 1994), p.166.

（27）Allison, p.181.

（28）James, *Varieties of Religious Experience*, p.405.

（29）James, *Varieties of Religious Experience*, p.384.

（30）「粗雑な宗教、つまり、血と奇跡と超自然的作用を伴う、再生と狂乱の宗教は、けっして除去されえないのかもしれない。いくつかの体質の人びとはそうしたものをあまりに必要としているからだ」とジェイムズは述べた（*Varieties of Religious Experience*, p.136）。それに付け加えて、ある種の状況（富も読み書きの能力も幸運もない状況）に置かれた人びともまたそうしたものをあまりに必要としている、と述べることもできただろう。

（31）「悪にかんして頭で考えてみたり、知的に思いをめぐらすのではなく、悪が自分に迫ってくるときの、恐ろしくて血も凍り、心臓が麻痺するような感覚……助けを必要とするこうした状況を前にするなら、われわれの通常の洗練されたオプティミズムや知的・道徳的慰謝などはすべて、何とよそよそしくて縁遠いものに思えることか！　「助けて！　助けて！」、これこそ宗教の問題の本当の核なのだ」（*Varieties of Religious Experience*, p.135）。

（32）ホイットマンの詩「君に To You」のジェイムズによる「多元主義的な流儀の解釈」（*Pragmatism*, p.133）、および、「世界は救済されねばならないし、また救済されるべきだと力説する人と、世界は救済されるかもしれないと信ずるだけで満足する人との差異」という「大きな宗教的差異」にかんする彼の説明（*Pragmatism*, p.135）を、見よ。

(33) James, 'The Will to Believe', p.33.
(34) James, *Varieties of Religious Experience*, p.120.
(35) James, *Pragmatism*, p.55.
(36) A. N. Whitehead, *Process and Reality* (New York : Macmillan, 1929), pp.532-3.
(37) Dewey, p.85.
(38) James, *Varieties of Religious Experience*, pp.407-8.

トーマス・クーン、石ころ、物理法則(一九九七年)

英語で執筆する哲学者の中では第二次大戦後最も影響力のあった、トーマス・S・クーンが一九九六年六月に亡くなると、多くの敬意に満ちた長文の追悼記事が出た。こうした記事のほとんどは、彼のことを哲学者ではなく科学史家と呼んでいる。クーン自身もそう言われることに異論はなかったであろうが、この呼び方にはいささか誤解を招く点がある。

もしわたしが追悼記事を書いていたとすれば、二つの理由で、努めてクーンを偉大な哲学者と呼ぶようにしたであろう。一つ目の理由を言うなら、「哲学者」という呼称は、文化の編成換えを行なうような人にこそ最もふさわしいと考えるからである。それは人間活動のさまざまな代表的領域相互の関係について新しくて見込みのある考え方を示唆してくれる人である。クーンのなした大きな貢献とは、そうした示唆、つまり、多様な学問分野の自己イメージやレトリックを一変させるような示唆を与えたことであった。

クーンを偉大な哲学者と呼ぶ第二の理由は、わたしとおなじ哲学教授たちが常々、クーンのことを哲学者の共同体においてはせいぜいのところ二級市民としてしか扱わなかったという事実に対する憤慨である。彼はときには、自分の専門外の領域に貢献しようとして、その権利もないのに余計なことをする乱入者の扱いをされることさえあった。わたしは、哲学者‐非哲学者という曖昧な区別をそれほど重視すべきでないと思うし、この区別を厳密なものにしようとする人がいたら反対を表明するだろう。しかし、自分や友人の話をする際に、敬称として「本物の哲学者」という表現を使ってきた人びとが、クーンに対してはその呼称を留保してよいと感じているのを見て、わたしは腹立たしく思っていた。

クーンはわたしが崇拝する人びとの一人であった。なぜなら、彼の著書『科学革命の構造』(一九六二)を読んで、目から鱗の落ちる思いをしたからである。彼がいわば脇道から哲学の問題へと接近してきた――物理学で博士号を取り、独学で十七世紀科学史の専門家になった――という事実が、彼をわたしたちとおなじく哲学者として位置づけることから排除する理由とされるなら、それはまったくおかしいことだとわたしには思われる。

クーンが哲学教授たちから敬遠されていた主な理由は、英語圏の哲学がいわゆる分析哲学の伝統――哲学を科学へといっそう近づけ、文学や政治からは遠ざけたということを自負する伝統――によって支配されているという点である。この伝統に属する哲学者たちが最もいやがるのは、科学の卓越性に疑義がさしはさまれることである。つまり、科学の成功は、「科学的方法」という特別な方法を適用したことによるのではなく、ある科学理論から別の理論への交替は、冷厳な論理の問題ではなく、政治制度が別のものに交替するのとおなじようにして起こるのだと言われることである。ところが、クーンはまさにそう言ったのだ。

文化の編成換えへ向けてクーンがなした主要な貢献とは、自然科学が実在あるいは真理へと接近する特別な方法ではないということを理解させてくれた点であった。彼は、諸学問間の伝統的なヒエラルキー、すなわち、プラトンの線分の比喩にまでさかのぼるヒエラルキーの解体に力を貸した。線分は、乱雑な物質世界からほとんど非物質的な世界にまで伸びていた。プラトンの言によれば、このヒエラルキーにおいて、数学(純粋な論理だけを用い、レトリックをまったく用いない)が頂点に位置し、文芸批評や政治的説得術(ほとんどレトリックばかりで、論理を実際に使うことはない)は底辺部分に置かれる。

クーンは、革命的な理論転換は、推論を辿っていけば生じるものではなく、真理候補となるものを定式化するのに使われる用語が変化し、それによって重要性《レレヴァンス》の基準が変化することで生じるのだと示して、論理とレトリックの区別をぼやけさせた。「科学的推論の規準」というものが存在して、ガリレオはそれに従ったがアリストテレスは従わなかったのだという考えを打破するのに寄与したのである。

そのことによってクーンは、「いかにすれば自分たちの学問分野を科学の確固とした軌道に乗せることができるか」という問いを時代遅れのものとするのに寄与した。この問いは、哲学にかんしてカントが立てていた問いであり、フッサールとラッセルがそれぞれ競いあうかたちで答えを提示していた問いであった。それはまた、「刺激」「反応」「条件づけ」「強化」といった概念が優位を占める語彙だけを用いるよう心理学者に要求することでB・F・スキナーが答えた問いであった。あるいは、ノースロップ・フライが、神話の分類法を提言し、文芸批評は将来その項目を埋めていきさえすればよい、としたことで答えた問いでもあった。

もちろん、クーン一人の力によって、この問いが時代遅れとなったわけではない。彼は、後期ウィトゲンシュタインや、クワイン、セラーズ、グッドマンその他の人びとによってなされた分析哲学の自己批判――『科学革命の構造』がはじめて出版された当時の分析哲学内部において主要な論題であった自己批判――から刺激を受けていたのである。

これら自己批判的な分析哲学者はすべて、若い頃には「論理学が哲学の本質である」というラッセルの示唆や、哲学とは複雑なものを単純なものへと分析することであるというおなじくラッセルの哲学観を真に受けていた。しかしその後、彼らは、そうした分析を導いてくれる「論理学」なるものが存在するという想念や、単純でないものを分析していくと何か単純なものに行きあたるという考えについて懐疑的になっていった。そうした単純なものの候補としてラッセルが挙げたもの――感覚所与および、論理結合子のような普遍者についての明晰判明な観念――で十分だとはもはや思われなかった。グッドマンは、単純性それ自体が何を記述するかの選択によって相対的に定まるということを指摘した。クーンとおなじくセラーズは、感覚経験を、「心に与えられたもの」と「心が付与したもの」とに分けるやり方があるとしても、それはその場限りのものでしかありえないということを指摘した。ウィトゲンシュタインは、「なぜわれわれは論理学を何か高尚なるものと考えたのか」と問うた。クワインとグッドマンは、スキナーに倣って、論理学のことを、人間の行動をかたち作る非物質的な力ではなくて、人間行動の一つのパターンだとみなしたほうがよいであろうと指摘した。

クワインが言うところの「経験主義のドグマ」——ラッセルとカルナップが自明であるとみなした学説——に対する以上のような内部からの批判者たちが「本当の意味で哲学者ではない」という主旨のことをほのめかした者は誰もいない。というのも、彼らは職業的な自負心や自己満悦の習性を危うくしたりはしなかったからである。なにしろ、そうした自負心や自己満悦によって、最も自己批判的な分析哲学者でさえも、自分たちが絶好の時期——哲学が明晰で厳密で科学的になった時代——に生まれたことを喜んでいたからである。ほかならぬクーンこそ、この自負心を危機にさらしたのだった。なぜなら、彼の本を読めば、分析哲学者にも、「科学的明晰性・厳密性」という概念が自分たちの思っていたほど明晰で厳密かつ科学的であるのかどうかあやしく思えてきたからである。

わたしは、クーンが示した新たな文化編成のうちに暗示されていると思われた教訓のいくつかを、さまざまな著書や論文において引き出したことで、分析哲学者たちのあいだでは幾分不評を買うことになった。これらの教訓を引き出すことは、わたし自身が若い頃に受けた鍛錬の影響から抜け出すことであった。カルナップその他の先生たちによって、わたしは、二十歳代のはじめの頃に、哲学者たる者はよりいっそう「科学的」かつ「厳密で」あろうと真剣に努めなければならないのだと思いこまされていた。記号論理学を学ぶことが、たぶんこの目的を達成するのにふさわしいやり方だと気軽に思いこんでさえいた。（博士号の試験に合格するために、ゲーデルが出した成果の証明をいくつか学ばざるをえなかったので、そうした訓練を受けなかったせいで論理記号を巧みに操ることができないままの哲学者たちに対して、わたしは高慢に見下した態度を取るようになった。）しかし、三十歳になる頃までには（ちょうど、クーンの『科学革命の構造』が出版されたころ）、創造的な分析哲学者が、三流の人びととは違って、「分析的方法」なるものを使っているのかどうか疑問に思い始めていた。ラッセルが「単純なもの」の候補として挙げたものに対してすでになされていたさまざまな攻撃の後にも、そうした分析的方法という観念がどうすれば生き残っていけるのか、わたしには分からなかった。クワインやセラーズやウィトゲンシュタインは、特異で自由奔放であったという点でこそ、才気豊かだったのだと、わたしには思われた。

わたしはまた、記号論理が、分析哲学者たちの文章に文体上の簡潔な美しさを付け加える以上のことをしているのかどうか、また、わたしの哲学者仲間たちが自負していた（わたしもある時期そうだったのだが）、かの明晰性と厳密性とは、結局のところ、ある種の問いには応答し、それ以外は無視するという、好みの問題以上のものになるのかどうかについても疑問を抱いていた。わたしに理解できた限りでは、われわれが「分析的」である理由は、「概念分析」とか「論理形式の探求」と呼ばれる方法を適用することとは何の関係もなかった。われわれを一つにまとめているのは、カルナップやラッセルによって提出されたある学説を真剣に受け止めていた結果、それを論駁したくなっているという点だけであった。

クーンは科学史を彼が言うところの「専門母型」の歴史であると考えたが、この考えは、分析哲学にかんするこのような見解をはっきりさせる際にわたしにとって大変役に立った。彼のパラダイムの概念もそうであった。『科学革命の構造』を読んだ後には、分析哲学とは、科学の確固とした軌道に哲学を乗せるやり方の発見ではなくて、哲学するやり方が複数ある中の一つにすぎないと考えるようになった。これによって、わたしと哲学者仲間との関係はある意味でとげとげしいものとなった。というのも、仲間のほとんどは、クーンが明らかにしたことといえばせいぜい、カルナップの「確証の論理」にいくつかのささいな限定をつける必要があるという点だと考えていたからである。こうした哲学者仲間は、クーンの仕事がメタ哲学上の含意をもっているとは考えていなかった。

カルナップとラッセルは、アリストテレス、ロック、そしてカントがかつて順々になしてきたのとおなじように、哲学の新しいあり方を提示したのだと、わたしは考えるようになった。アリストテレス、ロック、カントの三人は、それぞれ専門母型を創り出し、それによって、哲学の伝統――創設者の言葉遣いと議論のしかたを真面目に受け止める人びとからなる伝統――を創造した。クーンのような見方をすれば、分析哲学のなすこととは、カルナップとラッセルが提示していた新しいモデルの有効性を検証することである。このモデルは、実り多いものだと判明するかもしれないし、陳腐化して古くさくなった哲学上の論争を新しい専門用語で表現し直して若返らせるいま一つのやり方にすぎないということになるかもしれない。それは時の経過だけが教えてくれる。しかし、分析哲学者たちが自慢しつづけていた記号論理や、かの「厳密性と明晰性」が、それに見合うだけの結果をもたらすと考えるア・プリオリな理由はなかった。カルナップやラッセルの哲学モデルが、ヘーゲルやフッサールやハイデガーのモデルより「いっそう科学的である」とか、ずっと厳密であるとさえ考える理由もなかった。言いうることといえば、カルナップやラッセルの本のほうが理解しやすいということくらいだったのである。

このように言うからといって、「科学的である」という概念の中味が空虚であるとクーンによって明らかにされたということではない。この概念は、漠然としているが示唆に富んだ他の観念と同様に、いろいろなやり方で充実させ具体化させることができる。たとえば、ある学問分野が、正確な予測を提示でき、それによって工学技術や医療やその他の実際的な目的に役立ちうるかどうか、と問うことも、その一つのやり方である。ガリレオの力学はこの点でうまくいったが、アリストテレスの自然学はそれほどではなかった。ハーヴィ以前の医学はハーヴィ以後の医学ほどには、正しいことが確かめられる予測を提示することができなかった。しかし、クーンのおかげで判ったことは、ガリレオやハーヴィのほうが、アリストテレスやガレノスよりも「いっそう科学的」であったと述べることによって、右の事例において予測の成功率がより高いことを説明しようとするのは、的はずれだということであった。そうではなくて、それまでに可能だと思われていた以上のことを予測できると示すことで、ガリレオとハーヴィの二人は、「科学的」という語の意味を変化させるのに力があったのであり、この変化によって、「有用な予測をすることができる」ということが、

「有能な科学者である」ことの基準として、それ以前よりもいっそう重要になったのである。

しかしいずれにせよ、科学的であることの概念をこのように絞ってみても、哲学が問題となる場合には、役に立たない。哲学者たちの予測はうまくいったためしがないし、自らそうしようと努めているわけでもない。したがって、メタ哲学的な目的にとっては、科学的であることの基準は、予測可能性とは違ったものとならなければならない。その候補としてすぐに浮かんでくるのは、十分な知識をもった研究者のあいだで合意を獲得することが可能である、という基準である。物理学を礼賛する人が文芸批評に不信の念を抱く主な理由は、テキストの正しい解釈について、何らの合意も形成されていないように見えるということ、すなわち、意見の収斂がほとんどないということである。その対極には、数学者がいて、定理が証明されたかどうかにかんしてたいていの場合意見が一致している。このスペクトルの両極において、物理学者は、数学者の極に近いところに位置し、政治学者や社会科学者は、文芸批評の極により近い位置にいる。分析哲学者の主張(それにあまり説得力がないことは事の成り行きによってあきらかになったが)によれば、分析哲学者は、分析系以外の哲学者よりも合意を達成する能力をもっており、その意味でより科学的である。

あいにく、成功の基準を予め規定しておきさえすれば、誰が成功し誰が失敗したかについて相互主観的な合意はたやすく得られる。すぐ楽になりたいというのが目的なら、明らかに鎮痛剤を選ぶべきである(もっとも、よく効く薬物には後になって出てくる悪性の副作用があるかもしれないが)。科学に望むものは正確な予測だけであるとはっきりしているなら、すぐにでも競合する理論のどれにするかを、決定することができる（この正確な予測という基準だけによったなら、コペルニクスの天文学よりプトレマイオスの天文学がそのむかし優先されることになったであろうが）。厳密な証明だけを求めているなら、数学者による定理の証明をチェックし、最も多くの定理を証明した者に対して賞を与えればよい（そうすると、賞はつねに、いかなる関心の的ともならない定理を証明した三流の学者のところに行ってしまうことになるけれど）。しかし、成功の基準の数が増殖しはじめると、相互主観的合意を獲得するのは困難となるし、そのうえ、そうした基準自体がいかようにも変更可能ということになれば、さらに難しくなる。したがって、哲学的思惟をよりスコラ的に細かくしていくことで、哲学者のあいだでの合意の量を増やすこともできれば、哲学的思惟をさらに野心的なものにすることで、合意の量を減少させることもつねに可能なのである。

クーンを読んで、わたしや他の多くの人びとが考えるようになったのは、論理的、客観的、そして科学的ということを頂点とし、修辞的、主観的、非科学的ということを底辺とする、認識‐存在論的ヒエラルキーに合わせて文化の編成を考えるのではなくて、基準がつねに変化しているカオス的な左の翼から、少なくとも一定期間、基準が固定している頑なな右の翼にまで延びている社会学的スペクトルに合わせて文化を編成していくべきである、ということであった。

こうしたスペクトルによって考えると、ある一つの学問分野が、革命的な時期には左方向に振れ、安定して活気のない時期——クーンの言う「通常科学」が見られる時期——には右方向へと向かっているのを見て取ることが可能となる。十五世紀には、ほとんどの哲学がスコラ哲学であり、自然学はほとんどすべてアリストテレス主義に安んじていた状態であったから、自然学も哲学もかなり右の方に位置していた。十七世紀には、両者ともはるか左方向へと転じていたが、文芸批評のほうは、ロマン主義運動後の時期に比べるならずっと右のほうにあった。十九世紀になると、自然学は物理学として安定して右のほうに向かい、哲学も懸命に右方向へ進もうとしたが、そうできずにいた。しかし二十世紀に入ると、哲学は別々の伝統（「分析哲学」と「大陸哲学」）へと分裂することに甘んじるほかなくなり、どちらも「本当の哲学を実践している」と主張し、専門職としての成功についてかなり明確な内部基準をもつようになっている。この点——誰がするに値する仕事をしているのかについて国際的な合意がないという点——において、哲学はいまだ相変わらず、現代のどの自然科学よりも、現代の文芸批評にずっと近い。

　学問分野相互の関係についてクーンが提示したこの新たな社会学的見方のおかげで、自分たちに厳密な研究方法があるのかどうか、自分たちの仕事が生み出しているのはたんなる意見ではなくて知識なのかどうかという問いに、多くの分野の人びとが、それほど深刻にこだわらなくても済むようになった。たとえば、社会学者がクーンを読むようになってから、ウェーバーやデュルケームは、現在の社会学者たちが訓練を受けて身につけている統計的分析という強力な手法を知らなかったにもかかわらず、二人とも偉大な社会学者であると認めることがそれまでよりも容易になった。これによって、統計学をまったく用いない現代の社会学者（たとえばデイヴィッド・リースマンやリチャード・セネット）も社会学という専門領域のまったく申し分ない立派なメンバーであると認めることができるようになった。別の例を挙げれば、心理学者がクーンを読むようになって、フロイトの深層心理学はハトを使ったスキナーの研究とおなじ程度に「科学的に反証可能」であるかどうかという問題が、さしせまった問いだとは思われなくなってきた。フロイトは検証可能な一般化をなしたのかという問いに関心をもつ科学哲学者は、アドルフ・グリュンバウム（Adolf Grunbaum）など比較的少数にすぎない。

すべての社会科学、およびすべての知的専門領域はこれまでに、クーン化のプロセスを通過してきており、ある学問分野において研究を評価する単一のモデルは存在しないこと、研究評価の基準は歴史上変化してきたし、これからも変化するであろうということをますます認める傾向になってきている。分析哲学はこれまでいくぶんか頑固な抵抗者だったけれども、そこにおいてさえ、進んで歴史化しようとする――歴史上の哲学を有意味なものと無意味なものに区分けしても無駄だと認め、ヘーゲルやハイデガーでさえ哲学上有用な仕事をしたのかもしれないと認める――傾向は強くなっている。

しかしながら、伝統的なプラトン的ヒエラルキーに代えて、おおいに論争を招くものからまったく論争の余地のないものにまでわたるスペクトルを採用しようとする、こうしたクーン以後の試みに対しては、いまだに断固として抵抗する二種類の人びとがいる。一つは、分析哲学者の中で、「実在論者」であることを自負し、「相対主義」と自分たちの呼ぶものがわれわれの文化に対するはっきりとした当面の脅威であると考える人びとである。（ジョン・サールは、かなり危険な相対主義者としてわたしをクーンやデリダと一括りにしているのだから、おそらくその最も顕著な事例といえるだろう。(1))もう一つの抵抗者は、自然科学者で、認識‐存在論的ヒエラルキーにおいて、自分たちが受けついだ頂点の位置を享受し、その位置から転落する気などさらさらない人びとである。そうした科学者は、「真の科学者なら誰も」クーンの言うことを真剣に受け止めたりしないと言うであろう。

こうしたたぐいの科学者は、科学者であるということだけで、科学哲学について知る必要のあることはすべて知っていると思っている。彼ら・彼女らは、科学哲学者たちが論争し、「実在論の」哲学者と、デイヴィドソン、パトナム、そしてわたしのようなクーンの信奉者とが見解を異にしている問題について、じっくり考えてみる必要性を認めない。どうやらその科学者たちの考えによれば、科学哲学者は、科学の本性にかんする自分の見解を、現場の情報提供者に質問することによって――たとえば、友人の物理学者に、結局のところ自分が物理学を正しく理解できているのかどうか尋ねることによって――検証すべきだということらしい。

ノーベル物理学賞受賞者の、スティーヴン・ワインバーグは、こうした考え方をもつ代表的な人物である。ワインバーグは、「ソーカルの悪戯《いたずら》」(物理学の最近の発展にもとづいていわゆるポストモダニストの見解を擁護するという内容のパロディ論文)にかんして『ニューヨーク書評(2)』紙上に最近、慎重で手堅い論説を発表したのだが、その結論部分を平凡な科学者がクーンを悪魔払いするときに使う表現で締めくくったことで、この論説の価値を台無しにしてしまっている。つまり、物理学の分野にほんとうに精通している人ならだれもクーンの言うことなど真面目に受け止めない、というのである。

以下に引用するのは、ワインバーグが科学について哲学的にどのように考えているのかを示す実例である。

わたしが、物理法則は実在的であると言うときに言いたいのは、物理法則が原っぱにころがっている石ころとほとんどおなじ意味(それがどんな意味であろうと)で実在的だということであって、野球のルールとおなじ意味において(スタンリー・)フィッシュが言うような意味で)実在的だということではない。物理法則も、原っぱの石ころもわれわれが作ったものではないし、運悪くそれらについて間違った理解をもっていたと分かる場合もあって、たとえば、石ころに気づかずに躓いたり、ある科学法則にかんして(ほとんどの物理学者がするように)間違いを犯していたと分かったりするのである。しかし、われわれが石ころを記述したり、物理法則を述べたりする言語は、たしかに社会的に創り出されたものであるから、物理法則にかんする言明は、客観的実在のさまざまな局面に対して一対一に対応しているという暗黙の前提(日常生活においてわれわれのだれもが石ころについてもっている前提)をわたしは立てている。別の言い方をするなら、もし遠く離れたどこかの惑星に知的生命体が発見され、それらの科学的著作が翻訳されれば、知的生命体とわれわれがおなじ法則を発見していたことが判明するであろう。……科学的知識の客観的本性は、アンドルー・ロスやブルーノ・ラトゥールによって、そして(わたしの理解する限りでは)リチャード・ローティや故トーマス・クーンといった影響力のある哲学者たちによって、否定されてきたが、ほとんどの自然科学者はそれを当然のこととみなしているのである。

物理法則が実在的であるのは、物理法則にかんするわたしの経験が石ころにかんする経験と基本的な点ではいかなる意味でもそれほど異なっているようには思えないからだとわたしは考えるようになった。物理法則になじみのない人びとに対して、わたしが提示できるわかりやすい論拠とは、物理法則はうまくいっており、少しでもおなじような意味でうまくいく自然の見方は他には知られていないということである。(3)

わたしの想像するところ、ワインバーグは、ここに引用した論説の結論部分においても、それまでの部分とおなじく、自分が慎重に手堅く論を進めていると考えているようだ。しかし、実際はそうではない。彼は大言壮語しているにすぎない。彼は、哲学においてこれまで終わりなき反省と論争の主題でありつづけてきた用語(「客観的に実在する」とか「一対一対応」など)を無造作に散りばめており、まるで、彼も一般読者もそうした用語の意味を完璧に理解しており、そうした用語に何らかの意味を与えうるとすればどんな意味であるかを見極めようとすることに人生をかけてきた人びとのもつ洗練された見識などまがいものであって、無視してかまわないと言わんばかりなのである。

ワインバーグはクーンのことをパラドクスを飯の種にしているにすぎないとみなしている。彼はそう考える権利が自分にあると思っているが、物理法則の認識－存在論的な地位にかんするどんな哲学的主張についても、物理学者である自分が最終審の法廷であるということ以上にもっともらしい理由があるわけではない。クーンによって、認識論的および存在論的地位という観念全体がまるごと陳腐なものとなり、それとともに客観的実在と他の種類の実在との区別もまた過去の遺物になってしまったという可能性が彼の脳裏をかすめることはない。

ワインバーグは、論文の結論部より前の部分では、優れた科学者の中には、かなり限定された経験の結果だと思われるようなことから、まるで空想じみた哲学的帰結を導き出す者がいることを、手堅く指摘している。（彼は、ハイゼンベルクとプリゴジンに触れているが、ピアジェやエクルズに触れたとしてもおかしくなかったであろう。）そうした人びとが、その信念の範囲を越境していることを正しく譴責しながら、しかし彼には、自分がまさに同じことをしている自覚がないのだ。彼は、自分が貢献しているつもりの議論の文脈については何かを学ぶ必要などない、つまり、自分は端的に誰に対してもその間違いを責めては正すことができると決めてかかっている。物理学者は、物理学者であるということによって、物理学と他の文化領域との関係について必要なことをすべて知っており、したがって、物理学が他の人間活動に対してもつ関係についての哲学上の論争にも裁定を下すことができると考えているのである。

物理法則の経験にかんするワインバーグの証言を、神の意志の経験にかんする善良で古めかしい道徳神学者の証言と比較してみよう。神学者の語るところでは、この意志は、野球のルールよりもとても大きな石ころのほうにずっとよく似ている。高利貸しや男色の禁止はわれわれが作為したのではない。もちろん、それらの禁止事項を誤解することはありうるが、それは石ころに躓くのによく似た経験だと神学者はうけあう。長いあいだ、道徳法則に従って生活し、身近なものとしてそれに接してきたので、道徳においても、地質学の場合とおなじ種類の一対一の対応関係が客観的実在とのあいだに存在するということを、この神学者はいつでもわれわれに確信させることができる。神学者の説明によれば、無神論的な相対主義者による、パラドクスを売り物にした空理空論を真剣に受け止める者は、道徳神学に本当に精通している者の中にはだれもいない。

ワインバーグの言によると、われわれは皆、日常生活においては、石ころについて語られることと「客観的実在のさまざまな局面《アスペクト》」とのあいだに「一対一対応」があると認めている。しかし、一般読者の皆さんに、石ころにかんする日常的な語り手という資格において、何かその種のことを認めているかどうか自問してみてほしい。もし認めているというなら、その仔細をいくらか詳しく教えていただけると、われわれ哲学者としてはありがたい。石ころにかんしてあなたの発した文(たとえば「この石は動かしにくい」)の主語と述語は両方とも、客観的実在に対してそうした対応関係に立っているのだろうか。動かしにくさは、ほんとうに客観的実在の一局面であると確信がもてるだろうか。あなたの隣人の中には、この石を動かすのは難しくない人もいるだろう。とすれば、動かしにくさとは、たんに主観的実在の一局面ということにならないだろうか。

あるいは、文全体が客観的実在のある一つの局面に一対一対応しているということなのであろうか。それはどの局面のことなのか。石ころか。あるいは、庭いじりの作業に邪魔だというように、それが置かれたコンテクストの中における石のことなのか。とにかく、「局面」とはいったい何なのか。あるコンテクストの中に置かれたときの何ものかの見え方なのだろうか。あるコンテクストが別のコンテクストよりも客観的であるということはないのだろうか。ことによると、客観的実在の一局面とは、素粒子物理学者によって見られた石だけなのであろうか(代表的な「実在論」哲学者が好む見解である)。ひょっとすると、物理学者の記述以外の記述の場合には、その文が凝ったものになるにつれて、石ころはますます客観的でなくなるのだろうか。あるいは、もしかしたら、石にかんするどの記述も、認識－存在論的には同格なのであろうか(われわれ「相対主義」の哲学者の多くが好む見方である)。

さらにこの際、対応という、われわれ哲学者には大変やっかいな問題を惹き起こしてきた概念についても、もっと教えてほしい。対応という関係とは、十分な教育を受けた人間が、石ころを一目見て、議論の余地のない言明を発することができるということなのであろうか。バッターの打撃やストライクについておなじ人が議論の余地のない言明を発することができるという場合には、対応というこの望ましい関係は欠けているのだろうか。ここで問題となっている対応とは、(ソール・

クリプキが示唆したように)因果的で物理的な事柄なのだろうか。それとも、対応という概念は、うまくいきそうもないので、「実在の正確な表象」という概念もろとも、(ドナルド・デイヴィドソンの示唆しているように)哲学の世界から捨て去ってしまうべきなのだろうか。

時間があれば、こうした難問をいくらでも繰り出すことはできるが、ワインバーグにはわたしがこうした難問を提起することの真意が伝わらないのではないかと恐れる。彼とわたしの違いは、わたしが哲学業界に身を置き、彼はそうではないという点である。わたしは、こうした難問をこしらえて議論を尽くすことで生活の糧としている。クーンもそうであった。そうした難問について議論したくないなら――「客観的」「対応する」「うまくいく」「われわれが作ったのではない」といった言葉で何を言っているのかについて考えたいと思わず、「ほら、石みたいな」と言って「実在的」という語を説明できると思っているなら――物理法則の認識‐存在論的な地位について、自分はクーンよりもよく理解しているなどと考えないほうがよい(たとえ、これらの法則のうちのいくつかを発見したのがたまたま自分であったとしても)。クーンとわたしは、学問分野にかんする伝統的なプラトン的ヒエラルキーを捨て去る点でまったく間違っているのかもしれないが、この種の反省に自らたずさわるのでなければ、われわれが間違っているかどうかを知りうる立場には立てないであろう。

ワインバーグが、伝統的なプラトン的ヒエラルキーに愛着を抱いているのは、以下の一節のような発言に非常にはっきりと示されている。

ハーバート・バターフィールドがウィッグ的歴史観と呼んだものは、政治史や文化史においては妥当ではないが、科学史においては妥当である。なぜなら、科学は累積的なものであり、成功か失敗かについて確定的な判断を下すことをゆるすからである。[4]

ワインバーグは、たとえば、再建法〔本書六七頁参照〕によって、あるいはニュー・ディールが州際通商条項を活用し〔人権保護への道を開い〕たことによって、もたらされた憲政上の変更が成功だったか失敗だったかの確定的な判断を差し控えたいと本気で思っているのだろうか。彼は、詩人や芸術家が先人たちの肩の上に乗りながら詩作法や画法にかんする知識を蓄積していくと考える人びとに異議を唱えたいと本当に思っているのだろうか。議会制民主主義や小説の歴史を書くときに、ウィッグ史観に従って、累積の物語を語るべきではないと彼は本気で考えているのだろうか。これらの文化領域にかんする、ウィッグ史観的でない妥当な歴史があるとすれば、どのようなものなのか、彼は示すことができるのだろうか。

「一対一対応」の場合とおなじく、「妥当な」「確定的な」「累積的な」といった言葉で言おうとしていることについてワインバーグがはっきりした見解をもっているのかどうか、わたしには疑問である。しかし彼の意図ははっきりしている。すなわち、自然科学を文化の序列の頂点に位置させつづけることである。

わたしが、科学にこの序列においてもっと低い位置をあてがいたいと思っているのでないことは、はっきりわかってもらいたい。わたしが強調したいのは、「実在的」とか「客観的」といった言葉を使用してそうした序列を作ろうとすることは止めるべきだということなのである。わたしは、学問分野の地位にかんする問題を学問分野の有用性にかんする問題に置き換えたいと思っている。学問分野や文化活動の領域間にヒエラルキーを確立しようとするのは、道具箱の中の道具や、庭に咲く花々のあいだにヒエラルキーを確立しようとするのとおなじくらい馬鹿げたことのようにわたしには思える。

反ヒエラルキーというわたしの目的にとっては、「現場の個々の専門家が意識しているかどうかにかかわらず、自分たちに対して現れる世界とその世界について自分たちの共同体がもつ信念とが触れ合うインターフェースをめぐる入り組んだパズル——道具にかんしてであれ、理論的なものであれ、論理的あるいは数学的なものであれ——を解くように専門家は訓練されており、それによって報酬を得ている(5)」というクーンの言葉を繰り返すことが力になると思う。このクーンの指摘は、あらゆる分野の——法学だけでなく物理学の、医学だけでなく哲学の、建築学ばかりでなく心理学の——あらゆる専門家に当てはまるとわたしは解釈したい。

クーンを読むと、物理学の歴史、哲学の歴史、小説の歴史、そして議会政治の歴史をおなじように捉える見方を教えてくれる。すなわち、人類は、先人たちによる古い問題への解答に改良を加えながら、新たに近年出てきた問題をも解決していこうとしているのだ、という見方である。クーンの示唆によれば、右の領域すべてにおいて、「事物の本当のあり方に近づいていくこと」とか、「……の本質をさらに完全に把握する」とか、「本当はどうやってなされるべきかを見極める」といった考えは捨てることが可能である。こうしたものに換えて、過去の成功を資本化しながら同時に現在の問題に取り組む、という考え方を採用することができるのである。

クーンがかつて語ったところでは、彼が目指したのは、「次から次へと生じてくる科学上の信念は、ますます確実性を増していき、真理へといっそう接近していくという主張にいかなる意味も認めないこと、そして同時に、真理主張のテーマは、心から独立したあるいは「外的」とされる世界と信念との関係ではありえないと示唆すること[6]」であった。この示唆は、明らかに、学問のヒエラルキーの頂点に座ることに慣れきっている人びとの自負にとってはいうまでもなく、常識にとっても、衝撃である。しかしそれは、偉大な哲学者なら誰もが、同時代の常識に対して与えることになる健全な衝撃である。哲学とは、共同体に以前から存在する直観を追認し、お墨付きを与えることで偉業を成し遂げられるといった学問領野ではないのである。

クーンのことを、物理法則に十分親しんだ経験をもたない者として葬り去ろうというワインバーグの試みに対するわたしの抗議はこれで十分であろう。しかし最後に、読者を当惑させることになるかもしれないが、わたしがクーンを擁護するのを聞けば彼自身それこそ当惑したであろう、ということを認めなければならない。

クーンは、物理学者のことをすばらしいと思っていたし、わたしのような(ほんの申し訳程度に「分析的」であり、文学に大いに関心をもち、メタファーを愛好しその他知的軟弱さの徴候をそなえた種類の)哲学者に対しては疑念を抱いていた。彼にとってのヒーローの多くがノーベル物理学賞受賞者であったばかりでなく、哲学者がより「明晰で厳密で」あればあるほど(乱暴な言い方をすれば、その哲学者がカルナップのようになればなるほど)、彼はその哲学者を好んだ。彼の追悼記事の一つが正確に指摘していたように、たいていの場合クーンは自分の礼賛者より批判者のほうを好んだ。

インタヴューのなかで、クーンが努めて距離を取ろうとしたのは、「ローティの相対主義」から、そして、彼にとって魅力がないと思われた哲学上の立場の織物の中に彼クーンの学説も織り込んでいこうとするさまざまな礼賛者たちの書いたものからであった。しかし、およそ十五年のあいだ同僚であったにもかかわらず、クーンがわたしのことをなぜ彼以上に「相対主義的」であると考え、また、いったいどこでわたしの脱線が起こっておかしくなったと考えていたのかについて、はっきり理解できたことは一度もない。彼が晩年の十年間取り組んでいた著書――『科学革命の構造』によって引き起こされた論争に立ち戻っている――が出版されれば、その章句を引用して、彼とわたしはほとんどおなじ説を説きつづけてきたのだということを彼に示してやることができるだろう、という希望をわたしはずっともっていた。

しかしクーンは、認識-存在論的に高いとされる物理学の地位に対する批判と、物理学の美的かつ道徳的な威光への批判とをときに混同していた。そう考えることによってわたしとしては、クーンの仕事に対するわたしの熱狂的支持がどうしてクーンを当惑させたのかを説明づけたい。わたしも物理学の美的・道徳的威光については認めている。現代物理学が人間の精神による最も美しい成果の一つであるというC・P・スノーの見解に喜んで賛意を表する。ワインバーグが、自分の研究領野は依然として、無名の若者が大きな貢献をなしつつある領野であると語るとき、つまり、たった一本の論文の著者が、一瞬にして国際的名声を、すなわち、学界政治とは何の関係もなく、ただすぐれた才知だけに即座に与えられるにふさわしい純粋な報酬である名声を、獲得することのできる領野であると語るとき、わたしはうれしくこそなれ、仰天したりはしない。

わたしの考えでは、クーンは、この道徳的・美的威光による感銘のあまり、古きプラトン的ヒエラルキーを解体しようとするなら、自然科学に対してしかるべき尊敬の態度——わたしの場合、わざわざ取る気にはならないこともあった、伝統的な態度——をもってしなければならないと考えていた。彼の考えにも一理あったであろう。しかしそれでもわたしは、古めかしい、プラトンまがいの序列を取り去り、それによって、優れた科学者たちがワインバーグのような石ころのレトリックにふけったりする気にならないような知的環境を創り出すことのほうが、はるかに有意義な企図である、と強調したい。クーンが二十世紀において最も影響力のある哲学者の一人であったのは、他の誰にも(ウィトゲンシュタインにさえ)劣らず、この有意義な仕事を成し遂げるために貢献したからなのである。

（1）　サールの論文「合理性と実在論——何が問題なのか（'Rationality and Realism: What is at Stake?'）」に対するわたしの応答、「実在論と相対主義をめぐるジョン・サールの見解（'John Searl on Realism and Relativism'）」は、わたしの著書『真理と進歩』に再録されている。

（2）　Steven Weinberg, 'Sokal's Hoax', *New York Review of Books*（August 1996）, vol.VIII, pp.11-15.

（3）　Weinberg, pp.14-15.

（4）　Weinberg, p.15.

（5）　Thomas Kuhn, 'Afterwords' in *World Change : Thomas Kuhn and the Nature of Science*, Paul Horwich, ed.（Cambridge, Mass.: MIT Press, 1993）, p.338.

（6）　Kuhn, p.330.

ハイデガーのナチズムについて(一九九〇年)

ハイデガーの著作は——初期のものも後期のものも——現象‐実在の区別に対する論駁がたっぷり詰め込まれている。初期の作品では、この論駁は、「現実性 Wirklichkeit」に対する「世界 Welt」の優位だとか、「客体存在 Vorhanden」に対する「道具存在 Zuhanden」の優位だとか、「言明 Aussage」に対する「解釈 Auslegung」の優位だとかを、デューイのように強調することに、中心が置かれていた。『存在と時間』の三一—三三節を、わたしが望む読み方で、またマーク・オクレント(Mark Okrent)がその著『ハイデガーのプラグマティズム(*Heidegger's Pragmatism*)』で行なった読み方で読むなら、ハイデガーが理論を実践の道具とし、断定的主張を何らかの人間の企てを達成するための道具として解していることが、わかるだろう。プラグマティズムをニーチェ流のニヒリズムの平凡な変種として取り扱っている後期の作品においてすら、ハイデガーは、ギリシャの現象‐実在の区別は、存在を語る西洋の形而上学的語り方の症候であると、繰り返し力説している。実際のところ、彼は現代のプラグマティズムの——存在にかんするそのテクノロジー的理解の——元をたどってこの区別にまで遡るときもある。

にもかかわらず、ハイデガー自身が実践しているレトリックも、理論では反駁している、現象‐

実在の当の区別にしがみついて離れないままである。『存在と時間』にたゆまず描き出される彼自身の姿は、先行者が識別したものよりも深いところにある可能性の条件にまで掘削してゆく者のそれである。また後期の作品では、われわれの歴史的状況にかんする現代の理解は、彼自身のものを除いて、一切浅薄であると、休みなく告げている。そうした現代の理解は、テクノロジーの本質にまで貫き進むことができず、逆に、核によるホロコーストといった表面的な問題に乗り上げているのだ、と。後期の著作では、ハイデガーは自分のことを、さまざまな有限な企ての達成のために道具を集める、いま一つの有限で偶然的な「現存在 Dasein」とみなすことを拒否している。むしろ彼は、企てを無にし、意志を無にした、端的に開かれた耳として、「存在」の声の通る伝導管として、自分をみなしたがっている。

存在の声の聴取者である後期のハイデガーよりも、初期のプラグマティストのハイデガーから多くを取り入れた、わたしのような者たちは、企てを無にするというこの企てに大いに疑いをもっている。ハイデガーは歳をとってゆくにつれて、『存在と時間』を支配していた有限性の力説から後退していったように思われる。それは退行であるとわたしのような者たちは見る。歳をとり誇大妄想的になるにつれて、ハイデガーがますます独創的で興味深い思想家になっていったことは認めざるをえないが、しかし、これは、冷静で有用な真理よりも多くの教訓を与えてくれる情熱的で特異な過ちのいま一つの事例であると、わたしのような者たちはみなす。それゆえ、われわれにとってはハイデガーの著作は、存在の声を聴くことができる伝導管などではない。むしろ、それは道具箱である。あれやこれやの企図を成し遂げるために、いろいろなときにハイデガーが作り出しておいた道具を入れておく容器である。

そうした企ては雑多であって、ときには互いに邪魔し合うこともある。早くから、ハイデガーは、アリストテレスを復権させて、デカルトに対するネオトミズムの批判を引き継ぎ貫徹したいと欲していた。後になると彼は、アリストテレスの背後にまで遡ることによって、ニーチェを超えていこうと欲した。時には、「現存在」一般を記述しようとしたが、また時には、ただ二十世紀の「現存在」だけを記述しようと欲した。一度は、国民的運動の英雄的指導者になろうとしたが、後には、「ただ神のようなものだけがわれわれを救うことができる」ということを知っている隠遁した老賢者でありたいと願った。自分はいつもただ一つの星に従ってきたという彼の言はわたしには、自己欺瞞的な甘えに思える。わたしの見るところ、われわれが彼から受け継いだ道具箱には、さまざまに異なった目的に合わせて組み立てられている、きわめて雑多に取り合わせた道具が含まれているが――そのうちのごく幾つかだけがいまでも有用であるにすぎない。ハイデガーの業績に対して払いうる最良の敬意は、何をハイデガーから取り入れるかを選別することだと、わたしは思う。わたし自身としては、プラグマティストのハイデガーは保持して、ナチとしての彼は無視し、ハイデガーのいう形而上学の歴史の大まかな筋書きは保持して、厭世的なエンディングは書き改め、彼の使う形象や特殊用語《ジャーゴン》はその幾つかを選んで保持し、世界史的な衒いはやり過ごしたい。

ハイデガーは、こんなやり方で自分を理解し吸収しようとする者のことを知ったら、激怒したであろう。しかし、彼の厳しい批判者もまた同様に激怒するのである。批判者の主張するところでは、ハイデガーのナチズムはたんに彼の思想の一側面、彼のさまざまな企てのうちのたんなる一つ、なのではなく、むしろ、彼の思想の根底的本質を捉えるための必須の手がかりなのである。彼の思想は自身でも信じていたのとちょうどおなじくらい緊密に統一されているのだ、と批判者は力説する。批判者の考えでは、見かけ上の多様さの下に根底的な実在が隠されている、つまり、ハイデガーは実のところ単一の星に従っていたのである——暗い、邪悪な星に。

こういう批判者にとって、ハイデガーとは、あるものは良く、あるものは悪いというような企ての集合に尽きない。というのも、批判者は、ハイデガーが二十世紀に対して取っていたのとおなじ本質主義的な態度を、ハイデガーに対して取っているからである。二十世紀において技術主義以外の一切はたんに一時的現象にすぎないとみなすことが、ハイデガーには必要であった。同様にハイデガーにおいてその反平等主義と「指導者原理 Führerprinzip」への献身以外はいっさい表面上のことであるとみなすことが、わたしの念頭にある批判者には必要である。それとは対照的に、われわれプラグマティストは、二十世紀を良いニュースも悪いニュースもごたまぜになった鞄であり、ハイデガーの作品は時代に合わなくなった大量のガラクタと隣り合わせに幾つかのすばらしいものを含んでいる道具箱である、と見る。

プラグマティストのなかでも、今後ともハイデガーの箱から道具を取り出したいと願う者にとっては、そうした注目すべき道具を考案した者が最初はナチであり、後には臆病な偽善者になったという事実は、歴史の多くのアイロニーの一つにすぎない。われわれは、事実がそうでなかったならと願う。このおなじ苦い願いは、われわれが賛嘆する他の思想家に対しても当てはまる。カルナップがシドニー・フックの賢明な忠告に耳を傾けて、一九四八年のウォールドーフ平和会議の提唱者などにならず、スターリンを引き立てることがなかったなら、とわれわれは願う。サルトルが一九五六年を待たずに、共産党の路線と決別していたなら、とわれわれは願う。イエイツとショーが、政治犯に何が生じているかがわからなくとも、ムッソリーニに熱狂しないでいてくれたなら、と願う。一九六〇年代の新左翼が、政治犯に何が生じているかがわからなくとも、カストロや毛沢東に熱狂しないでいてくれたなら、と願う。それでもわれわれは、こうした未成熟な熱狂者の政治的イニシアティヴが彼ら・彼女らの遺した知的遺産とはだいたいにおいて関係がないとみなすのである。

無関係だというこの主張は、ハイデガーをのけ者にしたい批判者には受け入れ難い。批判者は、ハイデガーの総長就任講演を、本物の、本質的ハイデガーを垣間見せてくれるものと見るが、わたしは本質的ハイデガーのようなものがあるとは信じない。批判者の言うことが正しいのは次の範囲に限られるとわたしは思う。つまり、ハイデガーは生涯をとおして反平等主義者であり、人間の幸福の総計を増大させるというリベラルな企てにほんの少しも意を用いなかったということである。しかし、もしもユダヤ人の虐殺にかんするハイデガーの沈黙がなかったなら、この反平等主義が彼の読者にとって大変重要なものと見られるかどうか、本物の、真なる、本質的ハイデガーの指標と見られるのかどうか、疑わしい。というのも、その沈黙があるために、ハイデガーの場合がカルナップやサルトルの場合とは異なったものとなっているからである。カルナップやサルトルはロシアや中央ヨーロッパの政治事件を離れたところから判断していた。ところがハイデガーは、ユダヤ人の同僚が仕事を解雇されていき、ついで、消えていくのを眺めていた。その人たちの運命がどうなったか、ハイデガーはその気になれば容易に知ることができたはずであるが、そうしなかった。この沈黙がまた、ハイデガーを反平等主義の一般的潮流とは別のものとしている。二十世紀の多数の傑出した著作家が民主主義に不信の念を抱いていたが、彼だけがホロコーストに心動かされることのないままだったのである。

ハイデガーとおなじ生まれ育ちであったなら、われわれの誰だって、ヒトラーが一九三三年時点でドイツの唯一の希望だと考えたかもしれないとする点で、ハーバーマスやデリダは正しいとわたしは思う。本当に許しがたいのは戦後の沈黙であるという点でも彼らは正しい。わたしもこの沈黙が許しがたいものであることに同意するが、しかし、ハイデガーの書物からこの沈黙を演繹することはできないし、それどころか、この沈黙は彼の書物に疑念を抱かせる何ものかの徴であると見ることもできない。それというのも、ある人物の道徳的性格――他人の苦しみに対する親和的感受性――とはその人の生涯における偶然的出来事によってかたち作られるとわたしは考えるからである。しばしば、いやひょっとしたら通常、この感受性は、その人物が自分の仕事によって着手する自己創造の企てとは独立のかたちで、変化する。

「偶然的出来事」や「独立的変化」ということでわたしが何を意味しているのかを明らかにする

ために、現実とは少し異なった可能世界をスケッチしてみたい。それは、ハイデガーが、ヒトラーへのレジスタンスを唱えるという点で、おなじ反平等主義者のトーマス・マンに和する可能世界である。この可能世界が現実世界でもありえたということを理解するために、一九三〇年の夏突然ハイデガーが、彼を崇敬する美しく情熱的な哲学専攻の女子学生、サラー・マンデルバウムと激しい恋に落ちると想像してみよう。サラーはユダヤ人であるが、ハイデガーはほとんどそれを意に介さない、それほど熱愛に目がくらんでいる。辛い思いをしながら、夫人のエルフリーデと別れた後――この過程で彼は多くの友人を、なかんずくフッサール一家との友情を失うことになる――一九三一年ハイデガーはサラーと結婚する。一九三三年一月には息子、アブラハムが授かる。

　サラーはアブラハムの名はユダヤの族長にちなんで付けられたと考えるかもしれないが、自分としては、自分以外で唯一のメスキルヒ生まれの著名人、アブラハム・ア・サンタ・クララにちなんだつもりだ、とハイデガーは冗談を言う。サラーは書架にあるアブラハム・ア・サンタ・クララの反ユダヤ主義的著作をめくってみる。こうしてハイデガーのちょっとした冗談が夫婦の最初の深刻な諍いの呼び水となる。しかし、一九三三年末までには、ハイデガーはもはやそういう冗談は言わないようになっている。というのも、サラーは彼に、彼の義父も含めて、ユダヤ人の「公務員Beamte」がお払い箱にされていることをさとらせるからである。自分について学生新聞に書かれてあることを読むと、日のあたる時期は自分にとって終わったのかもしれないとわかる。サラーに対する愛のゆえに自分の威信の多くが奪われ、遅かれ早かれ仕事も奪われるだろうという思いが徐々に彼の胸にも萌し始める。

しかしそれでも彼は彼女を愛している。とうとう彼女のために最愛のフライブルクを後にすることになる。一九三五年にはハイデガーはベルンで教えているが、客員に留まっている。そのときまでにはスイスの哲学のポストはみな埋まってしまっているからである。突然、プリンストンの「高等研究所」からお呼びがかかる。そこでハイデガーは二年間を費やしてゆっくり苦労しながら英語を学ぶが、彼を崇拝する熱心な学生で溢れた演習室を魅了する機会がもう一度与えられないかと、心がうずく。一九三七年彼の亡命者仲間がシカゴ大学に終身職を手はずしてくれたので、彼はその機会を得ることになる。

シカゴで彼はエリーザベト・マン・ボルジェーセに会い、彼女は自分の父、トーマス・マンに彼を紹介する。ハイデガーは最初ハンザ同盟の寵児をいかがわしいと思い、マンのほうもシュヴァルツヴァルトの「田舎者」を最初いかがわしく思っていたが、二人ともそれをなんとか克服する。アメリカとは啓蒙の希望が過ちであったことを体現する、文化なき土地であるという点で、二人は互いに、またアドルノやホルクハイマーとも意気投合していることに気づく。しかし、アメリカを軽蔑するからといって、ヒトラーがドイツを荒廃させており、さらにはヨーロッパを荒廃させようとしているのが見えなくなっているわけではない。ハイデガーの感動的な反ナチの放送は、広範な大衆の前で勇ましい態度を示したいという彼の欲求を満足させてくれる――それは、事情が事情なら、総長就任演説によって満足させられたかもしれない欲求である。

第二次大戦の終わりまでには、ハイデガーの結婚は暗礁に乗り上げている。サラー・ハイデガーは、根っからの社会民主主義者であり、アメリカを愛し、情熱的なシオニストである。彼女はハイデガーのことを、偉大な男だが、冷たくて融通の利かない心の持ち主だと見るようになった。その心はいったんは彼女に向かって開かれたが、彼女の社会的希望に対しては閉じられたままである。彼女は彼を哲学者として、反ナチの論争家として賛嘆するとおなじく、エゴイストとして軽蔑するようになった。一九四七年彼女はハイデガーと別れ、十四歳のアブラハムを伴ってパレスチナに赴く。内戦で傷を受けるが、独立宣言後、最後にはテル・アヴィヴ大学の哲学教授になる。

ハイデガー自身は一九四八年フライブルクに凱旋帰還する。そこで彼は古い友人のガーダマーに職を世話してやる。もっとも、ナチがドイツの大学を席巻した際、ガーダマーがそれを黙認したことに対しては、辛らつな蔑視の気持ちを抱いている。最後に彼は三番目の妻として、戦争未亡人を娶る。その未亡人のうちに彼の古い友人はみなエルフリーデの面影を認めた。一九七六年彼が死んだとき、彼の妻は棺の上に、「自由勲章」と「功労勲章」と「ノーベル文学賞」の金メダルを置く。この最後の金メダルは、一九六七年ゴラン高原で死んだアブラハムを追悼した、短編だが痛切な悲歌が出版された後、その年のうちに授与されたものである。

この可能世界でハイデガーはどのような書物を書いただろうか。現実世界で書いたのとほとんどまったくおなじものである。しかし、この可能世界では、『形而上学入門』のうちに、国家社会主義運動を近代テクノロジーの愚かなニヒリズムと同一視して軽蔑した箇所が、ヒトラーはドイツをロシアやアメリカの形而上学のレヴェルにまで引き摺り下ろそうとしているという評言と並んで、含まれている。ニーチェ講義は現実世界のそれとほとんどおなじであるが、ただ、可能世界では、反ユダヤ主義者に対するニーチェの嫌悪について寄り道している。この寄り道には、サルトルの同時代の、しかし別個に書かれた「反ユダヤ主義者の肖像」に気味が悪いくらい似た箇所が含まれている。可能世界でもハイデガーは、現実世界で書いたのとほとんどおなじ釈義論文を書くが、それには、ハーヴァード大学とヴァージニア大学での講義のために草された、それぞれソーローとジェファーソンにかんする論評が付け加えられる。この二つの論文からは、ハイデガーの周知の感傷的農本主義と都市労働者に対する疑念とが窺える。可能世界の彼の書物は要するに、現実世界で彼が進めていたのとおなじ闘争の——つまり、哲学の伝統の外部に出て、そこで「新しい歌を歌う」ための闘争の——ドキュメントである。この闘争、純粋性のこのプライベートな追求、それが彼の生涯の中核であった。それは、彼がどういう個別的人物を愛したかということや、当時の政治的事件がどのようであったかによって、大した影響を受けることのありえないものであった。

われわれの現実世界ではハイデガーは戦後なにも政治的なことは言わなかった。わたしのスケッチしている可能世界では、彼は反ナチとしての自分の威信を懸けて、ドイツの政治的権利が尊重されるように努める。彼はフランツ・ヨーゼフ・シュトラウスに崇敬され、シュトラウスはトートナウベルクに彼を定期的に表敬訪問する。ときにはハイデガーはシュトラウスとともに政治集会に姿を現わす。ハーバーマスのような社会民主主義者は、戦後政治においてハイデガーが一貫して間違ったサイドに与していることを残念がる。ときどき、プライベートな場で、社会民主主義者たちは、事情がちょっと異なっていれば、ハイデガーは立派なナチになっていたのではないかとの疑念を出す。しかし、われらが時代のヨーロッパの最も偉大な思想家にかんしてパブリックな場でそのようなことを言おうとは夢にも思わない。

われわれの現実世界ではハイデガーはナチであり、臆病な偽善者であり、われらが時代のヨーロッパの最も偉大な思想家であった。わたしがスケッチした可能世界でも彼はほとんどおなじ人間であるが、しかし、たまたま彼はユダヤ人の責め苦に身のすくむ思いをし、ついには何が生じているのかをさとり、最終的に彼の憐憫と羞恥の感覚が目覚めさせられた。その世界では彼は幸運にも、ナチになることはできず、したがって、臆病者になったり偽善者になる機会も少なくて済んだ。現実世界では彼は顔をそむけ、ついにはヒステリックな否認に訴えた。この否認のために、あの許しがたい沈黙がもたらされた。しかし、その否認や沈黙が彼が書いた書物について教えてくれることは大してないし、また逆に、書物が否認や沈黙について教えてくれることもない。現実と可能のいずれの世界においても、ハイデガーの政治と彼の書物を結びつける唯一の点は、民主主義に対する軽蔑なのであり、それは彼が、たとえば、T・S・エリオット、G・K・チェスタトン、A・テイト、I・ウォー、ポール・クローデルと分かちもっていたものであった。後者の人びとを、われわれは、オーデンが予言したように、良いものを書いたということで、とっくの昔に免責している。われわれはハイデガーに対しても、おなじように容易に、民主主義に対するその態度を免責することができたであろう、もしそれがことのすべてであったのならば。しかし、ハイデガーが不幸にも生きることになった世界、サラーのいない世界では、それがすべてではなかった。

まとめよう。ハイデガー初期のプラグマティックな反本質主義には、人と書物を単一のヴィジョンで見ようとする試みがなぜ放棄されなければならないのかの理由が、いや、ひょっとしたら、書物を単一の「思惟の道 Denkweg」の経過段階として見ようとする試みすらもなぜ放棄されなければならないのかの理由が、見出されうると、わたしは強調してきた。ハイデガー自身がそうできた以上に、その反本質主義をまじめに受け取るならば、われわれは、ハイデガーが自分のお気に入りの思想家や詩人を劇化したやり方で、ハイデガーを劇化しようとする誘惑にさらされることはなくなるだろう。思想家や詩人を世界 - 史的な語りのうちに位置づけることはなくなるであろう。思想家や詩人もその書物も偶発的圧力のヴェクトル和とみなすことになるだろう。われわれは、ハイデガーを、いま一人の、混乱し、引き裂かれ、時として自棄になった人間として、つまり、われわれ自身とよく似た者として、理解するだろう。ハイデガーの書物を、彼が一番読んでほしくないと思っていたかたちで読むだろう——つまり、機会があれば活用すべきものとして、われわれの「商品在庫 Bestand an Waren」への新たな追加分として読むだろう。われわれは深さに憧れることを止め、英雄を崇拝したり罪人を追い詰めようとすることを止めるだろう。そうではなくて、有用な道具があればそれでよいと思い、見つけられるところにある道具を手に取るだろう。

Ⅳ 政治

成就されざる預言と輝かしき希望(一九九八年)

成就されざる預言は、インスピレーションを与えてくれるまことに得難い読み物であることが多い。『新約聖書』と『共産党宣言』という二つの例を考えてみよう。両書とも、その著者の意図としては、これから起こることの預言——人間の歴史を決定する力についての卓越した知識にもとづいた預言——として書かれている。どちらに書かれている預言も、これまでのところ、こっけいなほど見事にはずれている。確実な知識として成立していると両方とも申し立てているが、そのことが物笑いの種になってしまっている。

キリストは再臨しなかった。再臨の日は近く、その日に備えるために特定の宗派や教団の一員になったほうが賢明であると主張する人びとが疑いの目で見られても当然である。たしかに、受肉の経験的証拠となるキリストの再臨が起こらないと証明することは誰にもできない。しかし、われわれはこれまでにもう十分長いあいだ待ちつづけてきた。

同様に、マルクスとエンゲルスが、「ブルジョアジーは、自らに死を招くことになる武器を鍛えあげた」と宣言したとき、間違っていたと証明することは誰にもできない。二十一世紀における労働市場のグローバル化が、ヨーロッパや北アメリカにおけるプロレタリアートのブルジョア化の進行を逆転させ、「ブルジョアジーが、自分たちの奴隷制度内部の奴隷たちにさえその生活を保障できなくなって、支配を継続できなくなる」ということが現実となる可能性もある。そのときひょっとすると、資本主義が崩壊し、高潔で啓蒙されたプロレタリアートが政治権力を奪取することになるかもしれない。要するに、マルクスとエンゲルスは、革命の時期を百年か二百年ほど見誤って判断していただけなのかもしれない。しかしそれでもやはり、資本主義は過去に何度も危機を乗り越えてきたし、われわれはそのあいだずっと、このプロレタリアートの出現を待たされつづけてきたのであった。

もう一度言えば、福音主義のキリスト教徒の言う「イエス・キリストのもとで新しき者になること」が、真の変容をもたらす奇跡的な経験でないとは、どんな冷笑家であっても断言できない。しかし、こうして生まれ変わったと主張する人びとが、われわれの望んでいたほどに、それ以前と違った振舞いをしているようには思えない。われわれはこれまで、裕福なキリスト教徒が、裕福な異教徒よりも立派に振舞うことを長いあいだ待ち望んできただけであった。

おなじように、いつの日か、マルクスとエンゲルスが否定すべきものとして「ブルジョア的個人、ブルジョア的独立、ブルジョア的自由」と呼んだ理念に代わる新しい理念が見つかることはないと、われわれは断言できない。しかし、われわれはこれまで、「マルクス主義」を自称する体制が、こうした新しい理念がどのようなものであり、どうすればその理念が具体的に実現できるのかについて説明してくれるのを、じっと待ちつづけてきた。これまでのところ、そうした体制はすべて、ポスト啓蒙主義的なユートピアの到来を告げる微光であるどころか、結局は啓蒙以前の野蛮への逆戻りであった。

たしかに、数年あるいは数十年先に起こりそうなことを知るために、キリスト教の聖書を読む人は、いまだにいる。たとえば、ロナルド・レーガンがそうであった。ごく最近まで、多くの知識人も、『共産党宣言』をこれとおなじ目的で読んでいた。キリスト教徒が忍耐を勧め、われわれをなだめようとして、キリストの罪深き僕たちの過ちによって救い主キリストを裁くのは不当であると言っていたように、マルクス主義者は、「マルクス主義」体制はすべて、マルクスの意図を不合理に倒錯させていたと請けあってきた。現在生き残っている少数のマルクス主義者も、レーニンや毛沢東やカストロの率いる共産党が、プロレタリアートによる権力奪取というマルクスの夢には似ても似つかず、たんに独裁者や寡頭支配者の道具にすぎなかったということを認めている。それにもかかわらず、そうしたマルクス主義者によれば、いつの日か、真に革命的で、真にプロレタリアートのものである党が結成される。そして、愛が唯一の法であるというキリスト教の教義が『レビ記』に書かれている気まぐれな神の命令とは違うように、「ブルジョア的自由」とは違う自由が、この党が勝利すれば与えられるのである。

キリスト教徒やマルクス主義者が預言成就の延期を弁明し、再び信用を取り戻そうとして何を言っても、ほとんどの人には、それを真面目に受け取ることはもはやできない。しかし、そうだからといって、『新約聖書』や『共産党宣言』のなかにインスピレーションや励ましを見出すことができなくなるわけではないし、そうなってはならない。なぜなら、両書ともおなじ希望を表明しているからである。それはすなわち、身近な人びとや愛する人びとがもつ必要性に対してなら、われわれは敬意と配慮をもって処遇しているが、いつの日か、それとおなじ敬意と配慮を払って、あらゆる人間の必要性をもすすんで処遇することができるようになるという希望である。

二つのテクストは、年月の経過とともに、インスピレーションを刺激する力を増してきた。というのも、どちらも人間の自由と平等のために大いに貢献した運動を創設した文書だからである。いまこの時点で数えれば、『共産党宣言』によって鼓舞され、将来の世代が無用の苦しみに耐えなくても済むようにみずからの生命と財産を賭してきた、勇気ある自己犠牲的な男女の数は、一八四八年以降の人口増加のおかげで、『新約聖書』によって鼓舞されてそのように生きた人びとの数とおなじくらいであるということも十分にありうる。つまり、キリスト教の殉教者の数とおなじくらいの社会主義の殉教者がすでに出ていることはありうる。もしも人間の希望が、炭疽菌を積んだ弾頭や、スーツケースに入る核爆弾、人口爆発、グローバル化した労働市場、そして、二十一世紀に予想される環境上の災禍にも耐え抜いて生き残るなら、そして、いまから百年たってもまだ、参考にすることのできる歴史上の記録が残されており、過去の歴史にインスピレーションを求めることができるなら、ひょっとすると人びとは、聖アグネスとローザ・ルクセンブルク、聖フランチェスコとユージン・デブス、ダミアン神父とジャン・ジョレスとを、一つのおなじ運動のメンバーだとみなすかもしれない。

『新約聖書』は何百万という人びとによっていまでも読まれているが、それらの人びとがキリストがいつか栄光に包まれて再臨するかどうかに頭を悩ましたりすることがほとんどないのとおなじように、『共産党宣言』は、マルクスが預言したようなたぐいの革命が起こらなくても社会正義を十分に達成することが可能であり、階級なき社会、「各人の自由な発展が万人の自由な発展の条件である」ような世界が、マルクスのさげすんだ「ブルジョア的改良主義」の結果としてもたらされうる、という希望と信念をもっている人びとのあいだでさえ、いまでも読まれている。親や教師たちは、若者たちにこの二つの本を読むようにしむけるべきである。そうすることで若者たちは道徳的にいっそう向上するであろう。

デスクの前に座ってキーボードをたたいているわれわれが、手をよごしてトイレを掃除してくれる人びとの十倍、われわれが使っているキーボードを組み立てている第三世界の人びとの百倍の報酬をもらっているというのは耐えきれないと思うように、わたしたちの子供を育てるべきである。最初に産業化した国々が、まだしていない国々の百倍の富を有しているという事実について、子供たちが確実に憂慮するようにすべきである。子供たちは、自分たちの運命と他の子供たちの運命との不平等を、神の意志だとか、経済効率のために必要な代価だとかでなく、避けることのできる悲劇だと見ることを早くから学ぶ必要がある。子供たちは、一方で飢えている人がいるのに、他方では過食の人がいるという事態を確実になくすためには、世界がどのように変わればよいのかについて、できるだけ早い時期に考え始めるべきである。

子供たちは、人間の友愛にかんするキリストの福音を読むとき、産業資本主義と自由市場――これらが必需であることはいまや明らかとなった――によって、そうした友愛を組織することが非常に困難となるのはなぜなのかについてマルクスとエンゲルスがなす説明にも同時に目をとおす必要がある。自分たちのニーズや希望をコミュニケートし合う能力には道徳的潜在力がひそんでおり、この潜在力を開花させようと努力することによってこそ、自分たちの人生に意味が与えられるのだと理解する必要がある。子供たちは、カタコンベでのキリスト教徒たちの集会にかんしても、都市の広場で開かれる労働者の集まりにかんしても、いろんな話を知っておくべきである。なぜなら、どちらも、この道徳的な潜在能力を現実化させるプロセスにおいて、等しく重要な役割を果たしてきたからである。

『新約聖書』と『共産党宣言』がもっている、インスピレーションを与えてくれるという価値は、自分たちの所業を正当化するためにこの二つのテクストのいずれかの一節を唱えるような、誠実で道徳的にまじめな人びとが、何百万という人びとを奴隷にし、拷問にかけ、飢え死にさせたという事実があるからといって、減殺されるものではない。宗教裁判が行なわれた地下牢やKGBの取調室の記憶、あるいは、キリスト教聖職者や共産党の特権階級のあこぎなほどの貪欲と尊大さにかんする回想に触れるなら、〈神〉あるいは〈歴史〉が望んでいることを知っていると主張する人びとに権力を渡すのはまっぴらだと思って当然である。しかし、知識と希望とは違う。ここで取り上げた二つの文書がそうであったように、希望はしばしばにせの預言のかたちを取る。しかしそれにもかかわらず、社会正義への希望は、生きるに値する人間らしい生活にとって唯一の基盤である。

キリスト教もマルクス主義も、大きな災厄を招く力をいまだに有している。なぜなら、『新約聖書』にしろ『共産党宣言』にしろ、道徳的偽善者や自己偏執的悪党にとって効果的な引用がいまでも可能だからである。合衆国では、たとえば、キリスト教連合(Christian Coalition)と呼ばれる組織が、共和党を(したがって議会を)思うがままに操っている。この運動の指導者たちは、スラム街の人びとを援助するために郊外に居住する人びとに課税するのは、キリスト教徒のすることではない、と何百万という選挙民に信じ込ませている。「キリスト教徒の家庭の価値」の名のもとに、キリスト教連合は、合衆国政府が働き口のない十代の未婚の母によって育てられている子供たちに援助の手をさしのべるなら、「個人の責任感を失わせる」と教えるのだ。

キリスト教連合の活動は、ペルーにおいていまや消滅しかかっているセンデロ・ルミノソの運動ほど暴力的ではない。しかし、やったことの効果は、おなじくらい破壊的なものである。センデロ・ルミノソがその絶頂期にあって凶行を繰り返していた頃にリーダーだったのは、自分のことをレーニンと毛沢東の後継者だと考え、マルクスの著作を現代的に解釈するインスピレーションをもっていると考える狂気じみた哲学教師であった。キリスト教連合を率いているのは、信心家ぶったテレビ伝道者のパット・ロバートソン師である――それは、福音書の現代的解釈者であり、ペルーでアビマエル・グスマン〔センデロ・ルミノソの最高指導者〕が引き起こしおおせた苦しみよりずっと大きな苦しみを合衆国においておそらく引き起こすであろう人物である。

要するに、『共産党宣言』や『新約聖書』を読む際には、いずれかのテクストについて自分が権威ある解釈者であると主張する預言者の言うことは無視するのが最善の策だということである。テクストそのものを直接読んでいくときには、預言が書かれているあたりは軽く読み飛ばし、希望が表明されている部分に集中したほうがよい。どちらのテクストも、人間の歴史あるいは人間の運命の正確な説明としてではなく、インスピレーションを与えてくれる文書として、すなわち、リンカーンが「われわれの本性のうちなるより良き天使」と呼んだものへの訴えかけとして、読むべきである。

もし、「キリスト教」という語を、知識の申し立てとしてでなく、そうした訴えの一つとして扱うなら、「キリスト教」という言葉はいまでも、人間の品位と平等にとって有益な力につけられた名前であるということになるだろう。同様に、「社会主義」という言葉も、このおなじ力を表わす名前——時代的に更新され、より正確になった名前——なのである。「キリスト教的社会主義」というのは冗語である。なぜなら、市場なら絶対にしないやり方で、民主的な政府がお金とチャンスを再配分してくれるという希望をもたずに、福音書が説く友愛に希望を抱くことは、今日では不可能だからである。『新約聖書』を預言としてでなく道徳的な命令として真剣に受け止めることは、そうした再配分の必要性をおなじように真剣に考えることなしには不可能である。

『共産党宣言』はいまでは時代遅れなところもあるが、それでも、産業資本主義の活動を注視することを通じて見えてきた重要な教えを見事に叙述している文書であることに変わりはない。すなわち、権威主義的な政府を打倒し立憲民主主義を確立しても、人間の平等や品位を確保するにはまだ十分ではないという教えである。金持ちは相変わらず、貧乏人をより貧乏にすることによっていっそう豊かになろうとし、労働力の全面的な商品化は賃金労働者の窮乏化を招き、「近代国家の行政府はブルジョアジー全体の諸事万端を処理する委員会にすぎない」といった点においては、現在も一八四八年当時と何ら変わっていない。

ブルジョアジー対プロレタリアートという区別は、異教徒対キリスト教徒という区別同様に、いまではもう時代錯誤かもしれないが、「ブルジョアジー」を「二十パーセントの富裕層」と、「プロレタリアート」を「それ以外の八十パーセントの層」というように言い換えれば、『共産党宣言』に書かれた文章のほとんどに、いまでも真実味が出てくるであろう。(しかし実際には、ドイツのように十分成熟した福祉国家においてはいささか真実味が薄れ、合衆国のような国においては少々真実味が増すといった違いはある。合衆国の場合は、貪欲が支配しつづけており、福祉国家としてはまだ未成熟だからである。)次のような意味に解釈するなら、歴史が「階級闘争の歴史」であるということはいまでも真実である。すなわち、あらゆる文化において、いかなる統治形態の下でも、そして想像しうるあらゆる状況下において(たとえば、ヘンリー八世が修道院を解散させたときのイングランド、オランダが手を引いた後のインドネシア、毛沢東死後の中国、サッチャーおよびレーガン時代のイギリスと米国において)、金と権力をすでに手にしている人びとは、これら二つともを自分とその子孫が永久に独占できるようにしようとして、嘘をつき、騙し、盗むであろう、という意味で。

歴史において繰り広げられる光景に道徳的なところがあるとするなら、その限り、歴史とは前段の独占を打ち破ろうとする闘争である。奴隷制の廃止を擁護するために(そして、アメリカにおいてニュルンベルク法に当たる法律――人種隔離法――に反対するために)キリスト教の教義を用いることで、キリスト教の最良の面が発揮される。労働者の意識を高める――どれほど騙されているのかを労働者に対して明確にする――ためにマルクス主義の理論を用いることで、マルクス主義の最良の面が発揮される。両者の合体は、「社会的福音」運動や、パウル・ティリッヒとワルター・ラオシェンブッシュの神学において、そして、ローマ教皇の回勅のうち最も社会主義的なものにおいて、実現されているが、それによって、有神論か無神論かの論争を乗り越えて、社会正義を求める闘いが可能となった。実際その論争は乗り越えられるべきなのである。つまり、『新約聖書』を読むときは、われわれが地上でお互いをどのように遇するべきかという問題のほうが、来世の存在や本性をめぐる論争の結末よりも、ずっと重要だとされている書物として読むべきなのである。

労働組合運動は、マルクスとエンゲルスによっては革命政党設立への橋渡し的なものとしかみなされなかったにしろ、結果的には、自己犠牲や友愛としてのアガペーといったキリスト教的な美徳が、有史以来最もインスピレーションを刺激するかたちで具体化された事例であることが明らかとなっている。労働組合の勃興は、道徳的観点から言えば、近現代において最も勇気を与えてくれる出来事である。そこに最も純粋で無私のヒロイズムが証拠立てられているからである。多くの労働組合は、腐敗したり硬直化していったが、労働組合の道徳的水準は、教会や企業、政府や大学の水準をしのいでいる。というのも、労働組合を創設したのは、失うものが非常に多い――職につく機会をまったく失い、家族に生活の糧をもたらす見込みがなくなるというリスクを負った――男女だったからである。そうした男女は、人間にとってより良き未来のためにそうしたリスクを冒したのであった。われわれはみな彼ら・彼女らの功績に深く感謝しなければならない。彼ら・彼女らが設立した組織は、その犠牲によって聖なる輝きを放っている。

『共産党宣言』は、近現代におけるほとんどの主な労働組合の創設者たちを鼓舞した。その言葉を引用することによって、組合の創設者たちは、労働条件の悪化や食べていけないほどの低賃金に対抗するストライキに何百万という人びとを動員することができた。『共産党宣言』の言葉は、自分たちの犠牲――投資に対してより大きな見返りを求めるオーナーたちの要求に屈するくらいなら、子供たちに十分な食べ物を与えられなくてもそちらを選ぶということ――は無駄には終わらないだろうというストライキ参加者たちの信念に裏づけを与えてくれた。これほどのことを成し遂げた文書なら、これからもずっと、われわれの知的・精神的な伝統の貴重な遺産として残っていくであろう。なぜなら、『共産党宣言』は、労働者が次第に見抜くようになりつつあったことを明快に説き明かしていたからである。つまり、労働者は、「産業の進歩とともに向上するのでなく、かえって自己の階級の生存条件より下にだんだん沈下してゆく」危険にさらされているのだ、と。この危険は、ヨーロッパや北米では、少なくとも一時的には回避されたが、それは、『共産党宣言』をすでに読んでいて、その結果、政治的権力を自分たちに分与するよう要求するだけの勇気が労働者にあったおかげなのである。自分たちの上司がキリスト教徒的な優しさや思いやりを示してくれるのをじっと待っていたとしたら、労働者の子供たちは、相変わらず文字が読めず、お腹をすかせたままであったろう。

福音書の言葉も『共産党宣言』に劣らずたしかに勇気とインスピレーションを与えてきたといってよい。しかし、多くの点で、若者に与える書物としては、『共産党宣言』のほうが『新約聖書』よりふさわしい。なぜなら、『新約聖書』は、その来世主義の点で、すなわち、個々人と神との関係——われわれが個人として救われる見込み——の問題を、無用の苦しみを終わらせようとする協同的な努力への参画から切り離すことができると示唆する点で、道徳的な弱点をもっているからである。福音書の多くの箇所で、奴隷所有者たちに対しては奴隷をむち打ちつづけてもかまわないということが、富裕な人びとに対しては貧しい人びとを飢えたままにしておいてもかまわないということが、示唆されている。なぜなら、そういう人間の罪も主キリストを受け容れた結果として許され、そうである以上、どのみちそういう者たちも天国に行くことになるからである。

『新約聖書』は、古代世界の文書であるから、普遍的な真理を観想することは人間にとって理想的な生活であると断言するギリシャの哲学者たちの主要な確信の一つを受け入れている。この確信は、人間生活の社会的条件は肝心な点ではけっして変化しない、つまり、つねに貧しい人びとは存在する――もしかすると奴隷もまたそうである――という前提にもとづいている。この確信によって、『新約聖書』の著者たちは、人間のより良き未来の可能性にではなく、死んだら天国で幸福になれるという当てにならない希望にその関心を向けることになった。『新約聖書』の著者たちが想像しえたユートピアはあの世にしかなかった。

われわれ近代人は、地上のユートピアを想像できるという点で、古代人――異教徒であれキリスト教徒であれ――より優れている。十八世紀、十九世紀のヨーロッパと北米において、人間の希望の所在に大規模な転換が生じた。つまり、永遠から未来へ、いかにして神の恩寵を得るかにかんする思弁から、未来世代の幸福のための設計図を考えることへ、の転換である。人間を越えた力に頼らなくても、人類の未来を過去とは異なったものにすることができるというこの感覚こそが、『共産党宣言』において格調高く表明されているものである。

もちろん、われわれの子供たちにインスピレーションと希望を与えてくれる新たな文書――『共産党宣言』の欠点も『新約聖書』の欠点もまったくないような文書――を見つけて与えることができれば、それに越したことはないであろう。この二冊の本が両方とももっている黙示録的な性格をもたない――すべてが一新されなければならないとか、正義は「現存のあらゆる社会的条件を力ずくで転覆することによってのみ達せられる」などとは言わない――改良主義的なテクストがあれば申し分ないであろう。この世のユートピアについて詳細に解き明かしており、しかも、そのユートピアが、なにか一つの決定的な変化が生じるだけですぐに（私有財産制度が廃止されたり、すべての人がイエスを心から受け容れるとすぐに)、完全なかたちで出現するだろうと確約したりしない、そういう文書があれば結構なことであろう。

要するに、歴史を決定する力にかんする預言や知識の申し立てがなくともやっていければ――預言などによって気を鎮められることがなくとも、豊かな希望をもちつづけることができれば――、それに優ることはないだろう。もしかするといつの日か、子供たちに与えることができる新しいテクストを手にできるかもしれない。つまり、預言することは慎んでいるが、『新約聖書』とおなじように友愛を願う気持ちを表明し、『共産党宣言』のように、われわれ人間が近い過去に互いに対して行なった非人間的な行為のほとんどについて鋭い目で十二分に記述してくれている文書を手にできるかもしれない。しかし当面は、われわれがより善良となるのに力を与えてくれた二つのテクストに、われわれが自分の野蛮な利己性と装い隠されたサディズムをある程度まで乗り越える力になってくれた二つのテクストに、感謝すべきであろう。

愛とお金(一九九二年)

『ハワーズ・エンド』は、「結びつける」だけで十分なのかどうか、すなわち、愛だけで十分なのかと問う。「ただ結びつけることさえすれば」というのが、E・M・フォースターの締め言葉(本心)だとされてきたが、この小説のさまざまな場面で、結びつきが可能なのは、十分なお金がある場合だけだということが述べられている。ヒロインのマーガレット・シュレーゲルは、「世界の魂そのものが経済的なものではないか、……一番恐ろしいのは愛情のなさではなくて、金のなさではないか」と考える。作者自身が語る部分で――憐れみと自己嫌悪の入り混じった声で――フォースターは「われわれはこの話では、非常に貧乏な人たちには関心がない。そういう人たちは考慮の埒外にあり、ただ統計学者か、あるいは詩人に遇してもらうしかない。この話が扱うのは紳士と淑女、あるいは紳士や淑女であるふりをせざるをえない人たちのことである」と言う。小説の最後では、紳士や淑女であるふりをせざるをえない人の一人であるレナード・バストが、愛することに長けた人たちであるシュレーゲル家の人びとと、金儲けの方法がよく分かっているウィルコックス家の人びととの争いに巻き込まれた結果、命を落とす。しかし、たとえ死んでいなかったとしても、彼は考慮の埒外にあったであろう――なぜなら、彼は紳士のふりができる状態から、極貧の状態に陥っていたからである。

紳士のふりをしつづけるだけのお金をバストがもっていたあいだは、人の話し相手になることができた。マーガレットやその他の人たちが彼と結びつきをもつことができたのである。しかし彼が職を失い、一文無しになると、話し相手になれなくなった。それは、紳士・淑女のスノッブ根性のせいではなく、バスト自身、自分たち夫婦が食べていくのに必要なことばかり気にかかって、他に何も考えたり話したりできなかったからである。お金がなければ、話し相手になれず、つながることもできない。お金がなければ、愛する機会もない。とても貧しい人びと、奈落の底にいる人たち、ブレヒトが「暗闇に生きる者たち」と呼んだ人びとには、愛したり話をしたりする余裕はない。「結びつけることさえすれば」は、そうした人たちにはまったく関係がない。というのも、そうした人たちには利害にとらわれない行為をする余裕などないからである。小説が投げかける光は、その人たちのところには届かない。

『小説の諸相』においてフォースターは、「小説の発展」を、「人間性の発展」とおなじものだとしながら、「歴史という名の巨大で単調な奔流」とは区別している。後者には、「芸術にでなく歴史に属する些末な事柄」が含まれている。フォースターがそうした些事の例としてあげているのは、核技術の利用、月面着陸、戦争の廃止といったことがらである。前者の「小説の発展」は、情愛へと向かう「遠慮がちなカニの横ばいに似た動き」であり、情愛は結びつきによって可能となるのである。情愛についてフォースターは次のように言う。

性的なつながりへの呼びかけ以上に神秘的なのは、その呼びかけのうちにわれわれが投げ入れる情愛である。われわれと農地とのあいだの隔たりは、農地と農地の堆肥となるゴミくずとのあいだの隔たりよりずっと大きい。われわれは、〈科学〉が測定しえないような仕方で進化し、〈神学〉があえて熟慮することもない目的へと向かっている。「人間は現に一つの宝石を生み出した」と神々は言うであろう、そして、そう言いながら、われわれに不死の命を与えるであろう。〔『ハワーズ・エンド』第二十八章〕

フォースターは、とても貧しい人びと、四六時中次の食事の心配しか頭にないがゆえに愛や友情などに余裕をもてない人びとは、紳士・淑女よりも農地に近いとか、人間よりもゴミくずに似ていると、いまにも言い出しそうに思われるときがある。ウェルズやショーなら、それに類したことを実際に言うことがあった。しかし彼らの言うことに同意するにはフォースターは品位がありすぎた。それより、彼の希望は、われわれリベラルな品位ある紳士・淑女とおなじく、最後には、ウィルコックス家の人たちが、十分なお金を作って、しかるべくみんなでそれを分けあって、貧しい者は誰もいなくなるということであった。彼は、「歴史という名の巨大で単調な奔流」の核心とは、経済的なものであることを知っていた。少しばかりの余暇、すなわち愛するための少しばかりの時間を作り出すのに必要なお金があってはじめて、情愛が生まれるのであり、遠慮がちなカニの横ばいに似た動きを続けることができるのだと分かっていた。彼の品性は、十分なお金があれば、実際に情愛が出現するだろうと確信していた点にある。しかし、彼は、お金は独立変数だが、情愛は従属変数であるということを認めるだけのリアリズムをも、ウェルズやショーと共有している。

再配分すれば、いたるところにつながりと情愛が生まれるだけの十分なお金がいつかは行き渡るだろう、というフォースターの希望は、フランス革命から現代に至るまでリベラルな思想に一貫して受け継がれている。奴隷制廃止から、参政権の拡大を経て、国際通貨基金と世界銀行の設立へと、トップダウン式に発揮されてきた、リベラル派の主導的方策は、いつの日か、われわれ紳士・淑女を、動物のような暮らしをしている他の人びとから区別する必要がもはやなくなるであろうという希望によって衝き動かされていたのである。人類普遍の友愛というキリスト教徒の理想の実質的な中味とは過去二世紀のあいだ、科学と技術が十分な富を生み出せば——そして、啓蒙された、利己的でない政治上の主導権によってその富が再配分されれば——情愛をもちえない人は一人もいなくなるであろうという確信であった。あらゆる人間が光明の中に生きるであろう、そして、だれもが小説の中の登場人物になれるであろう。

フォースターの達観した視座から見れば、マルクス主義とリベラリズムの違いは、市場を政治化し、貪欲なウィルコックス家のような人びとに替えて政府の企画立案者を入れれば、それまでとおなじかあるいはそれ以上の再配分すべき富を得ることが可能だと考えるかどうかの相違におおよそ相当するものであった。フォースターの時代のリベラル派の人びとは、マルクス主義者と同様に、歴史の核心――小説や人間性の核心ではないにしても――は、経済的なものであると分かっていたが、歴史は紳士・淑女によるトップダウンの主導的方策によって導かれなければならないと考えていた。マルクス主義者は、底辺の人びとが支配権を掌握し、革命が事態を転覆させれば、すべては自動的に改善されるだろうという希望を抱いていた。だが、残念ながらここでもまたマルクス主義者は間違っていた。それで、いまやもうマルクス主義はたいした関心を惹かなくなっており、われわれ紳士・淑女がどのようなトップダウンの主導権を発揮するのが一番良いのかという問題に舞い戻ることになった。

この問題は、北半球に注目している限りは何とかなりそうに思える。地球のこの部分だけを(たとえば、オーストラリアを入れて中国を除くといったように、都合よく区割りしなおして)心配すればいいのであれば、行き渡るに十分なだけのお金がある、あるいはほどなくそうなるだろう、したがって、われわれが考えるべき問題は再配分の問題だけであるという主張にも説得力があろう。われわれがする必要のあることは、豊かな国々の選挙民を構成している紳士・淑女の情愛にシュレーゲル家の人びとのように効果的に訴えること、つまり、ウィルコックス家の人びとの貪欲に打ち克つような訴えを明確に表現することだけである。東ヨーロッパの生活水準を西ヨーロッパのそれへと、〔イギリスにおいて〕ヨークシャーの生活水準をサリーの水準に、〔アメリカにおいて〕ベッドフォード‐ストイヴェサントの生活水準をベンソンハーストの水準へと引き上げることがついには実際に可能となるだけのお金が十分北半球には溢れかえっているように思われる。トップダウンの主導的方策を実現する比較的説得力のあるシナリオが、つまり、北側に住む人間の生活機会を最終的におおよそ平準化させるシナリオが存在する。リベラルの希望、品位ある世界への希望、キリスト教の約束が果たされる世界への希望はそうしたシナリオによってはぐくまれている。

北に住むわれわれリベラルで豊かな人間の心を徐々に悩ませ始めている不安は、南半球を救う主導的方策がなく、南を救い出すだけの十分なお金は世界にはないであろうという点である。われわれは南北の境界をまたぐようなシナリオを求めて途方に暮れ始めており、それはおもに、インドネシア、インド、そしてハイチのような国々の恐ろしいほどの人口増加の統計数値のせいである。地球上のこの部分は、ますます考慮の埒外におかれつつある。われわれはだんだんとその地域を統計学者や、「民族学者」という名の詩人たちの手に委ねたい誘惑を感じている。

わたしがこの誘惑を痛感したのは、初めてインドに旅したとき、わたしとおなじく哲学教授で政治家でもある人物に会ったときである。六〇年代に若い国会議員として出発し、西洋の思想と技術をインドの抱える問題、とくにインド人の出生率の問題、を解決するために導入しようと意をくだき、三十年のあいだに、厚生大臣を含むさまざまな要職にまで登りつめていた人物であった。彼は具体的で楽観的なシナリオを構想するには絶好の位置にいたのだが、何の提案も持ち合わせていなかった。彼が言うには、自分のような人びとが三十年間仕事をしてもいまだに、インドの村々に住む親たちにとって唯一合理的な行為が、八人は子供を作ろうとできるだけ努力することであるという状況は変わっていない。なぜ八人でなければならないかというと、その内の二人は小さい頃に死んでしまい、残りのうち三人は女の子で、結婚するとき持参金が必要になり、残った三人の男の子のうち一人は、村を逃げ出してムンバイに行って二度と便りがこなくなってしまうからである。残る二人の男の子は必死になって懸命に働くが、それでも情愛に割く時間などまったくなく、彼らの姉妹の持参金を払い、父母が年老いてもちゃんと食べていけるようにするためだけに彼らの全生涯を費やさざるをえない。

この旅行中、わたしは、南にいるほとんどの北の人間とおなじように、エアコンの効いた快適なホテルに戻ると、炎天下の路上にいた物乞いのことなど考えていない自分に気づいた。インド人の知人たち――名誉北半球人である学者や紳士・淑女――も、物乞いの人たちのためにポケットから出すわずかなお金の額はわたしとおなじくらいで、家に帰れば、わたしとおなじように、一人ひとりの物乞いのことなど忘れてしまうのであった。まさにフォースターが言っているように、個人としての物乞いの人びとは、まったく考慮の埒外にあった。代わりに、知人もわたしも、階級としての物乞いをなくしていくリベラルな主導的方策について考えていた。しかしどちらも、自信を与えてくれるような主導的方策を見つけだしてはいなかった。この国に、ひょっとすると世界にも、二十一世紀の半ばに生きている南の人びとすべてを絶望の淵から護るに十分なだけのお金はないように思われたし、まして、北ではずっとつづいてきたゆっくりとしたカニの動きに参加する可能性を南の人びとにも開くのに十分なお金などなおさらないように思われた。

もちろん、科学とテクノロジーがもう一度救い手となって、十分なお金ができるかもしれない。

じっさい、科学上の可能性はいくつか存在する――たとえば、核融合エネルギーの生産を安価に可能にし、それゆえ大規模な淡水化や灌漑を安価に可能にしてくれる、プラズマ物理学の革新的発見。しかしそれはかなり微かな希望である。現状では、南における考慮の埒外に置かれるほど貧しい人びとにかんする統計的数字を読んだ者なら誰も、楽観的になることはできない。

こうした悲観的な反省に終止符を打つような元気の出る結論を出したいのはやまやまであるが、わたしにいま提示できるのは、われわれ北の紳士・淑女が少なくとも正直でありつづけるという提案だけである。フォースターが気づかせてくれたように、愛だけでは十分ではないということ――マルクス主義者は一点において絶対に正しかった、すなわち、歴史の本質は、経済的なものであるということ――を忘れてはならない。「テクノロジー的合理性」を放棄し、「商品化」の流れをくい止めねばならないとか、「新たな価値」「非西洋的な考え方」が必要であるとか、世に行なわれている議論はどれもこれも、インドの村々にいま以上のお金をもたらすことはないであろう。村人たちは自分には八人の子供が必要であると分かるだけのウェーバー的な目的‐手段の合理性を十分もっているのであって、その限り、そうした議論は的はずれである。世界中の愛も、「ヨーロッパ中心主義」や「リベラルな個人主義」を放棄しようとする試みも、「多様性の政治」も、自然環境にやさしくすることをめぐる議論も、すべて何の助けにもならないであろう。

何が役に立つかといえば、われわれに分かっているのは、トップダウンの主導的方策、つまり、中国における過酷な一人っ子政策のような(あるいは、トップダウンのメタファーを文字どおりに解釈して、もう一段ぞっとするような話にするなら、不妊を引き起こす化学物質を村々に〔上から下に〕空中散布するというような）専門技術官僚による主導的方策くらいなのである。一方で極貧のブラジル人が仕事を見つける必要があり、他方でそれ以外の人間がアマゾンの熱帯雨林から排出される酸素を必要としているというジレンマにうまい解決策があるとすれば、それはいまだ想像もつかないような官僚的－テクノロジー的な主導的方策の結果であって、「価値」の革命の結果ではないであろう。ゆっくりとしたカニの動きは、哲学的な世界観の変化のおかげで速度が早まったりはしないであろう。金銭が独立変数であることに変わりはないのである。

われわれ北のリベラルのあいだで、反テクノロジーの議論が突然幅を利かせるようになったり、ここ二十年以上にわたって計画から夢想への、科学から哲学への転換が見られたりしたのは、テクノロジーではうまくいかないかもしれないという実感に対する神経質で自己欺瞞的な反応であったとわたしには思える。もしかすると、われわれの先人たちがテクノロジーで解決可能だと考えていた問題は実際には予想以上に手ごわいかもしれない。ことによると、テクノロジーと集権化された計画ではうまくいかないかもしれない。しかし、われわれの手許にあるのはそれらだけなのである。テクノロジーは大きな誤りだった、計画、トップダウンの主導的方策、そして「西洋的な考え方」は放棄されねばならない、と言って、頬被りしてはならない。それはたんに、フォースターの言った、非常に貧しい人たちは考慮の埒外にあるということを、別のはるかに不誠実なかたちで言っているにすぎないのである。

グローバリゼーション、アイデンティティの政治、社会的希望(一九九六年)

「相互理解の可能性とその望ましさにかんする、そして、コミュニケーションをつうじた平和の構築にかんする合意」は、「近年の劇的な事態の展開によって、すなわち、民族的、宗教的、そして国家主義的なアイデンティティの内深くに埋め込まれて長く抑圧されていた憎悪と敵意の蘇生、ポストモダンの懐疑主義の威信の高まり、普遍主義的な考え方の脆弱性といった事態によって、動揺して」いる、とブラジル人哲学者のルイス・エデュアルド・ソアレス(Luiz Eduardo Soares)は述べている。現在の知的状況にかんしてわたし自身がどのように感じており、それがソアレスの感じ方とどのように違うかをまずはじめに述べるなら、論点がわかりやすくなるだろう。

「民族的、宗教的、そして国家主義的なアイデンティティの内深くに埋め込まれて長く抑圧されていた憎悪と敵意の蘇生」が、とくに衝撃的あるいは驚くべき現象であるとわたしには思えない。それは、専制的な帝国の崩壊につづいて起こる、当然の帰結であると思われる。ケベック州、チェチェン、そしてセルビアにおける民族統一主義が、コスモポリタンの理想が世界史的規模で放棄される徴候であるなどということは、わたしには理解できない。そうした分離主義者の運動において呼び覚まされる集団的アイデンティティを、フェミニズムやゲイ解放といった運動において喚起されるアイデンティティと簡単に結びつけることはできないと思う。後でもう少し詳しく述べるつもりだが、「アイデンティティの政治」といった言葉が、近年の政治状況において何か目新しくて興味を引くような特異なことがらが浮上しているということを指しているようにはわたしには思えないのである。

さらに、ポストモダンの懐疑主義や普遍主義的考え方の脆弱性が現在の政治状況において重要な役割を果たしているとも思わない。なぜなら、これらはたんに哲学上の問題であって、哲学教授たちの見解の変化によって、一般市民の表明するユートピア的希望が、あるいは知識人のあいだで表明される希望でさえ、大きく影響されて、その強度が変わるなどと信じることはわたしにはできないからである。わたしは、影響の因果関係が逆向きである、すなわち、哲学のほうが政治的希望の度合いの変化に呼応するのであってその逆ではない、と考えている。

コスモポリタニズムや普遍主義の考えに対する信頼が失われているとすれば、それは、事態が現状よりもはるかに良くなることが可能だとはますます信じられなくなっていることの結果であるとわたしには思われる。いつの日か階級なきグローバルな社会(すなわち、子供たちに開かれたチャンスが、ある国と別の国でそれほど大きな差がなく、また、ある都市のある地区と別の地区でも大きな違いがないような社会)が到来するとは信じられないということが、とりわけ、ここ数十年のあいだにいよいよはっきりしてきた。

こうした未来像が実現可能だと思われた頃には、マイノリティの文化、周辺的な文化が生き残ることに対する関心はいまより小さかった。それはこれらの文化が軽視されていたことの結果ではないとわたしは考える。むしろそれは、当時見込まれていたようなグローバルな単一文化――そのルーツの大部分をヨーロッパの啓蒙主義のうちにもつような文化――が達成されるなら、他の文化において受け継がれてきたものが失われてもそれほど重大な問題ではないと考えられていたからであった。第二次世界大戦の終結時に人びとの想像力をとらえたユートピアには、誰もが英語しかしゃべらず、コカ・コーラしか飲まないという情景は含まれていなかったが、仮にそうだったとしても、支払うべき代償としては安いものだと思われたことであろう――その点にかんしては、誰もが中国語だけを話し、お茶だけを飲むような世界という場合でもおなじであろう。

そうした階級なき社会を建設しようという希望は、二十世紀においては、二通りのシナリオのもとで具体化されてきた。第一のシナリオとは、周知のように、プロレタリア革命とそれにつづく私企業の廃止というマルクス主義のシナリオである。第二のシナリオは、第二次世界大戦終結時に、ほとんどの西洋知識人の心を支配したシナリオであった。これら知識人は、平和とテクノロジーの発達とによって、自由市場の枠内において、これまでには夢想だにされなかった経済的繁栄が可能となるであろうと考えた。知識人たちの信ずるところでは、そうした繁栄に続いてさらに政治上の改革が次々ともたらされ、ついには、世界のあらゆる地域に真に民主主義的な諸制度が確立されるに至るのであった。繁栄によって、すべての民主主義的な国々には、スカンディナヴィア諸国のような福祉国家の設立が可能となるであろう。そうした福祉制度は、将来の世代における機会の平等を保証するであろう。一都市、あるいは一国の子供たちのあいだに機会の平等が保証されることは、例外的なことでなく原則となるであろう。

この第二のシナリオに似通ったことを信じていたのは、北米や北ヨーロッパの知識人たちだけではなかった。国連憲章に署名した西洋の政治家たちのほとんども、このユートピアのシナリオ——マルクス主義者が構想したのとほとんどおなじユートピアに方向としては向かっているのだが、暴力革命を必要とせず、私有財産制度の廃止を伴わないシナリオ——と同様のことを胸に抱いていた。

今日では知識人も政治家も、これら二つのシナリオのいずれにもほとんど信を置いてはいない。市場の満足できる代替物を見つけようというマルクス主義の試みに対しては、その実験は失敗であったという判断がほぼ一致して下されている。しかし、非マルクス主義のシナリオもマルクス主義のシナリオ同様に説得力がないように思われる。ソアレス教授が最近の論文で指摘しているように、ブラジルは経済発展の顕著な成功例であるが、機会の不平等という点でもおなじく顕著な事例なのである。

わが合衆国については、「ブラジル化」と呼ばれる危機——すなわち、人口の二十パーセントからなる「上部階層」の出現と、その他すべての人びとの着実に進む貧困化——に瀕していると社会評論家たちが警告している。いままでは、リオの貧民街とシカゴのスラム街にほとんど差がないし、シカゴの郊外住宅地とリオの裕福な地区の住宅街とで、そのライフスタイルにほとんど違いはない。

ブラジルと合衆国の中流に属する人びとにとっては、それぞれの国の貧しい人びととの共通点より、お互い同士の共通点のほうがずっと多いのである。

グローバリゼーションにかんして懸念される主たる要因としては、平等主義的ユートピアとして実を結ぶと想定されていたこれら二つの選択可能なシナリオのいずれにも信頼が失われたということのほうが、「アイデンティティの政治」という名のもとに一括される運動や、何であれ特殊哲学的な新たな展開といったことより、ずっと重要なようにわたしには思われる。

政治的な熟慮にとって知的背景としてふさわしいのは、哲学的ないし哲学に準ずる理論ではなくて歴史にかんする物語である。もっとはっきり言えば、どうすればより良き未来へと現在から進んでいけるのかを語るユートピア的シナリオにそのまま連続的につながっていく歴史物語である。社会哲学および政治哲学は、そうした物語に、これまでたいていは寄生してきたし、またつねに寄生すべきである。ホッブズとロックによる国家の説明は、当時のイギリス史にかんするそれぞれ異なった説明に寄生していた。マルクスの哲学は、ブルジョアジーの興隆にかんする自身の物語と、プロレタリア革命が成功するという予測とに寄生していた。デューイの社会理論とロールズの政治理論もまた、同時代の合衆国史にかんするそれぞれ異なった説明に寄生していた。これらの哲学者はすべて、社会現象にかんする分類法を定式化し、現存の制度を批判するために用いられる概念道具を考案したが、その際に参照したのは、それまでに何が起こったか、そして何が将来起こりうると当然希望されるのか、についての筋書きだったのである。

しかしながら、近ごろわれわれが目にしているあまたの政治哲学や社会哲学は、その出発点を歴史物語に取らず、むしろ、言語哲学や精神分析から、あるいは、「アイデンティティ」と「差異」、「自己」と「主体」、「真理」と「理性」といった、哲学の伝統に属するトポスをめぐる議論から出発している。このことはわたしには、希望の喪失の——さらに言えば、進歩にかんする説得力のある物語を構築できないことの——帰結であるように思われる。歴史的語りやユートピアの夢から哲学への方向転換は、絶望を示すしぐさであるとわたしには思える。この印象は、近年の政治哲学に（とくにわたしの友人であるシャンタル・ムフ（Chantal Mouffe）とエルネスト・ラクラウ（Ernesto Laclau）の著書に）「不可能性」という語が頻出することで裏づけられている。

哲学へのこうした方向転換は、政治的には不毛である可能性が高いとわたしは考える。政治的な熟慮が問題となる場合、哲学は下僕としては有能であるが、主人としては無能である。自分が何を欲しているかが分かっており、それを得る希望をもっている場合には、社会現象の再記述を定式化するのに哲学が役に立つことはありうる。こうした再記述や、再記述が定式化される際に使われる専門用語を消化吸収することで、社会変革のペースが速まることはあるかもしれない。しかし、われわれはいまや、政治的な関心のある知識人のあいだで希望に代わって怨恨と欲求不満が広まっているという状況に置かれており、哲学が物語に取って代わることは、この不幸な状況を指し示す徴候であると、わたしは考えている。

哲学の役割については後でもう一度話題にしようと思っているが、その前にまず、グローバリゼーションの話をさせてもらいたい。

わたしの見るところ、マルクス主義者は少なくとも一点において正しかった。すなわち、政治の中心問題とは、富める者と貧しき者との関係の問題であるという点である。非マルクス主義者にとっての政治の中心問題とは、民主主義社会における労働者階級が、資本家によるプロレタリアートの貧困化を防ぐと同時に企業活動を促進するには、どのようにその投票権を使えばよいか、ということであった。国家はどうすれば、対抗する勢力、すなわち、すべての富が結局は少数の経済支配者たちの手許に行くことになるのを防ぎ、しかも官僚主義による停滞を招かないようにする勢力、になりうるのか。どうすれば、政治的秩序が経済的秩序より優先されながらも、なお経済成長の余地が残される、ということが可能なのであろうか。

その意味で、グローバリゼーションの中核をなす事実とは、国民国家に属する市民の経済状況が、その国家の法によるコントロールの及ぶ範囲を超えてしまっているという事実なのである。以前なら、国内の金の流れはその大部分が、国内法によって社会的に有効な範囲でコントロール可能であった。しかしいまや、企業の資金調達はグローバルな資本蓄積に依存しており、ベロオリゾンテの企業であろうとシカゴの企業であろうと、セルビアの軍司令官や香港マフィアやアフリカの共和国の盗人大統領たちがケイマン諸島で管理させているお金から資金を調達しているのであるから、ブラジルや合衆国の法によって、国内で稼がれた金は国内で使い、国内に蓄えられた金は国内に投資するよう命じてみても何ら実効性はないのである。

いまやグローバルな上部階層が存在して、経済上のあらゆる重要な決定を、いかなる国の立法府からも独立に、いわんや、有権者の意志からも独立に、下している。この上部階層に蓄積された資金は、合法的な目的だけでなく、企業家然とした昨今の軍指導者たちに地雷を供給したり、ギャングが労働組合を乗っ取る際の資金提供をしたりといった、非合法な目的にも、いとも簡単に使われる。グローバルな政治組織が不在であるということは、超富裕層が自分たちの利害以外はいかなる利害も考慮することなく活動しうるということを意味している。結局のところ、真にグローバルで真に国際的な社会集団としては二つの集団しか残されていないという事態に陥る危険にわれわれは瀕している。それは、超富裕層と、知識人、つまり、コスモポリタンという点では自分たちの同類といってよい超富裕層が引き起こした害悪の程度を測るために開かれる国際会議に出席する人びと、という二つの集団である。

そうした、コスモポリタンでありジェット機で世界を駆け回っている知識人たちは、どうすれば、グローバルで平等主義的なユートピアを実現するチャンスを増大させる力になりうるであろうか。わたしが思うに、われわれがなしうる社会的に最も有益なことは、各自が属する国の教育ある市民の注意を、グローバルな政治組織の必要性へと絶えず引き寄せることではないだろうか。そうしたグローバルな政治組織こそ、超富裕層の勢力に対抗しうる何らかの勢力を開発することが可能だからである。グローバリゼーションが世界経済にもたらしつつある変化を劇的に描き出し、グローバルな政治制度だけが、途方もなく流動的に移動する資本総体の力を相殺することができるのだということを、同胞市民たちに思い知らせるため、おそらくいまなしている以上のことをわれわれはなさねばならない。

軍指導者や良心のかけらもない超富裕層に対処するために、国連を活性化させることができる見込みはほんのわずかしかないことはわたしも認める。しかし、そこにしか、何らかの公正なグローバル社会を実現できる見込みはないのではないだろうか。わたし自身の国は、世界の警察官として働くにはお金もないし不安定でもあるが、そうした警察官の必要性は、ますます多くの軍指導者たちに核兵器が利用可能となるにつれていっそう大きくなっていくであろう。したたかな富豪なら誰も、経済的ナショナリズムは経済的に非効率であると考えるから、どの国であろうと、自国の富豪たちに自国の利益を擁護するよう要請しても無駄である。

グローバリゼーションにかんするわたしの見解についてはこのくらいにしておこう。以上の見解は、哲学教授としての資格においてわたしが抱いている見解ではなくて、たんに衰退の途上にある国のことを憂う一市民としての見解にすぎない。わが母国が世界史的な意義をもつのは、ひとえにグローバルな平等主義的ユートピアの先導者の役割に身を投じたからである。しかし、わが国はもはやそうしなくなっており、したがって、その魂を失う危険に瀕している。ホイットマンとデューイの著作活動に生気を与えていた精神はもはや存在しない。

しかし以下でわたしは、哲学教授としての、さらに言えば、デューイの信奉者としてのわたしの役割に立ち返ろうと思う。歴史物語とユートピアの構想とが、政治的熟慮をなすにあたって最適な背景になるとは思うのだが、わたしにはそうした物語や構想を打ち立てるだけの特に専門的な技能があるわけではない。そこで、わたしのもつ専門技能を生かすために、現代哲学の状況にかんしていくらか述べようと思う。

まず、「アイデンティティ」と「差異」が政治的熟慮にとって重要な意味をもちうる概念だとは考えない理由をてみじかに説明したいと思う。それから、「合理性」と「真理」の概念を練り直すことは、長期的な視点で見て、しかもごく間接的な意味において、ある程度の政治的有効性があるとわたしが考える理由を、いくぶん詳しく述べようと思う。

「アイデンティティ」と「差異」という用語が、近年の哲学において目立つようになってきたのは、二つの互いに無関係な別々の理由によっている。第一の理由は、ニーチェ－ハイデガー－デリダによるギリシャ形而上学の批判が、同一性と差異性は記述の選択に相対的である——いかなるものにも「内在的」本性、「本質的」属性といったものはない——と断定したことである。存在者の自己同一性にとって死活的なものと言っても、われわれがその存在者に与える記述を離れてはそうした死活的なものなど存在しない。この断定は、ウィトゲンシュタイン、クワインそしてデイヴィドソンといった哲学者たちの著作においても見出されるものであり、わたしも、以上の哲学者たちの合唱によろこんで参加する。

このごろアイデンティティと差異について頻繁に耳にする第二の理由は、「文化的アイデンティティの保護」と「抑圧されたグループへのそのメンバーの同一化」といったことが政治的なスローガンとなったということである。経済発展によって脅かされている先住民の人びとを援助しようという試みは、移民や人種的あるいは性的マイノリティの人びとにかんする意識を高めようという試みと混じり合って一つになっている。こうした状況から、「アイデンティティの政治」あるいは「差異の政治」という言葉が、金持ちに対する貧しい者の闘いというおなじみの闘争とは異なる運動を記述する言葉として登場してきたのである。

そうした運動に対して反対する気など、毛頭ない。しかし、そうした運動が、新たな種類の政治実践であるとか、それらを記述したり評価するのに哲学的な熟練が入用になるなどと考える必要はないように思う。わたしの見るところ、フェミニズム、ゲイ解放、さまざまな民族分離主義、先住民の権利等々の運動の表面化は、古きよき平等主義的ユートピアの見取り図にさらなる具体性を付与したということにつきる。これらの新たな運動の効果とは、次のようなことを語ることである。すなわち、公正なグローバル社会においては、すべての子供たちが全体的に見れば平等なチャンスを与えられるというだけでなく、女の子も男の子とおなじ種類の機会が与えられるであろう。そうした社会では、肌の色が黒かろうが白かろうが誰も気にかけないのとおなじく、恋の相手の性別など気にかける者もいないであろう。そうした社会なら、まずバスク人とか黒人とか女性である自分を第一に考え、自国やグローバルな協同社会の市民としての立場は二の次であると考えている人びとも、ほとんど何の問題もなくそうした態度をとれるであろう。なぜなら、そうした社会の制度は、他の人びとがおなじことをするのを妨げない限りにおいて、各人は自分のしたいことをしても許されるという、ジョン・スチュアート・ミルの原則によって規制されることになるであろうからである。

わたしの理解が及ぶ限りでは、ミル以後にわれわれが学んだ理論上の事柄、とくに、現前の形而上学を脱構築することによって学んだり、あるいはフロイトやラカンから学んだ事柄のうちで、ユートピアにかんするそれ以前の記述を、補足するというのとは違う意味で改訂する理由になる事柄は一つもない。しかしわれわれは、こうしたユートピアの記述をさらに詳しくしていくもととなるような事柄を学んできた。なぜなら、われわれ西洋の人間は、苦しみや屈辱のさまざまなかたちについて、いまではミル以上に意識するようになっているからである。文化人類学という分野が創設されて以来、植民地主義の横柄さが惹き起こした屈辱についてわれわれはより理解できるようになった。フロイト以来、われわれは同性愛をより冷静に受け止めることができるようになっているし、同性愛の人びとに対し、堕落的・破壊的な影響を社会に与える人びとなのではなく、抑圧されたマイノリティなのだとよりすすんで認めるようになっている。これとは対照的に、〔本章執筆時〕二十世紀末にいるわれわれが、男性から女性が受ける屈辱について、メアリー・ウォルストンクラフトやハリエット・テイラー以上のことを分かっているという確信はわたしにはない。それでも、今日では、女性知識人のほとんどはいうまでもなく、多くの男性知識人も、フェミニストの原型であるこれらふたりの人物が分かっていたことのうち、少なくともその一部は分かっているということは確実に言える。

アイデンティティを記述に対して相対的なものとするニーチェ－ウィトゲンシュタイン的なやり方を、強者が弱者に加えてきたさまざまな屈辱にかんして得られたこうした新たな理解へと接続する試みとして唯一興味深いのは、フーコーの試みである。フーコーは、われわれ自身による自己の記述が、したがって、われわれ自身の自己知が、われわれの置かれた状況において利用可能な言語資源に依拠しているということを理解させてくれた、あるいは少なくとも思い起こさせてくれた。そのことによって彼は、抑圧されたグループが、新たな種類の自己知を作り出すためになぜ新たな語り方を考え出す必要があるのかを理解させてくれた。フーコーは、こうしたことを悟った最初の人ではまずありえないにせよ、彼の著作が力となったことは確かである。

しかしそれでも、フーコーであれ、デリダやニーチェやラカンであれ、ユートピアの古ぼけたシナリオ、すわなち、自由と平等な機会をもつグローバルな社会に導いていくシナリオをお払い箱にしてしまうことはできない。彼らにできるのは、そのシナリオを補足することだけである。ミルやデューイに共通するブルジョア・リベラリズムの哲学的な弱点を暴露することは彼らにはできない。できるのは、その死角を、つまり、当然気づくべきであったいろいろな苦しみに気づいていないということを、明らかにすることだけである。そうした死角がたくさんあるにはあったが、それは、主体や、欲求や、言語、社会、歴史、あるいはそれに類する重要性をもったものの本性について、総体的に理解できていなかったことの結果というわけではない。それは、われわれの誰もがもっているようなたぐいの――哲学的にいっそう熟練していくことによってではなく、ただ、われわれがそうしているとは気づかずに与えつづけてきた危害に注意を促されることだけで正すことのできる――死角であった。

アイデンティティと差異について、ウィリアム・コノリー(William Connolly)やアイリス・マリオン・ヤング(Iris Marion Young)は語るべきことがあると考えているが、わたしはそういう人ほど語るべきことがあるとは思っていない。その理由を説明するには、ここまで述べてきたことで十分であろう。コノリーは、「リベラルな個人主義」には、個人もまたもう一つの社会的構築物であることを理解できないために、さまざまな苦しみのかたちが見えなくなっていると考える。わたしはそうだとは思わない。フーコーには多くの先駆者――なかでもジョージ・ハーバート・ミード――がいた。たしかに、ウィトゲンシュタインとデリダの唯名論を十分に咀嚼すれば、アイデンティティを社会的構築物とみなすことがより容易になるであろうが、それは別段目新しいことではない。

ヤングは、リベラルな伝統、ミルとデューイの伝統が、差異の「均質化」という企てに力を注いできたとみなしている。この見方はわたしには間違っていると思われる。ミルとデューイは、多元主義のために――個人が多様化し、また、自己を再創造する個人の能力を育成してくれるものである限りにおいて集団も多様化する、そういう機会を最大化することに――献身したのだとわたしなら考えただろう。リベラルな伝統が要求する均一化とは、多元主義を最大限拡大するために作られた諸制度のサポートを目的として、互いに協調しようという、グループ間の合意だけであるとわたしは思う。差異の政治というものが、議会制民主主義の歴史を通じてつねに存在してきた通常の利益集団の政治と、何か興味を惹くような点において異なっているとは思えない。

とはいえ、個人の多様性に最大限の場所をというリベラル派の目標を進んで受け容れようとする気持ちは、権威の源泉は人間のあいだの自由な合意以外にはないのだというコンセンサスによっていっそう促進される。そして、このコンセンサスはコンセンサスで、ある哲学的見解を採用すると、いっそう促進されることになる。それは理性と真理についての見解であり、「ポストモダンの懐疑主義」の徴候として今日では考えられているが、わたしにすれば古きよきアメリカ・プラグマティズムのものである哲学的見解である。

デューイの思想の核をなすのは、何ものも——神の意志も、実在の内在的本性も、道徳法則も——民主主義的共同体の成員が到達した自由な合意の成果に優先しえない、という断定であった。真理とは、われわれがどの言語的記述を選択するのかと独立に存在している何ものかの内在的本性への一致なのではない、というプラグマティズムの断定は、デューイの断定のもう一つ別の表現である。おなじ断定は、ハーバーマスが、「主体中心の」モノローグ的理性を「コミュニケーション的な」対話的理性と彼が呼ぶものに置き換えようとする試みのうちにも見られる。デューイもハーバーマスも、人間が人間ならざる何ものかに対して責任を負っているという考えを捨て去りたいと思っている。二人とも、何ものかへの義務があって、それが、自由なコンセンサスに到達する過程で互いに協力し合う義務にまさる、ということを認めないのである。

ただし、主張とは普遍妥当性要求であるという考え、もっと一般的に言えば、探求は何らかのかたちで一点へと収斂していくはずであるという考え、によって、ハーバーマスの見解は、デューイの見解から、そして、『近代の哲学的ディスクルス』で彼ハーバーマスが批判しているフランスの著者たちから分かたれることになる。しかし、普遍主義のこの理論的残滓が、それほど重要であるとわたしには思われない。デリダとハーバーマスのあいだでずいぶんと議論になった対立は、わたしにはいささかわざとらしいものに思われる。わたしの見るところでは、デューイ、デリダ、そしてハーバーマスは、人間の自由と社会正義を重視する反権威主義的な哲学者の三羽烏である。この三人を一方に、フーコーとラカンを他方においたときの互いの違いは、前者の三人は、この文章の冒頭部でわたしが論じた二つのシナリオに力を与えたユートピア的な社会的希望になおも賭けているが、後者の二人はそうでないという点である。

わたしの考えでは、われわれがどの記述を選択するのかと独立に何ものも内在的本性をもつことはないという主張、真理とは何かそうした内在的本性に一致するかどうかという問題ではないというプラグマティズムの主張、理性は対話的に捉えられるべきであるというハーバーマスの主張、そして、いわゆる「主体の死」といった主張は、すべてそれぞれ、おなじ反権威主義的な哲学の運動を構成する一部分である。この運動がしかるべく向けられているユートピアとは、あらゆる人間の道徳的アイデンティティが、民主主義社会への各人の参加意識によって、全部ではむろんないにせよ、その大部分において構築されているようなユートピアである。

この種の哲学が政治にとって重要な意味をもつのは、それによって人びとが、民主主義的共和国の実際のないし想像上の市民であるということを中核とするような自己イメージをもとうという気になるからにほかならない。この種の反権威主義的哲学は、自分は大いなる人類の冒険、グローバルな規模で行なわれる冒険、に参与していると見る自己イメージを、宗教的あるいは民族的なアイデンティティよりも優先する一助となってくれる。この種の哲学は、ユートピア的未来の可能性について想像力を自由に働かせるために、いわば、行く手を遮っている哲学を一掃するのである。

あとがき

プラグマティズム、多元主義、ポストモダニズム（一九九八年）

「ポストモダニズム」という語は、幾多の異なった事柄を意味するべく用いられたことによって、ほとんど無意味な語になってしまった。タイトルに「ポストモダン」という語を含む何千という本の中から手当たり次第に十冊ほど読んでみれば、この形容語にかんして少なくとも五つの互いに大きくかけ離れた定義に出くわすだろう。わたしは、この語をいっさい使わないほうがよいのではないか——この語は曖昧すぎて何かを伝える用をなさない——と、これまでしばしば力説してきた(1)。しかし、このあとがきの目的としては、べつの方針を取ろうと思う。たとえ、「ポストモダン」という語が曖昧すぎて効果的な使用には向かないとしても、知識人たちのあいだでこの語が流通しているという事実は説明を要するであろう。そこで、ここでは、なぜこんなに多くの知的思索力のある人びとが、近年あらゆることが一変してしまったと考えているように思われるのか、について一つの解釈を提示したいと思う。

「ポストモダン」の定義はさまざまであるが、そのほとんどは、統一性が目に見えてはっきりと失われているということと何らかの関係がある。わたしの直感では、この喪失感は、ここ百年ほど続いているある哲学的動向と、リベラル・デモクラシーの制度が維持できないかもしれないという実感とが合流した結果として生じてきた。すべてが近年断片化してしまったという感覚は、「実在」と「真理」は「一」である——物事の本当のあり方について唯一の真なる説明が存在する——という伝統的な神学－形而上学的信念の放棄と、ものごとはよりよい方向に向かう、すなわち、歴史は、いつか平等主義的で民主的な慣習や制度が普遍的に採用されて頂点に達するであろう、ということを信じられない無力感とが結びついた結果である。伝統的信念の放棄は、後に論ずるように人間の起源にかんするダーウィンの説明に端を発する。歴史を信じることができないという無力感のほうは、ここ数十年のあいだに、ヨーロッパはもはやこの地球という惑星を支配統制下に置いてはおらず、人間の社会政治上の将来は端的に予測不可能となったということが明らかになるにつれて、着実に強まってきている。

周知のようにフロイトは、次々に起こった脱中心化の大変動——地球という惑星、人類、そして意識をもった精神のそれぞれに起こった中心的地位からの追放——に責任があるのは、コペルニクスとダーウィンと自分とであると言った。このメタファーを押しすすめるなら、十九世紀は、創造された宇宙は人類のために存在するという確信をすすんで放棄し、それに換えて、人類はついに自身の運命の支配権を握ったという信念をもつにいたったと言えるであろう。しかしこの信念は、ヨーロッパが世界の中心であるという信念、つまり二十世紀末の人びとがもはや保持しえない信念と結びついていた。十九世紀の知識人たちが、形而上学的慰めの欠如を歴史的希望で穴埋めしようと企てたのに対し、二十世紀末の知識人たちは、歴史に打ちのめされ、自堕落で悲愴な失望感を味わっている。

こうした変化がどうして生じたかについてこれから述べるわたしの説明は、大きく二つに分かれる。前半は、功利主義やプラグマティズムの展開にとって、そして二十世紀の社会的希望の展開にとって、ダーウィンがもつ重要性を強調する。後半は、クリフォード・ギアーツが近著『断片化した世界(2)』で提示する、現在の人類の歴史的状況にかんする説明を手がかりにする。

プラトンや、正統的なキリスト教神学が教えるところでは、人間は動物的な部分と神的な部分とからなる。神的な部分は、特別に付け加えられた成分である。その成分がわれわれの内にあるということは、この世界とは別の、もっと崇高で非物質的で不可視の世界、つまり、時間や偶然からの救いをわれわれに与えてくれる世界、の存在を証拠立てている。

こうした二元論的な説明は、もっともらしくて説得力がある。われわれ人間は、現に他の動物とは非常に異なっており、この違いは、人間がより複雑であるというだけでは説明のつかないものであるように思われる。ルクレティウスやホッブズは、実は複雑性だけで十分である――宇宙における他のすべてのものとおなじく、人間も、粒子が偶然寄り集まってできた集合体であると考えれば最もよく理解できる――ことを示そうとした。しかし、ダーウィン以前には、この説明が実質的な支持を得ることはけっしてなかった。プラトン主義者やキリスト教徒にとって、唯物論哲学者たちの主張は動物の地位へと退行しようとする倒錯した試みにすぎないという論陣を張るのは容易なことであった。

しかし、ダーウィンによって唯物論は無視できないものとなった。われわれ人間と獣たちとの違いにかんするダーウィンの説明は、教育を受けた人びとのあいだでは常識となった。そうなったのには二つの理由がある。一つには、微粒子の無意味な渦巻きから、どうしたら生命や知能が出現しえたのかについて、ダーウィンが、詳細でもっともらしい説明をはじめて提示したからであった。(ルクレティウスやホッブズは、進化について具体的に語ることはできず、たんに抽象的なレベルの理論的可能性を示したにすぎなかった。) しかし、ダーウィンの語りは、メンデルの遺伝学や古生物学研究の爆発的進展によって細部の隙間が埋められていくと、西洋の神学的・哲学的伝統全体を脅かすほどの説得力をもつようになった。それは、プラトンの洞窟の比喩やダンテの『神曲』に本格的に対抗しうるはじめてのドラマであった。プラトンやダンテのような偉大な作品と肩を並べる豊かな想像力の賜物である、ダーウィンの語りは、探求の物語と理論的な総合とをプラトンやダンテとおなじように組み合わせている。

しかし、産業革命や十八世紀末の民主革命によってその地ならしがすでになされていなかったとしたら、ダーウィンの理論がヨーロッパ知識人の常識となることはけっしてなかったであろう。これらの革命はひとまとめにされると、自分たちの生の条件を変える力を人間がもっているということを証拠立てる。つまり、これらの革命によって、十九世紀のヨーロッパ人たちは、自分たちのことは自分たちで引き受けるという人間の能力に自信をもつようになった。十九世紀のヨーロッパ人たちは、先人たちとは違って、自分たちだけでやっていける——人間ならざるものの力に頼らずに、人間は完成の域に達することができる——と感じたのである。

それ以前の時代においては、人間ならざるものの力が存在することによってはじめて、人間が動物とおなじように生きてはいない、あるいは少なくとも生きるべきではない、という事実の説明がつくように思われた。知識人は、人間が神々とつながっていることを当然視していた。なぜなら、人間は神によって特に愛されているからである。もしくは、動物には欠けている特別に付与された成分である魂ないし精神を所有しているという点で明らかに神との本性的共通性があるからである。もし、魂という成分がなく、神とのつながりもないなら、ソクラテスの一生は無意味なものとなるであろう、とプラトンは論じた。そうなったら、クレオンやカリクレスのように人間が獣性に退行しない理由はなくなるからである。

プラトン以前にも以後にも、宗教的思想家たちは、人間が共に平和で仲良く暮らすには、一ないし複数の人格神からの命令や摂理による介入が必要であると考えていた。プラトンや、プラトンによって力を得た世俗的哲学の伝統において、神的なものは非人格化され、意志や感情を除かれた。しかし、有神論者も世俗主義者も、われわれ人間は動物がもっていない尊い何かを共有しているからこそ、たんなる生存や繁殖のための闘い以上のことをなしうるのだ、という点においては意見が一致していた。この尊い付加物によって、協同する力能が人間に与えられる。われわれが協同するのは、神によって、あるいは、カントの言う実践理性という純粋で非経験的な能力のようなものによって、そうするよう命じられているからである。

しかし、十九世紀の欧米において、大多数の知識人たちは、自分の先人たちが道徳を服従——十戒とか、プラトンの善のイデアとか、カントの定言命法といったものにつき従うこと——とみなす考え方を重要視しすぎていたのではないかと考えはじめた。ブレイクが「ライオンと牛に対して一つの法というのは圧制である」と言い、シェリーが、詩人とは、一般に認知されていないが、世界の立法者である、と言ったとき、彼らが先取りしていたのは、自己創造が、かつて服従の占めていた場所を占めることができる、というニーチェの思想であった。

ロマン主義者たちは、反王権主義や反聖職者主義の革命の成功に刺激されて、服従すべき何かを欲することは、未成熟の徴候であると考えるにいたった。こうした革命の成功によって、神の助力なしに新らしきエルサレムを築き、それによって、目に見えない、非物質的な死後の天国においてのみ可能であるとそれまで思われていた完璧な生を、男女を問わずおくることになる社会の構想を創出することが、可能となったのである。そうした社会に向かう進歩——いわば、水平的な進歩——のイメージが、プラトンないしダンテ的な垂直的上昇のイメージに取って代わり始めた。人間の希望の源泉としては、〈歴史〉が〈神〉や〈理性〉や〈自然〉に取って代わり始めた。ダーウィンが登場すると、人類出現以前の歴史についての彼の筋書がこの交替を助長した。というのも、意図的な自己創造、つまり、意識的に過去を乗り越えることを、無意識的であるにせよ絶えず互いを乗り越えていく動物種についての生物学的な筋書の延長上に見ることが、可能となったからである。

ダーウィンによる人間の動物化は昔ならとても信じられなかっただろうと言われるが、そう言われるのは、一つのよく知られた筋書の一部である。同様に、前段にのべたように人間の自信が突如新たに生じたということも、おなじ筋書の一部である。われわれが先人たちとおなじくらい人間ならざる権威の必要性をなおも感じていたのなら、自分たちが徹頭徹尾動物であるということを認めることはできなかったであろう。この点はすでに多くの思想史家によって指摘された。しかしわたしはここで、それほど知られていない点、すなわち、事態のこうした進展によって、人間の生き方には多くの異なった、しかも等しく価値のある生き方があるのだと信じることもまた可能になったという点を、はっきりさせておきたい。これによって、統一性へと収束していくという観念が、それほど強迫的なものではなくなった。多から一への垂直的上昇には、そうした収束ということが含まれるが、水平的進歩は、無限につづく増殖と考えることができるからである。

プラトンからヘーゲルにいたるまで、人間のさまざまな生き方には階層的秩序があると考えるのが当然であった。僧侶は武人に優り、賢者は凡人に、家父長は妻たちに、貴族は平民に、精神科学者は自然科学者に、優るとされた。そうしたヒエラルキーは、われわれのなかの動物性と、われわれを真の意味で人間たらしめている特別に付加された成分とで、どちらが相対的に重きをなしているのかを、算定することで構築された。女性は男性よりも、野蛮人はギリシャ人より、奴隷は自由人より、無信仰者は真の信仰者より、黒人は白人よりなどといったように、前者は後者よりも付加された成分の割合が少ないとされた。服従や順応を正当化する標準的なやり方は、そうした成分やヒエラルキーを引き合いに出すことであった。プラトンが、最初の垂直的探求のロマンスを書いて以来、「それは存在の大いなる連鎖の中のどこに属すのか」とか、「『自然から神へと上っていく世界の大いなる祭壇』(3)のどの段階を占めるのか」といった問いを発するのがごく当たり前のこととなった。

ところが、ダーウィン以後になると、自然がそこへと向かう到達点はない——自然は何も意図していない——と信じることが可能となった。この考えが今度は、動物と人間の違いは、非物質的な神性が存在する証拠にはならないということを暗に示した。さらにそれは、人間こそが人間の生の意義を考え出さねばならないのであり、賢明な選択をしたのかどうかを判定するのに人間ならざる基準に訴えることはできない、ということをも示唆した。この示唆によって、徹底した多元主義が知的に成立可能となる。なぜなら、一人の人間の生の意味が他のどの人間の生の意味ともほとんど関係ないこともありうるが、それでとくにどうということはない、と考えることが可能となったからである。この考えのおかげで、思想家たちは、社会的協同の必要性(そして社会的協同の結果として生じる、公共の目的のために何がなされるべきかにかんする合意の必要性)を、人間にとってよく生きるとは何であるか、というギリシャ人の問いから切り離すことができた。

こうした事態の進展によって、社会組織の目的を美徳ではなく自由であると考え、さまざまな徳をソクラテス的にではなくメノンのように捉える、すなわち、互いに無関係な種類の卓越性の集合として捉えることが可能となった。統一を目指すプラトンの探索を、人間の多様性そのもののもつ価値にかんするラブレー的な感覚に置き換えることが可能となった。とくに、これらの進展に力を得て、人びとは、性を、性以外の人間の喜びの源泉(たとえば、宗教的献身、哲学的反省、あるいは芸術的創造)より動物的であるとか「低級」であるとはもはやみなさなくなった。二十世紀においては、われわれが民主的に統治された共和国の自由市民であるという考えは、隣人のプライベートな快楽の源泉が何であろうと自分には関係ないという考えと、手と手を携えるようになった。

隣人のプライベートな快楽は自分に関係がないという後者の考えは、ミルの『自由論』、すなわち、社会組織の意義は可能な限り幅広い人間の多様性を助長することにあると述べる(ヴィルヘルム・フォン・フンボルトから取られた)題辞で始まる論考、の核心部分にある思想である。ミルは、詩や人間を単一の予め定められた尺度によって格づけしても意味がないであろうということ、つまり、大事なのは既存の基準に順応することではなく、独創性であり真正性であるということを、ロマン主義者たちから学び取っていた。

したがって、ミルや他のロマン主義的な功利主義者は、「何がそれ自体として内在的に善いか」という問いへの唯一説得力のある答えは「人間の幸福」であると考えるとともに、この答えによっては、人間の生き方の選択肢の中からどれを選ぶかについて何らの指針も与えられないと認める、ということができるようになった。ミルは、ソクラテスの生が、豚の生より善いものであったと知っていたとおなじように、彼やハリエット・テイラーの生活が、二人の周りのほとんどの市民たちの生活より善いものであることも知っていた。しかし彼は、同胞の市民たちに満足がいくようにそれを証明できないことをすすんで認めたし、民主的な市民であるために、こうしたさまざまな種類の生のあいだの価値の優劣について見解が一致する必要はないと結論することをいとわなかった。

こうした思想の筋道がその頂点に達した瞬間とは、「真理の本質は実在との一致に存する」という考えをプラグマティズムが放棄したときである。なぜなら、この放棄は、その帰結の一つとして、真理の探索は人間の幸福の探索と異なるものではないという考えを含んでいるからである。さらにまたそこには、あらゆる真なる命題をまとめて、物事のあり方にかんする一つの統一された見解へと整合させる必要はないという考えも含まれていた。

ルネ・ベルトロ（René Berthelot）という名のフランス人哲学者の一九一一年出版の著書は、『ロマン主義的功利主義――プラグマティズム運動の研究』と題されていた。これはまさに正鵠を射た題名であると思う。ニーチェとジェイムズがおなじ問いに関心をもっていたというベルトロの指摘も的を射たものであった。そのおなじ問いとはすなわち、われわれ人間の来歴にかんするダーウィンの説明を前提にするなら、人間の探求活動を、〈物事の本当のあり方についての唯一の真なる説明〉を目指すものとなおも考えることができるのかという問い、さらに、そうした単一的探求概念を、探求のさまざまな目的――相互の調整は必要かもしれないが、総合される必要はないような複数の目的――の多元性という観念に置き換えるべきではないのかという問い、あるいは、真なる信念というものを、人間ならざる何ものかを正確に表象するものとしてでなく、人間の行為にとって頼りにしうる導きと考えてはいけないのかといった問いである。

われわれには人間の幸福以外にいかなる目標もなく、神の命令や哲学の原理であっても、それらが人間の幸福というこの目標の達成に貢献しないなら何ら道徳的権威をもたない、という功利主義の主張は、その一つの帰結として、真理を求めるわれわれの欲求は、幸福を求めるわれわれの欲求に優先されえない、というプラグマティストの主張を含んでいる。功利主義やプラグマティズムの批判者たちが、これらの説は人間を動物へと貶めるものであると言うのは、ある意味で正しい。というのも、功利主義もプラグマティズムも、特別に付与された成分という考えを捨てているからである。それに換えて、言語を発明したおかげで人間は他の動物より行動にかんしてはるかに大きなレパートリーをもち、それによって、はるかに多様でおもしろい喜びの見つけ方をするようになったという考え方が採用される。

わたしは、「哲学的多元主義」という言葉を使って、次のような学説を表現しようと思う。すなわち、人間にとって等しい価値をもった生き方が潜在的には無限にあり、これらの生き方は、その卓越性の度合いによってでなく、その生を生きる人の幸福、ならびにその人が属する共同体の幸福に対する貢献度によってのみ等級づけができる、という説である。こうしたかたちの多元主義は、功利主義とプラグマティズム双方の創設文書のなかに織り込まれている。

自分をミルの後継者――ミルが正しい行為の概念に対してなしたことを自分は真理概念に対して行なっている――とみなしていたウィリアム・ジェイムズは、その哲学的活動の半ばを、宇宙と

〈真理〉はともに何らかのかたちで一でなくてはならない、という観念論者の学説に対する攻撃に費やした。とくに彼は、科学と宗教という二つの文化領域は、異なる目的に仕えており、それぞれの目的は異なる道具を必要とする、ということが明らかになりさえすれば、科学と宗教は安んじて共存できるということを力説した。宗教的な道具が必要とされるのは、ある種の人間生活を可能にするためであって、それ以外のためではない。また人間の企図の中には、科学の道具がまったく役に立たないものもあれば、大いに役立つものもある。

ベルトロによって「ドイツのプラグマティスト」と呼ばれたニーチェは、真理にかんしてジェイムズとおなじ見解をもっていた。彼は生涯のほとんどのあいだ、「知識」と呼ばれるものが、ある種族の生命と健康を保つための一連の仕掛けに尽きるものではけっしてないという考えに反対する論陣を張った。無知と非礼をあからさまにしながら、ニーチェはミルもダーウィンもあざけったが、彼らの思想の最も優れた部分を取り入れることにやぶさかではなかった。ニーチェがもし生前にジェイムズを読んでいたとしたら、おそらく、自分とおなじエマーソンの弟子だとは認めず、下品で計算高いヤンキー商人だと馬鹿にしたであろう。しかしそれにもかかわらず、ジェイムズやデューイがエマーソンに倣って、永久に拡大増殖する新たな種類の人間の生、新たな種類の人間存在、を生み出すことを託した、未来へのその訴えかけとおなじことを、ニーチェもまた反復したであろう。

ダーウィン以後に知的に生きるとはどういうことかを理解するには、真理の対応説、すなわち、真なる信念とは予め存在している実在の正確な表象であるとする説、をプラグマティストが認めないということの重要性を把握しなければならない，とわたしは考える。この点は，人間ならざる実在が内在的特性を有しており，それを人間は尊重しなければならないと信じることを拒む，ということと軌を一にしている。「実在 Reality」とか「自然 Nature」といった概念を，ニーチェやジェイムズは，生物学主義的な環境概念に置き換える。われわれ人間が生きる環境は，われわれに対してさまざまな問題を突きつけてくるが，大文字の理性や大文字の自然の場合とは違って，われわれが環境を尊敬したり環境に服従したりしなければならないいわれはない。課題は，環境を制御するか，あるいは，それに適応することであって，環境を表象したり，環境に一致することではない。われわれには実在に一致するという道徳的義務があるという考えは，ニーチェやジェイムズにとって，人間のすべての義務は，神意にかなうことである，という考えとおなじくらい馬鹿々々しいものである。

ダーウィニズムとプラグマティズムの結びつきは，次のような問いを問うことで鮮明となる。すなわち，生物学的進化のどの時点で，有機体は，実在に対処することをやめて，実在を表象し始めたのか，と。問いを立てることのうちに，答えは暗に示されている。すなわち，おそらく有機体は実在を表象し始めたりはしなかったのである。おそらく，心的表象という観念全体が，現金化できない，実りのないメタファーにすぎない。おそらく，このメタファーの出所は，僧侶たちがもっていたのとおなじ権威への欲求にある。つまり，僧侶たちは人間ならざるもののもつ強大な権威に通じ，それによって，自分たちは武人たちよりも真なる人間であると考えようとする欲求に動かされていたのであった。おそらくは、フランス革命や産業革命が、人間に新たな自信を与えた以上は、実在を表象するという観念を捨てて、実在〔現実〕を使用するという観念に置き換えることができるはずである。

真理の対応説を廃棄するということは、真理は実在と同様に一つで継ぎ目のないものだとはもはや主張しないということである。真なる信念が、未来の行為がうまくいくための規則として他の競合する信念に優っているくらいの信念にすぎないのなら、自分の信念のいずれをもその他全部の自分の信念と調和させる必要はない――実在をしっかりと全体として捉えようとする必要はない――であろう。ジェイムズが示唆したことで有名であるが、もしかすると、われわれの信念は区画ごとに仕切られているので、たとえば、規則的に教会のミサに出席するということと進化生物学者として仕事をしているということとの折り合いをつける必要などないのかもしれない。多様な目的のために採用されるさまざまな信念のあいだに矛盾対立が生じるのは、われわれが社会的協同にかかわる課題に取り組み、何がなされるべきかについて合意する必要のある場合だけであろう。したがって、政治的ユートピアの追求は、宗教からも科学からも分離されることになる。政治的ユートピアの追求には、宗教的あるいは科学的、または哲学的な基礎などはなく、ただ功利主義的でプラグマティックな基礎だけがある。プラグマティストの見解では、リベラル・デモクラシーのユートピアは、ファシストの専制政治よりも、人間の本性とか非歴史的な道徳法則の要求に忠実であるわけではまったくない。ただ、リベラル・デモクラシーのほうが、より多く人間の幸福を生み出す公算がずっと高い。社会が完成されるとするなら、それは予め存在した基準に沿って存続するのでなく、どんな創造の努力にとっても必要な、試行錯誤の長くて困難なプロセスによって生み出された、一つの芸術的達成としてあるだろう。

ここまでわたしが示そうとしてきたのは、ダーウィニズム、功利主義、プラグマティズムがともに、どのようにして統一性よりも多元性の地位を高からしめたか、つまり、伝統的な神学-形而上学的世界像の解体が、どのようにしてヨーロッパの知識人たちをして、物事のあり方についての唯一の真なる説明という観念を放棄させるにいたったか、である。十九世紀を満たした新たな社会的希望のおかげで、知識人たちは伝統的な哲学の諸価値をこうして価値転換することができ、その結果として出てきた哲学的多元主義は、完成された社会では人間の多様性を永久に増殖させていくことが可能となるであろうという感覚を強化した。十九世紀末には、人類が、古くからある障害を突破し、いまや、一つのグローバルで、コスモポリタン的で、社会民主主義的、かつ多元主義的な共同体を創造しようとしているということが、おおいにありそうなことに思われたのである。この完成された社会の諸制度は、伝統的な不平等を取り除くだけでなく、その成員が人間としての完成について各人のヴィジョンを追求できるような余地を大幅に残しておいてくれるはずのものであった。

さて今度は、ここ数十年で知識人たちを悩ませ始め、しばしば「ポストモダンの諸問題」と呼ばれる問いに目を向けよう。これらの問いは、クリフォード・ギアーツが述べているように、リベラリズムが、すなわち、いま述べたような完成された社会を求める切望それ自体が、「西洋において生まれ、そこで完成された、文化的に特殊な現象」であるという事実によって惹き起こされる。リベラリズムが肩入れし、押し進める当の普遍主義が、ギアーツによれば、

リベラリズムを、同様の意図をもつ他の普遍主義、最も顕著なものとしては、復活してきているイスラムによって主張される普遍主義、とあからさまに対立させると同時に、善や正や疑えないものにかんする数多くの別の考え方、たとえば、日本やインドやアフリカやシンガポールの考え方、とも対立させることになる。というのも、日本やインドなどにとっては、リベラリズムは西洋的価値をそれ以外の世界に押しつけようとするもう一つの試み——手段を変えた植民地主義の継続——であるように見えるからである(4)。

ギアーツがリベラリズムについて述べていることは、リベラリズムの哲学上の同盟者である功利主義とプラグマティズムについても当てはまる。この二つの哲学説に惹かれる人びとのほとんどは、『自由論』に述べられているリベラルなユートピア、すなわち、自分自身の力で人生を歩む自由以外に何も神聖なものはなく、他人の自由を侵害しないことであれば何も禁じられることのない世界が、自分にとって好ましいユートピアであるとかねてより決めこんでいる人びとである。このリベラル・ユートピアに対する信頼を失った者は、哲学的多元主義にかんしても疑念をもち始めること

になるであろう。

前段の同盟関係は、正真正銘の、重要なものではあるが、功利主義もプラグマティズムも、リベラリズムへのコミットメントを論理的に含意しているわけではない、ということははっきりさせておく必要がある。だからこそ、ニーチェはジェイムズとおなじくりっぱなプラグマティストでありえ、ドストエフスキーの大審問官はミルとおなじく功利主義者でありうる。それに対して、リベラリズムのほうからは、功利主義とプラグマティズムを含意すると言っても言い過ぎではない。なぜなら、ロマン主義的功利主義者は必ずしも世界をすっかり魔術から解放したいとは考えていないが、過去を魔術から解放したいと考えているのは確かだからである。そこでロマン主義的功利主義者は、以前は堅固だと思われていた多くのものを溶解し霧消させる必要がある。ミルとジェイムズによってそれぞれ提示された「正」と「真」の再定義は、この溶解過程にとって不可欠である。というのも、「正」についての功利主義者の定義を除き、「真」についてのプラグマティストの定義を除くなら、「正」と「真」のいかなる定義も、ある権威——たとえば、永遠なる道徳法則、あるいは、実在の内在的構造——が存在しており、それが、何をなすべきか、あるいは何を信じるべきかについて、自由な人間同士の合意よりも優先されるという考えに助け船を出して活性化させることになるからである。

ギアーツが言うには、リベラリズムの信奉者たちは、リベラリズムを、どこでもないところからの眺めとしてではなく、西洋の（ある種の）政治的経験という特定の場所からの眺めとして理解し直さなければならない。すなわち、さまざまな差異をもった人びとが、どうすればある程度の礼節を保ちながら互いに共生しうるかについて、西洋の政治的経験を受け継いでいるわれわれが学び知ったことを述べたものとして。(5)

これこそまさに、デューイがプラグマティズムについて望んでいた考え方である。つまり、プラグマティズムとは、真理や知識の内的本性にかんするより深い理解から帰結するのではない。そうではなくて、さまざまな社会的・政治的選択肢にかんする経験の結果として望みうる最高の希望が、ミルによって見取り図を描かれたリベラル・ユートピアの創造であるとされるなら、おそらく採用されることになる真理観、知識観なのである。政治理論とは、未来の行為にかんして、近い過去の歴史的経験から生まれてきた示唆であるとみなされるべきであって、そうした歴史的経験の成果を何か非歴史的なものに照らして正当化しようとする試みとみなされるべきではない、という考え方に、プラグマティストはまったく違和感をもたない。

しかし、ギアーツが引き合いに出している、リベラリズムに懐疑的な人びと、すなわち、リベラリズムは特殊ヨーロッパ的な経験の成果をこの経験を共有していない者たちに押しつけようとする試みではないかと考えている人びとは、リベラリズムとその哲学上の帰結とに対するヨーロッパの自信とは、自分以外の世界を自らの意志に従わせることにヨーロッパが成功したことに対する自信にすぎない、とみなすであろう。そうした懐疑派の人なら次のように問うであろう。ヨーロッパ人のリベラリズムに対する傾倒が、リベラリズムの内在的な長所の結果なのか、それとも、リベラルな社会が、世界の資源と人口のほとんどを支配下に置くのに成功したことの結果にすぎないのかと尋ねられたら、あなた方ヨーロッパ人はどのように答えることができるのか、と。

これらの懐疑派は言うだろう、ひょっとすると、リベラリズムとその哲学上の帰結とに対するつい昨日までの無条件の信頼は、必ずリベラリズムが勝利するという暗黙の確信の結果だった、ということかもしれない、と。植民地主義時代の始まりから最近まで、ヨーロッパの商業的・軍事的力には何ものも抵抗できなかったのと同様に、ヨーロッパの知的な手本がもつ力に何ものも抵抗できないということも、ほとんどのヨーロッパ人にとって明白であると思われていたし、多くの非ヨーロッパ人にとっても説得力があるように思われていた。しかしもしかすると、わたしが触れた、伝統的な哲学上の価値の価値転換——統一性から多元性へのシフト——とは、たんに、経済的・軍事的な時流に乗り遅れまいとする哲学者たちの試みにすぎなかったのかもしれない。ひょっとすると、哲学は勝利者の旗を追いかけていたにすぎないのかもしれないのだ。

こうしたポストコロニアルの立場に立つ懐疑派に、デューイ派が答えるとしたら、次のような答えになるであろう。たしかに、プラグマティズムと功利主義は、植民地主義や帝国主義の勝てば官軍ということによる後押しがなければ、うまく発進することはできなかったかもしれない。しかしだからどうだというのか。問題なのは、功利主義やプラグマティズムといった哲学的見解の人気が、あれこれの一時的な権力掌握の所産であるか否かではなく、いま誰かが何らかのより良い考え、より良いユートピアをもっているかどうかである。われわれプラグマティストは、近代ヨーロッパが、永遠の、非歴史的な実在に対するより優れた洞察を有していることを論議しているのではない。何らかのより優れた合理性を有していると主張しているのではない。われわれはただ、実験が成功したことだけを主張しているのである。すなわち、人びとをある程度まで互いに礼節を尽くすようにさせ、人間の幸福を増大させるやり方を、しかも、これまで提案されてきたいかなる他のやり方よりも見込みのありそうな一つのやり方を、見出したと主張しているだけなのである。

この返答を吟味するために、なぜヨーロッパがもはや人類の前衛とは思われないのか、また、われわれがグローバルなリベラル・ユートピアを手に入れることはどうしてお話にならないくらいありそうもないことに思われるのか、それらの理由のいくつかについて考察してみよう。以下に三つの理由を挙げる。

一、おおよそにおいてヨーロッパの生活水準に達していなければ——中産階級と、中産階級の生活水準が可能にする市民社会の確固とした制度がなければ——ヨーロッパ的な民主政府を手にすることはできない。こうしたものがないと、民主主義的な決定手続きに参画するのに十分な教育をうけ、十分な余暇のある選挙民は存在しえない。しかし、そうした生活水準をすべての人の手に届くようにするには、世界の人口は多すぎるし、天然資源は少なすぎる。

二、貪欲で利己的な盗人政治家たちは、ここ数十年の間に、以前よりかなりの程度、尻尾を出さなくなっている。中国やナイジェリアの将軍たちや、世界中にいるそれに類する人びとは、二十世紀の全体主義の失敗から、イデオロギーを遠ざけ、プラグマティックになることを学んだ。彼らは、嘘をつき、騙し、掠め取るが、たとえば旧共産党の特権階級が用いたようなやり方よりもはるかにソフトで洗練された流儀でそうする。それゆえ、冷戦の終焉は、資本主義の勝利にとってどれほど貢献したにせよ、民主主義の進展については楽観できる根拠を与えてくれない。

三、リベラル・ユートピアを地球規模で成就するには、地球規模の独占的な軍事力を行使する世界連邦——二十一世紀を舞台にしたどのSFのユートピアにも描かれているような連邦政府——を創設する必要がある。（マイケル・リンド（Michael Lind）が指摘したように、主権国家が複数併存しつづけることを必要とするSF物語は、黙示録的な逆ユートピアだけである。）しかし、そうした連邦政府が設立される可能性は、一九四五年に国際連合が創設された時点よりもずっと小さくなっている。旧来の国民国家、旧植民地、旧連邦などが次々に分裂していくことで、世界政府設立の可能性は年ごとに薄くなってきている。したがって、たとえテクノロジーによって何とか人口と資源のバランスを取ることができるようになったとしても、また、私腹を肥やす盗人政治家が貧しい人びとを搾取するのをやめさせることができたとしても、なお前途は暗いであろう。なぜなら、早晩、制服を着た愚か者たちが現れて核のボタンを押し始め、われわれの孫の世代は、映画『マッド・マックス2』に描かれたような逆ユートピアの住人になるだろうからである。

民主主義的自由も哲学的多元主義も二十一世紀を越えて生きのびることはできないと信じさせる

に足る説得力のある理由は以上の三点であると、わたしは考える。わたしがもし、賭をするオリュンポスの神であれば、仲間の神々にたいし、プラグマティズムや功利主義やリベラリズムは、死すべき人間の間では、もう百年もすればかすかな記憶としてしか残らないだろうと請けあっただろうが、それも無理からぬところだろう。なぜなら、そのときには、検閲されていない図書館はほとんど存在しないであろうし、ミルやニーチェやジェイムズやデューイについて耳にしたことのある人は、自由な労働組合や出版の自由、民主的な選挙についてとおなじく、ほとんどいないだろうからである。

とはいえ、十九世紀ヨーロッパ人たちの夢が二十一世紀には場違いなものになるかもしれないという前述の理由はどれも、リベラリズムやプラグマティズムや功利主義が他の競合する立場よりも優れていることを疑わせる理由を述べているわけではない。それはちょうど、キリスト教に改宗したばかりのローマ帝国が崩壊したからといって、アウグスティヌスや彼の同時代人たちに、キリスト教の異教に対する優越性を疑わせる理由にはならなかったのとおなじことである。さらにまた、前述の理由についてじっくり考えてみたところで、「新たな種類の政治」の創造を求めて、ギアーツがわれわれになすように要求したことをできるようになるわけではない。この「新たな種類の政治」とは、

民族的、宗教的、人種的、言語的、あるいは地域的な自己主張を、抑圧されるべき、あるいは

乗り越えられるべきアルカイックな非合理性であると、すなわち、非難されるべき狂気、無視されるべき暗闇であるとみなさずに、他の社会問題——たとえば、不平等とか権力の乱用——と同様に、それに向き合い、なんとか対処し、調節し、折り合いをつけるべき現実とみなすようなものである。(6)

ギアーツの本でこの文章を最初に読んだとき、わたしは相づちを打った。しかし、もう一度考えると、その文面にではなくその精神に同意しているのだと気づいた。わたしの理解するその精神とは、われわれはそうした自己主張を示す人びとに対して、世界連邦の潜在的一員たる他の同胞市民に対するのとおなじように対するべきである、すなわち、彼ら・彼女らの抱える問題を真剣に受け止め、それについて議論を尽くすべきである、ということである。しかし、ギアーツの文章を文字どおりに受け取るなら、何かをアルカイックな土着の非合理性とみなすことと、それと向き合い、何とか対処し、調節し、折り合いをつけるべき現実と捉えることのあいだに何ら矛盾はない、と反論することが十分に可能である。

この矛盾がないという点を強調しておくことは重要であるとわたしは考える。なぜなら、わたしのような哲学的多元主義者は「非合理性」の概念を捨てざるをえない、としばしば言われるからである。しかしそんなことはない。この「非合理性」の概念を、理性と呼ばれる非歴史的な権威の命令からの離反という意味ではなく、過去の経験の結果をすすんで無視することという意味で使うのなら、まったく問題なく使うことができる。

過去二世紀のあいだに、異なる人種や宗教がいかにして互いに礼節を尽くしつつ共存できるかということにかんして、きわめて多くのことをわれわれは学んだ。こうした教訓を忘れてしまうなら、非合理だと言われても当然だろう。世界の国々は、その主権と核弾頭を引き渡すべき世界政府を創設しないという点で非合理であり、ドイツ人は、ユダヤ人の隣人たちの財産を強制収用するというヒトラーの教唆にのった点において非合理であり、セルビア人農民は、それまで五十年間ともに平和に暮らしてきた隣人たちを略奪しレイプする、というミロシェビッチの教唆にのった点で非合理であった、と述べることには、プラグマティックで多元主義的な観点から十分に意味がある。

「ポストモダン」と呼ばれる哲学的思考が、愚かで心ない文化相対主義と――どんな馬鹿げたことも文化を自称するなら尊重される価値があるという考えと――同一視される限り、そうした思考は、わたしにとって用がない。しかし、「哲学的多元主義」とわたしが呼んだものが、そのような愚かさを含意するとは思わない。武力よりも説得を試み、アルカイックな土着の確信をもった人びとともにやっていくべく最善を尽くさなければならないのは、端的に、武力を用いたり嘲笑したり侮蔑したりすれば、人間の幸福を減ずることになりやすい、という理由によるのである。

功利主義からするこの賢明な助言を、いかなる文化もある種の内在的価値をもつ、という考えで補う必要はない。あらゆる文化や人物を階層的な上下関係の階梯のどこかに位置づけようとしても無駄である、とわれわれは知るようになったが、このことが分かったからといって、その人がいなければわれわれにとってもっと都合がよいような人がたくさんいるのとおなじように、その文化がなければわれわれにとってより都合がよいような文化もたくさんある、という明らかな事実に異論を唱えることにはならない。文化や人間の階層秩序は存在せず、われわれはたんに自分自身を絶えず作り変えることによって幸福を増大させようとする利口な動物にすぎない、と言うからといって、そこから何ら相対主義的な帰結は出てこない。多元主義と文化相対主義の違いは、プラグマティックに正当化される寛容と心なき無責任との違いに相当するものである。

「ポストモダニズム」という無意味な語が人気を博すことになったのは、歴史がわれわれに逆襲しようとしているのではないかというそれ自身はもっともな恐れが、抵抗しがたい哲学的多元主義の主張と結びついたためである、というのがわたしの指摘してきたことであったが、それについてはこれくらいにしよう。本書を締めくくるにあたって、今度は逆に、この語の不人気について――この語をののしり言葉として使う人びとのレトリックについて――一言しておきたいと思う。

わたしの哲学者仲間の多くは、「ポストモダンの相対主義」という言葉を使うとき、それが冗語であるかのように、そして、功利主義者やプラグマティストや哲学的多元主義者が一般に、ジュリアン・バンダ(Julien Benda)言うところの、ある種の「知識人の裏切り」を働いているかのように、使う。もし、哲学者たちが古きよき神学 - 形而上学的真性のもとで結束していたとしたら――つまり、ジェイムズやニーチェの思想がその揺籃期に窒息させられていたとすれば——、人類の運命は違ったものになっていたかもしれない、と哲学者仲間はしばしば言う。ちょうどキリスト教原理主義者たちが、ホモセクシャリティを寛容に受け容れることは文明の崩壊につながると語るように、われわれをプラトンやカントに回帰させたい人びとは、功利主義やプラグマティズムによって、人間の知的かつ道徳的な心根が弱体化させられかねないと考えている。そうした人びとによれば、われわれ哲学的多元主義者が沈黙を守っていたなら、ヨーロッパの民主主義的理想が勝利する可能性ははるかに高かったことになる。

ヨーロッパの民主主義的理想が勝利しないであろうと考える理由として、先にわたしは三つ挙げたが、それらは哲学的世界観の変化とは何の関係もない。資源に対する人口の比率も、近代のテクノロジーが盗人政治家たちにあたえた権力も、あるいは、国家単位の政府がもつ偏狭な非妥協的姿勢も、哲学的世界観の変化とはまったく関係がない。人間ならざる力が怒ってその力を信仰しない人びとに罰を与えるであろう、というアルカイックで土着的な信念の存在を前提してはじめて、統一から多元性への知のシフトと、歴史にかんするペシミズムを生じさせるさまざまな具体的理由とのあいだに繋がりがあるかのように見ることが可能となるのである。この知のシフトによって、われわれの社会的希望を後押しするような何かがもたらされるわけではないが、だからといってそうした希望に何かおかしなところがあるということにはならない。十九世紀ヨーロッパに湧出したユートピア的な社会的希望は、いまなお、これまで伝えられている限りで、もっとも高貴な想像力の産物である。

（1）この問題を扱ったものとして、わたしが心底同意しているのは、Bernard Yack, *The Fetishism of Modernities*（Ithaca, N.Y.: Cornell University Press, 1997）であり、特に、'Postmodernity: Figment of a Fetish' と題された章である。

（2）Clifford Geertz, *A World in Pieces*（forthcoming）.〔同書は *Available Light*（Princeton: Princeton University Press, 2001）という題で出版された。〕

（3）Alfred Lord Tennyson, *In Memoriam*（1850）.〔ただし、テニスンの原文は「暗闇のなかを神へと上っていく……」である。〕

（4）Geertz, *Available Light*, p.258.

（5）Geertz, *Available Light*, p.260.

（6）Geertz, *Available Light*, p.245.

訳者追記

本書は、Richard Rorty : *Philosophy and Social Hope*（Penguin Books, 1999）の翻訳である。原題は直訳するなら、「哲学と社会的希望」となるが、本訳書は日本の読者のために原著をもとに新たに編みなおした書物としたいという著者の意向を踏まえ、現行のように改題されている。したがってまた、本書は原著の全訳ではなく、著者の選定した部分が訳出されている。

訳出されたのは、原著の「はじめに」「序」、第Ⅰ部、第Ⅱ部全体、および第Ⅲ部を構成する九章のうちの三章、第Ⅳ部（全四章）の三章、そして「あとがき」である。「日本の読者に」はむろん、本訳書のために今回新たに執筆されたものである。

割愛された箇所は、原著第五章（The Banality of Pragmatism and the Poetry of Justice）、第六章（Pragmatism and Law : A Response to David Luban）、第七章（Education as Socialization and as Individualization）、第八章（The Humanistic Intellectual : Eleven Theses）、第九章（The Pragmatist's Progress : Umberto Eco on Interpretation）、第十一章（Religion As Conversation-stopper）（以上第Ⅲ部）、第十五章（A Spectre is Haunting the Intellectuals : Derrida on Marx）（第Ⅳ部）、および「現代アメリカ」（Contemporary America）と題された第Ⅴ部全体（第十八章（Looking Backwards from the Year 2096）、第十九章（The Unpatriotic Academy）、第二十章（Back to Class

Politics)）である。巻末の索引もふくめ、原著の総量のおよそ三分の一が割愛されている。

そのうち、第九章はすでに、コリーニ編『エーコの読みと深読み』（岩波書店、一九九三年）に、その第四章「プラグマティストの歩み」（柳谷啓子訳）として訳出されているので、ご参照いただければ、幸いである。また、第V部については、そこで論じられているテーマは、『アメリカ 未完のプロジェクト――二十世紀アメリカにおける左翼思想』（小澤照彦訳、晃洋書房、二〇〇〇年）により詳しく展開されているので、それについては同書に委ねるとして、今回は訳出が見送られた。

著者のリチャード・ローティ（一九三一―二〇〇七、スタンフォード大学比較文学教授）については、すでに多くの著書も翻訳されていることであり、改めて紹介するまでもないであろう。アメリカ人として、ネオ・プラグマティズムの立場から、これまでの哲学のあり方に根本的な再検討を加え、哲学のそうした変貌を踏まえて、現代社会のかかえる多くの問題にかんし、積極的な発言と問題提起を続けている、いま現在最も論じられることの多い哲学者の一人である。より具体的には、以下に挙げる翻訳書一覧における訳者解説などを参照されたい（以下書誌情報二〇〇二年一月当時）。

一、『哲学と自然の鏡』（野家啓一監訳、伊藤春樹・須藤訓任・野家伸也・柴田正良訳、産業図書、一九九三年、原題 *Philosophy and the Mirror of Nature*, Princeton University Press, 1979）

二、『哲学の脱構築』（室井尚・吉岡洋・加藤哲弘・浜日出夫・庁茂訳、御茶の水書房、一九八五年、原題 *Consequences of Pragmatism : Essays 1972-1980*, The University of Minnesota Press, 1982）

三、『連帯と自由の哲学』（冨田恭彦編訳、岩波書店、一九八八年、新版一九九九年）

四、『偶然性・アイロニー・連帯』(齋藤純一・山岡龍一・大川正彦訳、岩波書店、二〇〇〇年、原題 *Contingency, Irony and Solidarity*, Cambridge University Press, 1989)

五、『アメリカ 未完のプロジェクト』(前掲、原題 *Achieving Our Country*, Harvard University Press, 1998)

その他、著書として Cambridge University Press から三巻の『哲学論文集』(*Philosophical Papers*)がそれぞれ順に、*Objectivity, Relativism, and Truth* (1991), *Essays on Heidegger and Others* (1991), *Truth and Progress* (1998)と題されて刊行されている(前掲の『連帯と自由の哲学』に訳出されている諸論文はこの論文集に再録されている)。また最初期の仕事として、*The Linguistic Turn: Essays in Philosophical Method* (The University of Chicago Press, 1967, Reprint 1992)という題名の編著書がある。

ローティ自身によるローティ入門ともいうべき本書の内容については、原著裏表紙に本書の趣意が簡潔にして要をえたかたちで記されているので、その翻訳をもって、紹介にかえたい。

「プラトン以来哲学はたいていの場合、現象の奥底に存する実在へと貫き進むことによって、真なる知識に到達しようと目指してきた。この伝統に対し、プラグマティズムは希望の哲学を対置する、とローティは論ずる」。

「本論集には、昨今の哲学的議論において、またより広く文学的・文化的問題の議論において、もっとも挑発的な論者の一人である、リチャード・ローティの、哲学・政治・文化の広範にわたる著述が収められている。(…)著者は、魅力あふれる回想の中で、どのようにして自分がプラトンから離れてジェイムズとデューイに向かうことになり、ついには自分固有のかたちのプラグマティズムにたどり着いたのかを、解説する。問題は、われわれの観念がある根本的な実在に対応しているか否かではなく、観念によって実践的な務めを果たして、より公正で民主的な社会を産み出すことができるようになるかどうかなのだ、と著者は言う。「相対主義」と題された「序」と、「ポストモダン」という語の不幸な流行を論じた(これまで未出版の)「あとがき」は、「ポストモダン的相対主義者」だとして批判されていることに対する著者の回答である」。

「すべて一般的聴衆を念頭に置いた、本書の雄弁な試論・論文・講義において、ローティは、自分の中心的な哲学的信念について刺激的な概観を提示し、そうした信念が自分の政治的希望とどのように関連するのかを述べる。また、現代アメリカ・正義・教育・愛といった論題にも、興味を掻き立てずにはおかない洞察が示されている。結果として本書は、今日における主導的思想家の一人への優れた入門書となった」。

なお、本書を構成する論文はそれぞれ独立した性格をもっているので、読者は自分の興味の赴くままに、どの章から読み始めていただいても、結構なはずである。また、本書第Ⅲ部宗教論(「宗教的信仰…」)は、かつて『思想』二〇〇〇年三月号(岩波書店)誌上に掲載された著者の講演「宗教と科学は対立するものなのか?」と、主題的に、また内容的に通ずるところがあり、しかも、講演は趣旨をいっそう噛み砕いたものともなっているので、関心のある向きは参照されたい。

次に翻訳について。分担は以下のとおり。

渡辺――「序」、第I部、第III部クーン論、第IV部、「あとがき」

須藤――「日本の読者に」、「はじめに」、第II部、第III部宗教論およびハイデガー論

また、第II部については、「はじめに」の注にも記されているドイツ語版を参照することができ、裨益された(ただし英語版とは内容的に若干の異同がある)。ローティの英文は、独自の立場を打ち立てた哲学者には珍しく、自分以外の哲学者のものを除くなら、いわゆるジャーゴンはほとんどみられないものである。一九九〇年代以降のローティのキーワードの一つといってよい「パブリック―プライベート」の対照的区別についてすら、彼は(本訳書では割愛されたデリダ論において)「わたしの好みの区別であるが、デリダは好まない」(原著 p.218)という形容をしており、意図的に単語を術語化することを避けているようにも感じられる。したがって、本訳書では、それぞれの英単語をできる限り一つの訳語に限定するということはしなかった。むろんいたずらに、語の訳し分けを増やそうともしなかったが、著者の姿勢からして、日本語として意の通ることを最優先にした。なお、原文において強調のイタリックは訳文に傍点を付し、普通名詞が大文字にされている場合には、〈 〉でくくったが、日本語表現上必ずしもその方針を一貫させることはできなかった。また訳文中、〔 〕は、とくに断らない限り、訳者の補いである。また、ローティによる引用箇所指示などに誤記がある場合は、調べのついた限り、訂正してある。

訳稿は訳者二人がお互いに数度にわたって交換し、討議・検討しあった。訳者として、一応できる限りの努力はしたと思っている。それでも残っているであろう間違いや不適切な訳について、読者諸氏にご指摘いただけるなら、幸いである。

訳者の一人(須藤)は、本書第Ⅱ部を、かつて大谷大学の哲学科大学院生諸君と精読した。それは、一九九九年と二〇〇一年にローティ教授が訳者たちの勤務する大谷大学に来訪され、それぞれ二週間にわたって講義された(その間の事情については前掲『思想』誌上の講演翻訳の前書きを参照)、そのための準備授業の一環として行なわれたことであった。そのとき、活発に質問や意見を出し、ときには思ってもみない奇抜な発想で、訳者を啓発してくれた学生諸君にこの場を借りて、お礼申し上げたい。

最後に、多忙の中、訳者の質問に丁寧に答えていただき、また何より、本訳書に「日本の読者に」を寄せて下さったローティ教授のご親切に、訳者二人の深甚の感謝を捧げたい。

本訳書がなるにあたって、岩波書店の押田連さんには、訳文の手直しにも貴重なアドヴァイスを頂くなど、たいへんお世話になった。心より、ありがとうございました。

二〇〇二年一月十五日

訳者を代表して、須藤　記す

須藤訓任(すとう　のりひで)
1955 年生，大阪大学名誉教授．
渡辺啓真(わたなべ　ひろまさ)
1959 年生，大谷大学名誉教授．

リベラル・ユートピア
という希望　リチャード・ローティ

2002 年 7 月 25 日　第 1 刷発行
2025 年 5 月 15 日　第 3 刷発行

訳　者　須藤訓任《すとうのりひで》　渡辺啓真《わたなべひろまさ》

発行者　坂本政謙

発行所　株式会社 岩波書店
〒101-8002 東京都千代田区一ツ橋 2-5-5
電話案内 03-5210-4000
https://www.iwanami.co.jp/

印刷・法令印刷　カバー・半七印刷　製本・牧製本

ISBN 978-4-00-025556-1　Printed in Japan

偶然性・アイロニー・連帯
――リベラル・ユートピアの可能性――
R・ローティ
齋藤純一 他訳
四六判四五二頁
定価五二八〇円

哲学のプラグマティズム的転回
リチャード・J・バーンスタイン
佐藤駿 訳
四六判四一四頁
定価三九六〇円

人は語り続けるとき、考えていない
対話と思考の哲学
河野哲也
四六判二四八頁
定価二六四〇円

「知」の欺瞞
――ポストモダン思想における科学の濫用――
A・ソーカル
J・ブリクモン
田崎晴明 他訳
岩波現代文庫
定価一八四八円

岩波オンデマンドブックス
存在の政治
――マルティン・ハイデガーの政治思想――
R・ウォーリン
小野紀明 他訳
四六判四〇二頁
定価六七一〇円

岩波書店刊

定価は消費税 10%込です
2025 年 5 月現在